TEXTES LITTÉRAIRES

Collection dirigée par Keith Cameron

XCV

DISSERTATIONS CONTRE CORNEILLE

co. 414.

DEVX

DISSERTATIONS
CONCERNANT

21

LE POEME

DRAMATIQVE,

en forme de

REMARQVES :

Sur deux Tragedies de M. Corneille

intitulées

SOPHONISBE & SERTORIVS :

Enuoyées à Madame la Duchesse
de R*.

A PARIS,
Chez IACQVES DV-BRVEIL, en
la Place de Sorbonne.

M. DC. LXIII.

Auec Priuilege du Roy.

Page de titre des deux premières Dissertations, 1663
(cliché British Library, Londres).

L'ABBE D'AUBIGNAC

DISSERTATIONS CONTRE CORNEILLE

Edition critique

par

Nicholas Hammond et Michael Hawcroft

UNIVERSITY
of
EXETER
PRESS

REMERCIEMENTS

Nous tenons à remercier David Maskell, Emmanuelle Avril et Anne-Pascale Bruneau qui ont lu une grande partie de notre manuscrit et nous ont fourni des conseils précieux. Nous remercions Béatrice Damamme-Gilbert, Natasha Lubtchansky et Patricia Pérard qui nous ont fourni des conseils linguistiques. Enfin, nous remercions Angus Bowie, Thomas Harrison, Richard Hawley, Hugh Johnstone, et Jonathan Mallinson qui nous ont aidés à identifier des allusions ou des références. Le Warden et les Fellows de Keble College, Oxford, ainsi que la Faculty of Medieval and Modern Languages, ont accordé à Michael Hawcroft des subventions qui lui ont permis de travailler à Paris: qu'ils en soient vivement remerciés. Nous reproduisons, avec l'aimable permission du bibliothécaire de la Taylor Institution Library, les gravures accompagnant le texte d'Oedipe, de Sertorius, et de Sophonisbe dans l'exemplaire du Théâtre de Corneille (8 vols, Genève, 1774) conservé dans cette bibliothèque; et nous reproduisons en frontispice la page de titre de l'exemplaire des deux premières dissertations conservé dans la British Library. Nous dédions cette édition à R* et à R* qui savent tout ce que nous leur devons.

First published in 1995 by
University of Exeter Press
Reed Hall
Streatham Drive
Exeter EX4 4QR
UK

© Nicholas Hammond, Michael Hawcroft 1995

British Library Cataloguing in
Publication Data
A catalogue record for this book is available
from the British Library

ISSN 0309 6998
ISBN 0 85989 493 2

Typeset by Sabine Orchard
Printed in the UK
by Antony Rowe Ltd, Chippenham

INTRODUCTION*

En 1663, François Hédelin abbé d'Aubignac publie quatre dissertations contre Corneille où il soumet à une critique chaque fois plus féroce trois des pièces les plus récentes de celui qui, à l'époque, est le plus grand écrivain théâtral du siècle. La première dissertation a pour sujet *Sophonisbe*, créée en janvier 1663; la deuxième s'attaque à *Sertorius*, dont la première représentation a lieu en février 1662; la troisième s'en prend à *Œdipe*, pièce qui remonte au retour de Corneille au théâtre après quelques années de retraite en janvier 1659; dans la quatrième dissertation, l'abbé s'attache plutôt à la personnalité de Corneille, tout en défendant la sienne contre les attaques des partisans du dramaturge.

Pourquoi présenter une nouvelle édition de ces documents polémiques? D'abord, parce qu'il n'y en a pas eu depuis le dix-huitième siècle, où les trois premières dissertations ont paru dans le *Recueil* de Granet;[1] la quatrième n'a d'ailleurs pas été rééditée depuis 1663. Nous voulons donc rendre service aux dix-septiémistes français en facilitant l'accès à des textes qui présentent de multiples intérêts: on y trouve des analyses approfondies de quatre pièces écrites par un des plus grands écrivains dramatiques du dix-septième siècle, analyses faites à partir de

---

* **Abréviations:**
Nous avons utilisé les abréviations suivantes:
    DI.1, DII.1 = Première Dissertation, premier paragraphe, Seconde Dissertation, premier paragraphe, etc.
    OCIII = Corneille, *Oeuvres complètes*, vol. 3, éd. G. Couton (Paris, Gallimard, 1987), Bibliothèque de la Pléiade

    Tous les noms propres mentionnés par d'Aubignac sont expliqués soit dans les notes soit dans l'Index.

1   F. Granet, *Recueil de dissertations sur plusieurs tragédies de Corneille et de Racine*, 2 vols, Paris, 1739.

représentations que le critique a vues sur la scène parisienne; on y trace le développement des théories dramatiques de d'Aubignac et ses points de désaccord avec Corneille; et on y retrace, du moins en partie, l'une de ces grandes querelles qui jalonnent l'histoire littéraire de cette période et qui nous font entrer dans les coulisses du siècle dit 'classique'. N'oublions pas que ceux qui s'intéressent passionnément aux lettres exploitent tout au long du siècle cet éventail de genres mineurs qui leur permettent, en public, de défendre ce qui leur plaît et de discréditer ce qu'ils n'aiment pas: d'où une impressionnante floraison de lettres, de discours, de dissertations, de pamphlets, de préfaces, et d'avis au lecteur. Le théâtre est, d'ailleurs, la cible privilégiée de cette littérature polémique, dont les *Observations* de Scudéry sur *Le Cid* et *Les Sentiments de l'Académie Française sur 'Le Cid'* ne sont que les exemples les plus connus. Les dissertations de d'Aubignac illustrent bien ce phénomène qui, selon Roger Zuber, serait 'le signe d'une participation à une aventure collective, la recherche du vrai et du bien'.[2]

La réputation de d'Aubignac a subi plusieurs transformations. Dans les années 1640, quoiqu'il ait peu publié sur le théâtre,[3] tout le monde reconnaît en lui le plus grand théoricien de l'art dramatique de l'époque. C'est à lui que s'adresse le cardinal de Richelieu désireux de voir la publication d'un seul grand ouvrage qui donnerait aux jeunes dramaturges tous les renseignements nécessaires à leur métier sans qu'ils aient besoin de consulter les très nombreux traités théoriques issus de pays et d'époques très divers (DII.41). Le livre qui en résultera, *La Pratique du théâtre*, publié en 1657, longtemps après sa conception initiale, est sans aucun doute l'ouvrage qui a assuré à d'Aubignac une certaine célébrité posthume, qu'elle soit favorable, ou défavorable. Même à l'époque ce livre a ses détracteurs acharnés tel Donneau de Visé qui, dans sa *Défense du Sertorius*, taxe d'Aubignac de plagiat.[4] Au dix-neuvième siècle Charles Arnaud consacre tout un ouvrage à la vie et à l'œuvre de d'Aubignac et nous sommes tentés de dire qu'il a dû en éprouver quelque honte[5]. 'Est-ce pour le réhabiliter que cette étude a été écrite?' demande-t-il dans son Avant-propos. 'J'ai hâte de dire que non.' (p. 1). Tout en reconnaissant

2   R. Zuber, *La Littérature française du XVIIe siècle*, Paris, 1993 (Que sais-je?), p. 5.
3   Seulement une publication, *Le Discours sur la troisième comédie de Térence intitulée Heautontimorumenos*, Paris, 1640.
4   *Défense du Sertorius*, Paris, 1663, pp. 12-13.
5   C. Arnaud, *Les Théories dramatiques au dix-septième siècle: Etude sur la vie et les oeuvres de l'abbé d'Aubignac*, Paris, 1888.

notre dette envers Charles Arnaud, nous constatons qu'il est amusant aujourd'hui de voir comment il s'indigne de ce que l'abbé ait osé critiquer un grand nom de la littérature française. Pour Arnaud, d'Aubignac reste 'le pédagogue arrogant et vain du théâtre français, l'adversaire plein de suffisance de notre grand Corneille' (p. 14). René Bray, en revanche, nous donne une appréciation tout à fait opposée.[6] Dans sa présentation de la querelle de *Sophonisbe*, Bray donne presque toujours raison à d'Aubignac qui, selon lui, fait des remarques judicieuses (par exemple, p. 8); si Corneille s'en trouve critiqué, c'est qu'il a dû s'écarter du 'classicisme' dont d'Aubignac serait, pour Bray, le défenseur. Pour Georges Couton, d'Aubignac est redevenu le petit abbé qui poursuit une vengeance personnelle: 'La querelle [...] ne s'est jamais élevée à beaucoup de sérénité doctrinale'.[7] Cependant, pour H. T. Barnwell, l'abbé est un théoricien sérieux, mais myope à côté de Corneille, un 'prosaic illusionist' qui voudrait asservir l'imagination à sa propre conception de l'illusion théâtrale.[8] Dans les années 1980, la fortune de l'abbé a changé de nouveau. On recommence à prendre ses théories au sérieux, les explorant et les présentant sous une lumière nouvelle.[9] Selon Timothy Murray, d'Aubignac aurait 'adapté les codes de la théorie classique pour qu'ils conviennent à sa conception quasi post-structuraliste de la poétique théâtrale'.[10] C'est donner à d'Aubignac un visage bien différent de celui qu'auraient reconnu ses contemporains, mais c'est aussi, et cela nous paraît juste, reconnaître à l'abbé une réelle et profonde réflexion sur la théorie et la pratique du théâtre.

I VIE DE L'ABBE D'AUBIGNAC

Il est aisé de bien connaître d'Aubignac écrivain: ses œuvres sont accessibles dans les grandes bibliothèques de recherche. Cependant nos

---

6 R. Bray, *La Tragédie cornélienne devant la critique classique, d'après la querelle de Sophonisbe* (1663), Paris, 1927.

7 G. Couton, *La Vieillesse de Corneille* (1658-84), Paris, 1949, p. 54.

8 H. T. Barnwell, 'Some Reflections on Corneille's Theory of "vraisemblance" as formulated in the *Discours*', *Forum for Modern Language Studies*, 1 (1965), 295-310, p. 306.

9 Voir dans notre bibliographie les articles de G. Forestier, M. Franko, et T. Murray, ainsi que le livre de celui-ci.

10 T. Murray, *Theatrical Legitimation: Allegories of Genius in Seventeenth-Century England and France*, New York, 1987, p. 190. Notre traduction.

connaissances sur l'homme manquent souvent de précision et de détail.[11]
François Hédelin, fils de Claude Hédelin, avocat au Parlement, et de
Catherine Paré, naît à Paris le 4 août 1604. En 1610 la famille s'établit à
Nemours où Hédelin père achète la charge de Lieutenant-Général. La
quatrième dissertation nous renseigne un peu sur la vie intellectuelle du
jeune François (DIV.18). Il s'y présente comme autodidacte:

> Dès l'âge d'onze ans que je commençai d'entendre un peu la langue
> Latine, je quittai ces petits Pédagogues triobolaires, qui en
> enseignent les principes aux enfants, et connaissant que les petites
> notes qui sont dans les livres m'apprenaient de meilleures choses
> qu'eux; je m'attachai seul à la lecture des Auteurs.

Il s'instruit lui-même dans toutes les matières, 'la langue Grecque et
Italienne, la Rhétorique, la Poésie, la Cosmographie, la Géographie,
l'Histoire, le Droit et la Théologie', à l'unique exception de la philosophie,
pour laquelle il dispose pendant deux ans d'un 'Précepteur domestique'. Il
souligne fièrement qu'il n'a 'jamais étudié une heure dans aucun Collège
de la Terre' et que c'est à sa seule fréquentation du monde savant et cultivé
de Nemours qu'il doit toute son instruction. Il se peut bien que le jeune
d'Aubignac soit le saint Augustin (autodidacte lui aussi) qu'il prétend être,
mais en interprétant ces pages de la quatrième dissertation on doit
comprendre qu'il tient surtout à brosser un portrait flatteur de lui-même et à
se défendre contre l'accusation que ses écrits sentent trop Aristote;[12] d'où
la vaste culture générale qu'il réclame comme la sienne. Nous ne savons ni
quand il devient avocat à Nemours, ni quand il quitte la profession pour
entrer dans l'état ecclésiastique à Paris, où il obtient le poste de précepteur
de Jean-Armand de Maille-Brézé, duc de Fronsac, fils du maréchal de
Brézé et de Nicole du Plessis. Heureusement pour lui, son élève est un
neveu du cardinal de Richelieu, grâce à qui il se voit bientôt pourvu de
deux abbayes, celle d'Aubignac (diocèse de Bourges) et celle de Maimac
(diocèse de Limoges).

---

11 A part Arnaud, *Théories dramatiques*, Bray, *Tragédie cornélienne*, et Couton, *Vieillesse*, il faut
    consulter Niceron, Sallengre, et Chauffepié, tous biographes du dix-huitième siècle, et les
    Historiettes de Tallemant des Réaux (voir la Bibliographie).
12 De Visé, *Défense du Sertorius*, pp. 12-13.

Dans les années 1630 et 1640, et surtout entre 1635 et 1645,[13] d'Aubignac participe très activement à la vie littéraire et théâtrale de Paris. C'est vers 1640 qu'éclate sa querelle avec Ménage, qui dure jusqu'en 1687, bien des années après la mort de d'Aubignac. Il s'agissait de savoir si l'action de l'*Heautontimorumenos* de Térence dure dix heures (c'est l'opinion de d'Aubignac) ou quinze heures (c'est ce que pense Ménage). D'Aubignac étale ses arguments d'abord en 1640 dans son *Discours sur la troisième comédie de Térence*, et ensuite en 1656 dans son *Térence justifié*, qui contient une réponse au *Discours sur Térence* que Ménage publie en 1640 et de nouveau en 1650 pour répondre au premier *Discours* de d'Aubignac. Ce n'est qu'en 1687 que la querelle se termine avec la publication de la troisième et dernière édition du *Discours* de Ménage.[14]

C'est sans doute dans les premières années de sa querelle avec Ménage que d'Aubignac rédige la plus grande partie de sa *Pratique du théâtre*: 'Je fis cet ouvrage pour plaire à Monsieur le Cardinal de Richelieu' (DII.41). La *Pratique* n'est publiée qu'en 1657, mais c'est certainement au moment de sa première rédaction que d'Aubignac s'essaie dans l'art du théâtre, composant trois pièces en prose: *Cyminde*, tragi-comédie, *La Pucelle d'Orléans*, tragédie, et *Zénobie*, 'tragédie, où la vérité de l'histoire est conservée dans l'observation des plus rigoureuses règles du poème dramatique', pour reprendre la description de la page de titre.[15] La prose semble à d'Aubignac plus vraisemblable que le vers.[16] Néanmoins, deux de ses pièces ont été rapidement mises en vers, sans pour autant attirer les applaudissements des spectateurs.[17] Les biographes se plaisent à rappeler les mots du Prince de Condé à propos de *Zénobie*, que nous citons d'après l'article de Chauffepié: 'Je sais bon gré à Mr d'Aubignac d'avoir si bien

---

13 Voir la liste de pièces de théâtre mentionnées dans la *Pratique* et recensées par Pierre Martino, qui fait bien voir que c'est dans ces dix années-là que d'Aubignac fréquente le théâtre le plus assidûment (*Pratique*, pp. xiv-xv).

14 Voir Arnaud, *Théories dramatiques*, pp. 179-83.

15 Sur les pièces de d'Aubignac voir H.C. Lancaster, *A History of French Dramatic Literature in the Seventeenth-Century*, 9 vols, Baltimore, 1929-42, II,i, pp. 338-40 (*Zénobie*, jouée en 1640), pp. 357-60 (*La Pucelle d'Orléans*, jouée probablement en 1640), pp. 367-68 (*Cyminde*, publiée en 1642, mais peut-être jamais jouée dans la version en prose). On a longtemps cru que *Le Martyre de Sainte Catherine* était l'adaptation en vers d'une tragédie en prose perdue de d'Aubignac (voir Arnaud, *Théories dramatiques*, p. 274), mais Lancaster ne veut pas la lui attribuer (II,ii, p. 668).

16 Il est prêt à considérer les vers alexandrins comme de la prose, mais les vers variés (ou stances) peuvent difficilement être admis, à moins que le dramaturge ne fasse un grand effort pour les rendre vraisemblables (voir *Pratique*, pp. 262-65).

17 *Cyminde* est traduite en vers par Guillaume Colletet, jouée sans succès, et publiée en 1642 (Lancaster, II,i, pp. 368-70); *La Pucelle* est traduite anonymement et jouée avec un certain succès (pp. 360-61).

suivi les règles d'Aristote: mais je ne pardonne point aux règles d'Aristote, d'avoir fait faire une si méchante tragédie à Mr d'Aubignac'. D'Aubignac commence bientôt à faire figure d'homme déçu. Il n'est jamais élu membre de l'Académie française. On prétend que c'est la faute de quelques remarques sévères qu'il aurait faites contre la *Roxane* de Desmarets de Saint-Sorlin.[18] D'Aubignac ne se serait pas rendu compte qu'en même temps qu'il critiquait Desmarets, il blâmait aussi le goût de Richelieu, qui, selon de Visé, oblige l'abbé à lui demander pardon (p. 129). On prétend aussi que la mort prématurée de son ancien élève à la suite d'un coup de canon au siège d'Orbitello en 1646 à l'âge de 27 ans, est pour lui un 'coup de foudre' qui l'amène à 'quitter la cour'.[19] D'ailleurs, quand en 1663 Chapelain présente au jeune Louis XIV une liste de tous les gens de lettres dignes d'une pension royale, le roi choisit de ne pas y maintenir le nom de d'Aubignac.[20] Et quand en 1664, un ou deux ans après la formation de sa propre académie littéraire, il présente un *Discours au roi sur l'établissement d'une seconde académie en la ville de Paris*, où il demande au roi 'de nous accorder l'honneur de sa protection et les caractères de son autorité pour établir en Académie Royale les conférences que nous avons continuées depuis deux ans',[21] il n'obtient pas ce qu'il demande: 'on ne voit pas que son académie ait porté le titre de royale'.[22] C'est encore une déception, après le faible succès remporté en 1664 par son roman allégorique *Macarise*, ouvrage qui, sous forme de fiction, explique la philosophie morale des stoïciens.[23] Une dernière déception serait liée au fait que son *Projet pour le rétablissement du théâtre*, préparé sous l'impulsion de Richelieu et publié seulement en 1657 dans le même volume que la *Pratique du théâtre*, n'ait jamais été réalisé, peut-être à cause de la mort du cardinal en 1642. Son *Projet* réservait à 'une personne de probité et de capacité' le glorieux poste de 'Directeur, Intendant, ou

---

18 Arnaud, *Théories dramatiques*, p. 43, où il cite une lettre de Chapelain. Selon de Visé, la pièce est *Mirame* et non pas *Roxane* (*Défense du Sertorius*, p. 129).

19 Niceron, *Mémoires*, IV, p. 122.

20 Arnaud, *Théories dramatiques*, p. 53.

21 Cité dans Couton, *Vieillesse*, p. 55.

22 Couton, *Vieillesse*, p. 56. Les pages 55-56 de cet ouvrage sont essentielles pour la datation des débuts de l'académie de d'Aubignac. Josephine de Boer, 'Men's Literary Circles in Paris, 1610-60', *Publications of the Modern Languages Association of America*, 53 (1938), 730-80: cet article nous donne aussi des renseignements sur cette académie (pp. 775-78), qui, sous la direction de d'Aubignac et puis sous celles de Petit et de l'abbé de Villeserain, comportait un groupe de littérateurs qui se réunissaient deux fois par semaine chez d'Aubignac pour discuter des oeuvres d'éloquence et de poésie; de Boer a tort de situer en 1654 l'inauguration de cette académie.

23 Voir Arnaud, *Théories dramatiques*, pp. 54-55.

Grand-Maître des théâtres et des Jeux publics de France, qui aura soin que le Théâtre se maintienne en l'honnêteté, qui veillera sur les actions des Comédiens, et qui en rendra compte au Roi, pour y donner l'ordre nécessaire'.[24] C'est un poste qui lui aurait convenu parfaitement, bien qu'il nie y avoir jamais pensé: 'D'où vous vient cette vision que j'ai brigué depuis trente ans une charge de directeur des Théâtres qui n'est que dans votre fantaisie?' (DIV.47).

Malade depuis quelque temps, [25] d'Aubignac se retire, vers la fin de sa vie, auprès de son frère à Nemours, où il meurt le 25 juillet 1676, à l'âge de 72 ans.

II LES ETAPES DE LA QUERELLE DE *SOPHONISBE*

Les quatre dissertations dans lesquelles d'Aubignac s'attaque à Corneille font partie de ce qu'on appelle la 'querelle de *Sophonisbe*'. *Sophonisbe* est la pièce qui sert de détonateur aux fortes émotions que l'abbé couvait depuis quelque temps. Si, dans notre esquisse de la vie de d'Aubignac, nous avons tu le développement de cette querelle, c'est pour en rendre compte plus systématiquement ici, tout en en suivant la chronologie.[26]

1. *Horace*: Nous avons tout lieu de croire que jusqu'à la querelle de *Sophonisbe*, les rapports que Corneille et d'Aubignac entretiennent sont plutôt bons, quoique limités. D'Aubignac dit, en 1663, qu'il n'a vu Corneille que deux fois dans sa vie (DIII.5). Leur première rencontre prendra, par la suite, toute sa signification. A l'époque de la création d'*Horace*, Corneille invite d'Aubignac à se présenter avec d'autres doctes (Chapelain, Barreau, Charpy, L'Estoile) chez Boisrobert pour écouter la lecture de sa nouvelle tragédie et en donner son avis. 'Il ne voulut pas suivre l'avis que j'avais ouvert,' nous dit d'Aubignac (DIII.6).

2. *La Pratique du Théâtre*: En 1657, d'Aubignac publie sa *Pratique du théâtre*, qui se distingue par plusieurs innovations. Premièrement, c'est un traité compréhensif, quoique l'auteur prétende qu'il ne s'agit que d'un

---

24 *Pratique*, p. 395.
25 Voir Arnaud, *Théories dramatiques*, p. 53.
26 Rétablir les épisodes de cette histoire nous aurait été plus difficile sans les travaux de Georges Couton dans *La Vieillesse de Corneille* et dans son édition des *Oeuvres complètes* de Corneille.

abrégé de ce qu'à l'origine il avait 'résolu de traiter plus au long'.[27] Tous les autres textes théoriques publiés en France vers cette époque, comme *La Poétique* de La Mesnardière, sont moins complets. Deuxièmement, le traité de d'Aubignac est nouveau par son interprétation du concept de vraisemblance et par l'importance qu'il y attache. 'Chacun en parle,' dit-il, 'et peu de gens l'entendent.'[28] Tous les conseils de d'Aubignac tendent vers le même but: il veut aider le poète dramatique à donner, sur scène, l'illusion du vrai. Pour y réussir, le dramaturge doit choisir pour sa pièce un sujet vraisemblable (celui-ci ne pouvant être toléré qu'à condition d'être vraisemblable) et il doit aussi le traiter de manière vraisemblable. D'où s'ensuivent tous les conseils de d'Aubignac 'comme de préparer les incidents et de réunir les temps et les lieux, la continuité de l'action, la liaison des scènes, les intervalles des actes, et cent autres particularités'.[29] La troisième nouveauté de ce traité réside dans le fait que d'Aubignac préfère appuyer ses règles sur des observations tirées du théâtre français de son époque; et l'auteur qui, par sa fécondité aussi bien que par son excellence, est cité le plus souvent, est Pierre Corneille.[30] Il aurait été impossible de prévoir en 1657 que la *Pratique* allait allumer le feu d'une grande querelle littéraire entre le théoricien et le dramaturge.

3. Œdipe: *Œdipe*, dont traite la troisième dissertation de d'Aubignac, est joué pour la première fois le 25 janvier 1659 et achevé d'imprimer le 26 mars de la même année. C'est l'occasion de la deuxième rencontre, très cordiale, paraît-il, entre Corneille et d'Aubignac, que celui-ci raconte en ces termes: 'après son Œdipe il me vint remercier d'une visite que je lui avais rendue, et du bien que j'avais dit de lui dans ma Pratique, où il ne trouvait rien à condamner que l'excès de ses louanges' (DIII.6). On ne saura pas ce qui a motivé l'abbé à rendre visite à Corneille. Mais à en juger par la visite que le dramaturge rend à l'abbé, on peut penser que Corneille s'est montré flatté par les remarques favorables que lui consacre d'Aubignac dans sa *Pratique*.

---

27 *Pratique*, p. 19.
28 *Pratique*, p. 76.
29 Niceron, *Mémoires*, IV, p. 130.
30 C'est sur la nouveauté de la *Pratique* que d'Aubignac insiste dans sa quatrième dissertation: 'vous savez bien que vous n'avez jamais vu autre part ce que vous avez trouvé dans ce livre, que les habiles désintéressés nomment vraiment un livre, et un livre nouveau' (DIV.41).

4. Les *Discours* de Corneille: Le 25 août 1660 Corneille adresse à l'abbé de Pure une lettre dans laquelle il prévoit l'éclatement d'une querelle. Il annonce les bons progrès de son travail pour une édition de son théâtre complet, auquel il joindra des textes théoriques: trois discours sur le poème dramatique et un examen de chacune de ses pièces. Ce sont surtout ses écrits théoriques qui le préoccupent: 'Je suis à la fin d'un travail fort pénible sur une matière fort délicate [...] J'y ai fait quelques explications nouvelles d'Aristote, et avancé quelques propositions, et quelques maximes inconnues à nos anciens' (OCIII, p. 6). Vient ensuite le point délicat: 'J'y réfute celles [les maximes] sur lesquelles l'Académie a fondé la condamnation du *Cid*, et ne suis pas d'accord avec M. d'Aubignac de tout le bien qu'il dit de moi. Quand cela paraîtra, je ne doute point qu'il ne donne matière aux critiques, prenez un peu ma protection' (OCIII, pp. 6-7). Comme le dit Couton, 'l'Académie s'est beaucoup renouvelée depuis le *Cid* et Corneille en fait maintenant partie; est donc à craindre l'abbé d'Aubignac'.[31] Les mesures mêmes que Corneille dit avoir prises pour se protéger rejailliront sur lui par la suite: 'bien que je contredise quelquefois M. d'Aubignac et Messieurs de l'Académie, je ne les nomme jamais, et ne parle non plus d'eux que s'ils n'avaient point parlé de moi' (OCIII, p. 7). Ce silence offensera d'Aubignac. Corneille termine sa lettre en demandant de nouveau protection à son correspondant: 'Derechef préparez-vous à être de mes protecteurs' (OCIII, p. 7). L'édition du *Théâtre de Corneille revu et corrigé par l'auteur* est achevée d'imprimer le 31 octobre 1660.

D'Aubignac a raison, et à plusieurs titres d'ailleurs, d'être piqué de cette nouvelle publication. D'abord, le premier paragraphe de l'*Examen d'Horace*, qui commence par la phrase 'Quelques-uns ne veulent pas que Valère y soit un digne accusateur d'Horace' (OCI, p. 843), est une réponse à la critique de d'Aubignac selon laquelle 'un coup de fureur serait plus conforme à la générosité de notre noblesse qu'une action de chicane, qui tient un peu de la lâcheté et que nous haïssons' (*Pratique*, p. 340). On peut même se demander s'il ne s'agit pas là d'un rappel de la petite dispute datant de la création de la pièce (voir l'Introduction, II.1 ci-dessus). Ce qui est beaucoup plus grave, bien que plus personnel, c'est le fait que Corneille, dans ses *Discours*, ne fait aucune mention de d'Aubignac. Si

---

31 *Vieillesse*, p. 46.

l'abbé peut être offusqué de ce manque de reconnaissance,[32] il peut l'être bien davantage des dernières phrases du troisième discours de Corneille:

> Voilà mes opinions, ou si vous voulez dire mes hérésies, touchant les principaux points de l'Art, et je ne sais point mieux accorder les règles anciennes avec les agréments modernes. Je ne doute point qu'il ne soit aisé d'en trouver de meilleurs moyens, et je serai tout prêt de les suivre, lorsqu'on les aura mis en pratique, aussi heureusement, qu'on y a vu les miens. (OCIII, p. 190)

Point n'est besoin de nommer l'abbé. Le mot 'pratique' renvoie très clairement à son ouvrage; et voilà que ses théories se voient rejetées avec un mépris hautain.

Il est vrai que du point de vue théorique Corneille et d'Aubignac ne sont pas d'accord. Le dramaturge se réserve le droit de choisir comme sujet d'une pièce une histoire véritable, même si celle-ci n'est pas vraisemblable. L'important pour Corneille, c'est le beau sujet brillant, le vraisemblable ne lui servant qu'à traiter le sujet choisi. Retenons la comparaison entre les deux écrivains qu'a proposée Georges Forestier dans son article 'Illusion comique et illusion mimétique'. En ce qui concerne d'Aubignac, 'l'illusion mimétique suppose la vraisemblance absolue, et la vraisemblance absolue suppose la connaissance et le respect de toutes les règles dramatiques' (pp. 385-86); quant à Corneille, 'le théâtre est une illusion *comique*, parce que le dramaturge, par les contraintes auxquelles il doit faire face et avec lesquelles il doit composer, ne peut jamais s'effacer entièrement derrière le déroulement de l'action dramatique' (p. 386). Comment alors, étant données les perspectives radicalement opposées des deux écrivains, d'Aubignac peut-il louer Corneille dans sa *Pratique*? C'est que, pour citer Forestier encore une fois, Corneille 'est parvenu à donner une si parfaite concentration à ses histoires qu'elles ont paru se conformer à la conception rationaliste de l'imitation que se faisaient quelques-uns de ses contemporains' (p. 391).

La querelle n'éclate pas immédiatement après la publication du *Théâtre* de Corneille. On sait pourtant combien d'Aubignac se sent visé par les

---

32 Chose qu'il démentira d'une certaine façon, en répondant à la *Défense du Sertorius*: 'Comment avez-vous dit que je me plains, il y a cinq ans que vous n'avez pas parlé de ma Pratique du Théâtre dans vos discours que vous en avez tous escroqués? car vous ne les avez fait imprimer qu'à la fin de l'année 1660, il n'y a que deux ans et demi' (DIV.42).

écrits théoriques de Corneille. Il y a tout lieu de croire que la lettre adressée à l'abbé de Pure le 21 novembre 1661 par le rouennais Delacoste fait allusion à l'abbé, ironiquement habillé en général des pygmées:

> Que vous dirai-je sur ce que vous me mandez du grand oracle du théâtre? A ne vous rien celer, il me semble qu'il est toujours fâcheux d'être piqué, quand ce ne serait que par des puces et des moucherons. Mais M. de Corneille ne doit point craindre l'autorité de ce nombre, puisqu'elle n'est composé que de femmes et de nains. Notre oracle est un grand Hercule, qui n'aura pas besoin de toutes ses forces pour détruire ces pygmées, quand bien ils auraient pour généraux ces deux abbés qui n'approuvent rien.[33]

Ainsi, vers la fin de 1661, les rumeurs d'une querelle se font déjà entendre.

On lit aussi clairement la fureur de l'abbé face aux *Discours* de Corneille dans sa troisième dissertation, où il semble se plaindre d'être victime de plagiat et d'avoir été mal représenté par le dramaturge. A propos des 'instructions nouvelles et des vérités incontestables' qui se trouvent dans sa *Pratique*, il prétend que:

> M. Corneille les a bien reconnues, et les a transportées dans la dernière impression de ses Œuvres, mais parce qu'à les prendre dans le sens naturel, elles persuadent et convainquent les moins éclairés, et qu'en les appliquant à ses Poèmes, elles en rendent les fautes sensibles, manifestes et sans excuse: Il les a toutes corrompues, et en détournant leur vraie intelligence; Il a cherché des prétextes pour déguiser ce qu'il a mal fait. (DIII.10)

C'est pourquoi, veut-il nous faire croire, il doit se défendre dans ses dissertations.

5. *Sertorius*: *Sertorius* est joué pour la première fois le 25 février 1662 et imprimé dès le 8 juillet 1662.

---

33 Bibliothèque Nationale, MS fr. 15209 fol. 160. La lettre est citée par Couton, *Vieillesse*, p. 48, qui pense que l'autre abbé pourrait être l'abbé de Villeserain, ami de d'Aubignac et membre de son académie.

6. Manlius: L'événement qui accélère ensuite la détérioration des rapports entre Corneille et d'Aubignac se rapporte à *Manlius*, tragédie de Mlle Desjardins jouée en mai 1662 et achevée d'imprimer le 27 octobre 1662. La tradition veut que d'Aubignac y ait mis la main,[34] ce qui expliquerait sa réaction furieuse face aux critiques que Corneille aurait faites de la pièce. C'est à Tallemant des Réaux que nous devons cette histoire: 'Corneille dit quelque chose contre *Manlius*, qui choqua cet abbé, qui prit feu sur le champ, car il est tout de soufre. Il critique aussitôt les ouvrages de Corneille; on imprime de part et d'autre'.[35] Tallemant anticipe ici sur les suites, qui constitueront la véritable querelle de *Sophonisbe*.

7. Sophonisbe sur Scène: De toute évidence *Sophonisbe* est jouée pour la première fois le 12 janvier 1663.[36]

8. Donneau de Visé, *Nouvelles nouvelles*: Donneau de Visé, qui sera bientôt le défenseur de Corneille, lui adresse les premières critiques de *Sophonisbe* dans le troisième volume de ses *Nouvelles nouvelles*, qu'il fait paraître le 9 février 1663.[37] Dans le contexte d'une conversation de salon, le personnage de Straton, qui dit n'avoir vu la pièce qu'une seule fois, développe assez longuement ses critiques, s'attachant surtout aux personnages principaux et au jeu des acteurs.

Straton trouve en général que les acteurs jouent bien, voire très bien, mais que les rôles eux-mêmes sont mauvais. Dans le rôle de Sophonisbe, Mlle Des Œillets 'joue divinement' (p. 247), mais le personnage 'explique ses sentiments avec beaucoup de confusion [...] ce qui fait que l'auditeur ne saurait entrer dans ses intérêts' (pp. 247-48). Jouant Syphax, Montfleury 'pousse tout à fait bien les grandes passions' (p. 255), mais c'est un rôle qui conviendrait mieux à une pièce comique (p. 256). Mlle de Beauchâteau est louée (p. 256), mais son rôle, celui d'Eryxe, est jugé 'entièrement inutile à la pièce' (p. 257); elle 'agit si mollement pour elle-même, qu'elle n'oblige point l'auditeur d'entrer dans ses intérêts (p. 260). Floridor 'paraît

---

34   Voir Couton, *Vieillesse*, p. 48. C'est aussi le témoignage de l'auteur anonyme de la *Lettre sur les remarques qu'on a faites sur la Sophonisbe de Monsieur Corneille* qui parle de 'ce Savant qui s'est mêlé de conduire la pièce de Mlle Desjardins' (Granet, *Recueil*, I, p. 195). D'Aubignac dira seulement 'qu'elle m'en a montré le dessein, et que je lui en ai dit mon avis en quelques endroits' (DIV.44).

35   Tallemant, *Historiettes*, II, p. 905.

36   Voir OCIII, p. 1460.

37   La critique est reproduite dans le *Recueil* de Granet (I, pp. 116-33). Nous citons d'après le texte de l'édition originale.

véritablement ce qu'il représente dans toutes les pièces qu'il joue: [...] sa démarche, son air, et ses actions ont quelque chose de si naturel, qu'il n'est pas nécessaire qu'il parle pour attirer l'admiration de tout le monde' (p.261), mais ici il doit jouer Massinisse, 'un homme qui s'emporte souvent en plaintes superflues, et qui dit force paroles inutiles' (p. 262). Straton n'aime pas non plus les suivantes: 'les femmes y font souvent des scènes avec leurs suivantes; qui sont d'autant plus ennuyeuses qu'elles n'ont point d'intérêt en la pièce' (p. 266). Et quand Straton fait la comparaison inévitable de la pièce de Corneille avec celle de son prédécesseur Mairet, jouée pour la première fois en 1634, mais qui se jouait toujours,[38] c'est à l'avantage de Mairet: 'Monsieur de Mairet a mieux fait que Monsieur de Corneille, d'avoir par les droits que donne la poésie, fait mourir Syphax, pour n'y pas faire voir Sophonisbe avec deux maris vivants' (p. 267). L'appréciation générale de la pièce de Corneille est résolument défavorable: 'Tout y ennuie, rien n'y attache, personne n'y fait assez de pitié pour être plaint et aimé, ni assez d'horreur pour exciter beaucoup de haine [...] elle produit des effets contraires à la grande tragédie, et fait rire en beaucoup d'endroits' (p. 265). On remarquera une grande ressemblance entre les remarques de Straton et celles que publiera d'Aubignac. Couton juge très probable que Donneau de Visé se fait l'écho des réflexions de l'abbé.[39] 'La ressemblance vient sans doute,' explique Granet, 'de ce que les pièces de théâtre, étant exposées à la censure publique, les critiques ne manquent pas de se l'approprier.'[40]

9. D'Aubignac, *Remarques sur Sophonisbe*: Avec la permission du bailli du Palais datée du 8 février 1663, mais sans achevé d'imprimer, paraissent les *Remarques sur la tragédie de Mr Corneille, envoyées à Madame la duchesse de R** par Monsieur L.D.*. D'Aubignac en a-t-il autorisé la publication? Dans ses deuxième et quatrième dissertations il affirmera le contraire (DII.2, DIV.55). La publication est due à 'quelqu'un de mes amis qui m'avait demandé la copie' (DII.2). Cette hypothèse est appuyée par le fait que, pour l'impression, on n'utilise pas le privilège général accordé à d'Aubignac en 1656. L'imprimeur, Charles de Sercy, cherche sa propre permission d'imprimer. Cependant, il est vraisemblable que d'Aubignac y est pour quelque chose: quand Donneau de Visé prétendra que le libraire

---

38 Voir OCIII, p. 1460, n. 2.
39 *Vieillesse*, p. 48.
40 Dans la préface de son *Recueil*, I, p. lxxxii.

aura donné gratuitement deux cents exemplaires à l'abbé de Villeserain pour l'abbé d'Aubignac,[41] d'Aubignac répondra: 'je n'en ai pas vu trois douzaines, et je ne pense pas que Monsieur l'abbé de Villeserain en ait eu une douzaine' (DIV.57). Comme l'observe Couton, 'accepter ainsi des exemplaires d'auteur d'une édition faite à son insu implique qu'on ne la désapprouve pas très chaleureusement'.[42] Il semble bien que l'ami responsable de l'impression des *Remarques* soit ce même abbé de Villeserain.

Il existe une preuve supplémentaire de l'intérêt que d'Aubignac portait à ses *Remarques*. Pour jouer un tour à son critique, Corneille aurait persuadé Charles de Sercy d'accepter 'un grand nombre d'exemplaires de sa traduction de l'*Imitation de Jésus-Christ* de Thomas d'a Kempis et de lui donner en échange les exemplaires qui lui restaient des *Remarques* de d'Aubignac.[43] C'est cette action qui pousse d'Aubignac à faire imprimer une seconde édition de ses *Remarques* pour satisfaire les honnêtes gens qui veulent les lire et qui 'en cherchent partout avec beaucoup de soin' (DI Au lecteur).

Les *Remarques* s'adressent à Madame la duchesse de R*. Selon Granet, il s'agit là d'une feinte.[44] Mais Voltaire pense que d'Aubignac envoie ses *Remarques* à la duchesse de Retz.[45] Toujours est-il que cette forme épistolaire sera soutenue dans toutes les dissertations à l'exception de la dernière.

Résumé des *Remarques sur Sophonisbe*[46]

[1] Le public n'a pas apprécié *Sophonisbe*. [2] Corneille n'aurait pas dû traiter le même sujet que Mairet. [3-4] Quoique l'unité de temps y soit observée, l'unité de lieu ne l'est pas. [5] Le rôle des suivantes est mal conçu. [6-7] Les discours politiques ne conviennent pas aux personnages féminins et aucun des débats n'est intéressant. [8-9] Le dénouement est mal conduit. Syphax aurait dû mourir (comme dans la pièce de Mairet) pour éviter que Sophonisbe ait deux époux vivants. [10-11] Syphax est un personnage trop faible, trop passif; Massinisse manque d'honnêteté. [12] Le personnage d'Eryxe est inutile.

---

41   *Défense du Sertorius*, p. 117.
42   *Vieillesse*, p. 49.
43   Voir DI Au lecteur.
44   *Recueil*, I, p. lxxix.
45   Voltaire, *Commentaires sur Corneille*, éd. David Williams, 3 vols, Banbury, 1974-75, III, p. 828.
46   Les numéros entre parenthèses renvoient aux paragraphes du texte.

Bien que les remarques soient très défavorables, le ton reste poli et courtois.

10. Donneau de Visé, *Défense de la Sophonisbe***:** La première réponse à d'Aubignac des partisans de Corneille paraît sans privilège et sans achevé d'imprimer, mais presque certainement en mars 1663.[47] Il s'agit de la *Défense de la Sophonisbe de Monsieur de Corneille* de Donneau de Visé. L'identité de l'auteur pourrait étonner. Comment, depuis le mois de février, de Visé a-t-il pu si rapidement changer d'avis? C'est sur l'explication de cette apparente contradiction qu'il termine sa *Défense*:

> Vous vous étonnerez peut-être, de ce qu'ayant parlé contre Sophonisbe dans mes *Nouvelles nouvelles*, je viens de prendre son parti; mais vous devez connaître par là que je sais me rendre à la raison: Je n'avais alors été voir Sophonisbe que pour y trouver des défauts; mais l'ayant depuis été voir en disposition de l'admirer, et n'y ayant découvert que des beautés, j'ai cru que je n'en aurais pas de gloire à paraître opiniâtre, et à soutenir mes erreurs, et que je me devais rendre à la raison. (pp. 80-81)[48]

En bon polémiste, de Visé sait changer de camp sous le prétexte de la raison.

De Visé répond systématiquement à toutes les critiques de l'abbé: la réaction du public, l'imitation de Mairet, les unités de lieu et de temps, les suivantes, les discours, la catastrophe, et les personnages. Mais au lieu de s'en tenir à un ton neutre et savant, il lance à tout moment des attaques personnelles contre d'Aubignac. C'est l'envie qui fait l'abbé parler contre Corneille; d'Aubignac serait, pour reprendre le vers de l'*Art poétique* de Boileau, 'Plus enclin à blâmer que savant à bien faire'. Lui-même incapable de faire des pièces réussies, il veut que d'autres écoutent ses avis (p. 9). Tout ce qu'il a fait pour le *Manlius* de Mlle Desjardins a nui à la pièce (p. 10). Et s'il y a des aspects de *Sophonisbe* qui ne lui plaisent pas, c'est bien la faute de l'abbé et non pas celle de Corneille. Par exemple, à propos des suivantes, de Visé reprend les mots de d'Aubignac (DI.5) pour les lui renvoyer:

---

47 Voir OCIII, p. 1463, n. 3.
48 Quoique la *Défense* paraisse anonymement, ce passage, avec sa référence aux *Nouvelles nouvelles*, permet d'en identifier l'auteur assez facilement.

Vous dites que le temps où elles parlent est celui que les spectateurs prennent pour manger leurs confitures. Si je n'étais bien assuré que ces Remarques sont de vous, je croirais qu'elles viendraient de quelque femme qui a coutume d'y manger; mais puisque vous en êtes l'Auteur, sans doute que vous en mangiez en écoutant Sophonisbe, que votre goût y était tout entier, et que c'est ce qui vous a fait trouver des fautes, où il n'y en avait point. (pp. 36-37)

Les questions doctrinales ne jouent pas un grand rôle dans la *Défense* de Donneau de Visé.

Notons enfin que de Visé prétend avoir agi sans l'influence de Corneille:

Comme je vous ai répondu sans l'aveu de Monsieur de Corneille, et par conséquent sans savoir les raisons particulières qu'il a pour justifier ce qu'il a fait, vous devez être persuadé que je n'ai rien dit qui puisse approcher de ce qu'il dirait, s'il prenait la peine de répondre à des Remarques, qui ne pouvant nuire à sa réputation, ne méritent pas d'occuper sa plume. (pp. 77-78)

Corneille ne suivra pas le conseil de son défenseur. Il prendra la parole à la publication de sa pièce.

11. *Lettre sur les Remarques*: La deuxième réponse aux *Remarques* de d'Aubignac est anonyme et nous n'en connaissons toujours pas l'auteur. La *Lettre sur les remarques qu'on a faites sur la Sophonisbe de Monsieur Corneille,* publiée probablement en mars 1663,[49] ne peut être consultée aujourd'hui que dans le *Recueil* de Granet (I, pp. 195-212), personne n'en ayant retrouvé l'édition originale. Cette lettre, adressée à un monsieur inconnu, et peut-être imaginaire, reprend, comme la réponse de Donneau de Visé, toutes les critiques de d'Aubignac, tout en ne reconnaissant qu'indirectement qu'elles sont de lui. Encore une fois, si certains éléments de la pièce ont déplu à l'abbé, il en est lui-même tenu pour responsable. Par exemple, si d'Aubignac a jugé que le récit de la mort de Sophonisbe n'était pas assez mouvant, c'est qu'il n'a pas su bien écouter (p. 206). En revanche, cette lettre est moins agressive que la *Défense* de Donneau de

---

49   Voir OCIII, p. 1463, n. 4.

Visé et on y trouve même certains points sur lesquels l'auteur et l'abbé semblent s'accorder: 'il est bon d'attacher [les suivantes] à l'action' (p. 200); d'Aubignac reprend la même idée (DI.5).

12. *Sophonisbe* imprimée: La publication de *Sophonisbe,* achevée d'imprimer le 10 avril 1663, constitue la troisième réponse aux *Remarques* de d'Aubignac. Cette fois, c'est la réponse de Corneille lui-même, et ce sera sa seule contribution importante à la querelle. Il s'agit, en fait, de deux réponses: une réponse plus directe 'Au lecteur'; et une réponse indirecte à travers les changements apportés au texte de la pièce depuis sa représentation sur scène. C'est d'Aubignac qui signalera aux lecteurs ces changements, dans une note ajoutée à la fin de la seconde édition de sa première dissertation: 'Je n'envie point à ceux qui la liront sans l'avoir vue, le plaisir de n'y pas rencontrer les fautes que j'ai condamnées'.[50] Mais pour éviter de donner l'impression que toutes les fautes ont été rectifiées, il ajoutera: 'Toutes les choses qu'il a pu réformer dans sa Sophonisbe ont été rajustées, mais assez mal' (DII.94).

Dans son avis au lecteur (intitulé, dès la deuxième édition, 'préface'), Corneille tient surtout à se justifier d'avoir traité le même sujet que Mairet: 'C'est ainsi qu'en usaient nos Anciens, qui traitaient d'ordinaire les mêmes sujets. [...] Cette noble et laborieuse émulation a passé de leur siècle jusqu'au nôtre' (OCIII, p. 382). Il s'excuse de ne pas avoir fait tuer Syphax en disant qu'il a bien observé l'histoire telle que Tite-Live la raconte (p. 383), procédé qui découle de son attachement à la vérité historique plutôt qu'à la vraisemblance de l'intrigue. Il est clair que Corneille répond aux remarques de d'Aubignac, tout en refusant de reconnaître explicitement en l'abbé son principal critique. Pourtant, on pourrait dire que toute la préface peut se lire comme une attaque satirique contre l'abbé. Corneille nous rappelle que d'autres auteurs ont traité le même sujet que leurs prédécesseurs et cite, entre autres, Boisrobert aidé par d'Aubignac lui-même: 'Le grand éclat que M. de Scudéry a donné à sa *Didon* [1636] n'a point empêché que M. de Boisrobert n'en ait fait voir une autre trois ou quatre ans après [1642], sur une disposition qui lui en avait été donnée, à ce qu'il disait, par M. l'abbé d'Aubignac' (p. 382). On peut sans doute y voir aussi une allusion acerbe aux remarques critiques que d'Aubignac a faites

---

50 Une remarque de Donneau de Visé nous permet de voir une de ces modifications à la scène 3 de l'acte IV: Lélius ne dit plus, dans le texte imprimé, que les dieux n'ont pas eu de femmes. Voir OCIII, p. 1469.

sur *Le Cid* et *Horace* dans la *Pratique*: 'je voudrais que quelqu'un se voulût divertir à retoucher *Le Cid*, ou *Les Horaces*, avec autant de retenue pour ma conduite et pour mes pensées, que j'en ai eu pour celles de M. Mairet' (p. 382). Corneille montre une grande irrévérence envers l'abbé en prétendant que lui, Corneille, ne sait 'que les règles d'Aristote et d'Horace' (p. 384), laissant voir par là son indifférence à la *Pratique du théâtre*. Corneille poursuit cette réflexion en s'attaquant à tous ceux qui essaient de détruire l'histoire quand ils prennent des sujets nommément historiques. D'Aubignac est ici visé de nouveau pour sa participation au *Manlius* de Mlle Desjardins: 'j'aime mieux qu'on me reproche d'avoir fait mes femmes trop héroïnes, par une ignorante et basse affectation de les faire ressembler aux originaux qui en sont venus jusqu'à nous, que de m'entendre louer d'avoir efféminé mes héros, par une docte et sublime complaisance au goût de nos délicats, qui veulent de l'amour partout' (p. 384).[51] Corneille s'étonne dans cette préface (p. 383) que son *Sertorius* de l'année précédente n'ait pas été critiqué. Il n'aura pas longtemps à attendre.

13. D'Aubignac, *Deux Dissertations*: C'est après l'impression de *Sophonisbe*, le 10 avril, mais avant celle de la *Défense du Sertorius* de Donneau de Visé le 23 juin, que d'Aubignac publie ses *Deux dissertations concernant le poème dramatique, en forme de remarques sur deux tragédies de M. Corneille intitulées Sophonisbe et Sertorius*. D'Aubignac a consenti à la deuxième édition de la dissertation sur *Sophonisbe* parce qu'il ne restait plus d'exemplaires de la première édition, Corneille les ayant retirés de chez le libraire Charles de Sercy (voir l'Introduction II.12 ci-dessus). Le texte de cette dissertation, dans sa deuxième édition, n'est pas modifié, exception faite de l'ajout, en début de texte, de la notice 'Au lecteur' et d'un paragraphe de fin expliquant que Corneille a introduit des changements dans le texte imprimé de *Sophonisbe*. Cette édition de deux dissertations ne paraît plus chez Sercy, abandonné par d'Aubignac depuis sa trahison, mais chez Jacques du Breuil. Apparemment, la dissertation sur *Sertorius* était prête à être imprimée 'au jour incontinent' après la parution des *Remarques* sur *Sophonisbe* (DII Au lecteur), mais un retard s'impose après que Corneille 'a envoyé des gens inconnus chez l'Imprimeur, qui l'ont menacé de le ruiner par la saisie de ses presses, et de ses autres copies' (DII Au lecteur). D'après ce que dit d'Aubignac, la duchesse de R*

---

51 Pour Couton, le Torquatus de *Manlius* est le héros efféminé évoqué ici (*Vieillesse*, p. 51).

aura tellement apprécié ses observations sur *Sophonisbe* qu'elle en demande tout de suite sur le *Sertorius* dont elle avait entamé la lecture pour se rappeler la représentation. D'Aubignac abandonne alors ses comptes-rendus des pièces de théâtre plus récentes, pour en faire un du *Sertorius* (DI.12, DII.1). Si cette histoire est vraie, le texte de la deuxième dissertation, publié en avril-mai 1663, doit être sensiblement différent de celui que d'Aubignac aurait été sur le point de publier en février de la même année. Bray a bien vu que le texte que nous avons 'porte la trace de plusieurs rédactions'.[52] La plus grande partie du texte contient la critique du *Sertorius* (DII.1-93) et le ton reste plus ou moins courtois. Mais les derniers paragraphes (DII.94-98) ont été rédigés en réponse aux textes écrits en réaction à la première édition des *Remarques sur Sophonisbe*; ils répondent aussi à la publication de la pièce elle-même. Le ton se fait nettement plus acerbe. Il est clair que d'Aubignac se trompe lorsqu'il attribue la *Lettre* anonyme et la *Défense* à Corneille. Il fait également mention d'une épigramme et d'un sonnet de Corneille (DII.94), qui ne nous sont pas parvenus, qu'ils soient bien de Corneille ou non.

Résumé de la dissertation sur *Sertorius*

[1-2] Je vous envoie mon examen de *Sertorius* avec des exemplaires de mes *Remarques sur Sophonisbe*. [3-9] A la différence de Corneille, je ne crois pas qu'il soit nécessaire d'être bon poète pour être critique. [10-12] Il ne faut louer, dans un ouvrage, que ses qualités; il y a des gens qui ont reconnu deux bons endroits dans *Sertorius* et ont par conséquent loué toute la pièce. [13-19] Le plus grand défaut d'un poème dramatique est d'être surchargé de personnages et d'intrigues ('la polymythie'). [20-31] *Sertorius* pèche par polymythie: il y a cinq histoires différentes mal liées. Corneille a fait mieux dans *Le Cid* et dans *Cinna*. [32-33] La polymythie nuit à la représentation des passions et des sentiments des personnages et [34-39] rend le dénouement difficilement compréhensible. [40-41] Son traitement de l'unité de lieu est invraisemblable. [41-43] Bien que l'unité de temps soit observée dans la pièce, Corneille y accumule trop d'événements. [44-45] Il ne faut pas se fier aux arguments de Corneille dans son *Discours des trois unités*, puisqu'il ne les soutient que par référence à ses propres pièces. [46-51] Chacun des protagonistes est critiqué; Sertorius, surtout, manque de passion humaine. [52-54] Les

---

52 *Tragédie cornélienne*, p. 10.

passages admirés par le public (la conversation de Sertorius et de Viriate sur l'amour de Perpenna, et la conférence de Sertorius et de Pompée) ne sont pas bien faits. [55-58] Corneille utilise excessivement la technique de l'*interruptio*; la raison du voyage de Pompée est invraisemblable; Corneille se sert de didascalies dans le texte imprimé, procédé déconseillé dans la *Pratique*; le style est répétitif. [59-71] Il y a beaucoup de points obscurs et d'invraisemblances. [72-93] Bien qu'il y ait un certain nombre de vers réussis, il y en a aussi qui sont peu clairs ou qui contiennent des cacophonies insupportables. [94-97] Dans toutes ses réponses à mes *Remarques sur Sophonisbe* Corneille a montré qu'il ne sait pas écrire. Il dit que je n'ai pas bien écouté la pièce au théâtre: c'est faux. Il n'aime pas l'usage que je fais du mot 'suivante': mais c'est un mot dont il se sert dans plusieurs de ses pièces. Il fait un effort inutile pour justifier, par référence à l'histoire, le fait qu'il épargne Massinisse. [98] La canaille du Parnasse se prépare à défendre Corneille. Mais je continuerai à faire la critique de ses ouvrages, si cela vous plaît.

14. Donneau de Visé, *Défense du Sertorius***:** En réponse à d'Aubignac, Donneau de Visé publie sa *Défense du Sertorius de Monsieur Corneille*, achevée d'imprimer le 23 juin 1663; elle se termine par une 'Apostille à Monsieur l'abbé d'Aubignac'. La défense reprend, dans l'ordre, tous les points mentionnés par d'Aubignac, et fait la critique de la forme aussi bien que du contenu de sa dissertation. Il en résulte une kyrielle d'injures. D'Aubignac n'a rien compris à la pièce de Corneille, parce qu'il lit avec trop peu de soin et qu'il est âgé. Les commentaires de l'abbé sur la polymythie ne sont que des 'choses [...] ridicules' (p. 33). De Visé termine sa défense par une analyse très défavorable du sonnet que d'Aubignac adresse à la duchesse. Mais son venin le plus destructif est réservé à l' 'Apostille', où, contrairement à ce que dit d'Aubignac dans son avis 'Au lecteur' des deux premières dissertations, de Visé soutient que l'*Imitation* de Corneille se vend très bien, tandis que seulement quinze ou vingt personnes ont voulu acheter les *Remarques* de l'abbé (p. 117). Il nous dit aussi, sur un ton assez cruel, que d'Aubignac prépare des remarques sur l'*Œdipe* de Corneille: 'j'espère que vous vous repentirez, et qu'au lieu de vos Remarques sur l'Œdipe, vous nous donnerez dans peu, *les moyens de se bien préparer à la mort*' (pp. 124-25). Il promet une critique des pièces de théâtre de d'Aubignac 'et bien qu'elles soient ensevelies dans les ténèbres, je les déterrerai pour faire leur procès' (p. 127) - projet qui ne se réalisera pas. Il se moque de l'abbé exclu de la liste des gratifications du roi (p. 128). Enfin, il promet de combattre jusqu'à la fin de la guerre: 'puis que la guerre est déclarée entre nous, je combattrai d'une manière qui divertira tout le monde' (p. 130). On voit ici la part de divertissement dans les querelles littéraires. Bien que, dans cette défense, de Visé reste anonyme, il tient à faire comprendre à d'Aubignac qu'il n'est pas Corneille, qu'il est bien celui qui a défendu *Sophonisbe*, mais qu'il n'est pas l'auteur de la *Lettre* anonyme. On verra bien que d'Aubignac ne prêtera aucune attention à cette clarification.

15. D'Aubignac, *Troisième et Quatrième Dissertations*: Les troisième et quatrième dissertations de d'Aubignac sont achevées d'imprimer le 27 juillet 1663. Quoique publiées ensemble, ces deux dissertations marquent deux étapes différentes dans le développement de la querelle. La troisième dissertation, qui fait l'examen de l'*Œdipe* de Corneille, a une forme semblable à la deuxième, sur *Sertorius*. D'Aubignac poursuit son intention, esquissée à la fin de la deuxième dissertation, de soumettre d'autres pièces du dramaturge à une analyse critique. L'intention est réitérée ici avec plus de précision: 'Nous sommes maintenant à l'Œdipe, selon l'ordre que j'ai pris par occasion de remonter dans le temps passé pour examiner les œuvres de M. Corneille avec quelque méthode' (DIII.11).[53] Bien que la dissertation contienne quelques remarques personnelles dirigées contre la cupidité de Corneille (DIII.2), elle n'en constitue pas moins une critique sérieuse et détaillée (quoique malveillante) de la pièce. On pourrait présumer que la plus grande partie de la dissertation a été rédigée avant que d'Aubignac prenne connaissance de la *Défense du Sertorius* de Donneau de Visé, ce qui est d'autant plus probable que de Visé parle déjà de l'étude sur l'*Œdipe* dans sa *Défense* (pp. 124-25; voir l'Introduction, II.14 ci-dessus).

Mais cette même *Défense du Sertorius* semble être responsable du changement de ton qu'on remarque dans la quatrième dissertation, et qui trahit les blessures infligées par les attaques de Donneau de Visé. Pourtant d'Aubignac persiste à croire que l'auteur des *Défenses* est bien Corneille, et cette réponse ne s'adresse plus à la duchesse, mais directement à l'ennemi prétendu. La dissertation toute entière est remplie d'injures et d'invectives, d'autant plus vaines que d'Aubignac manque son but, ignorant, ou feignant d'ignorer, le rôle de Donneau de Visé dans la querelle. Mais si la cible

---

53 Voir aussi DIII.115.

véritable est Corneille et non pas l'auteur des *Défenses*, c'est bien le dramaturge qui est visé ici.

Il se peut que d'Aubignac, à l'origine, ait eu l'intention de ne publier qu'une troisième dissertation, et que, enragé par les attaques personnelles contenues dans la *Défense du Sertorius*, il y ait rapidement ajouté la quatrième. A l'exception d'un seul, tous les exemplaires de ces dissertations que nous avons consultés portent une page de titre qui mentionne uniquement la troisième dissertation, bien que la quatrième fasse partie du même livre avec une pagination continue. L'exemplaire en question, qui se trouve à la Bibliothèque de l'Arsenal (8° B12736) porte une page de titre qui débute par: 'TROISIEME ET QUATRIEME / DISSERTATION [sic]'. L'imprimeur aurait commencé par l'impression de la troisième dissertation, y aurait ensuite ajouté la quatrième, et aurait essayé enfin de corriger la page de titre. Cette hypothèse s'appuie sur le fait que certains exemplaires portent une page de titre incorrecte (ne mentionnant que la troisième dissertation). Ce n'est là pour autant qu'une hypothèse.[54]

Résumé de la dissertation sur *Œdipe*

[1-6] J'espère que mes dissertations pourront vous divertir. Il ne faut pas se plaindre de la censure que l'on fait des mauvais vers de Corneille; il a vendu ses pièces au public, et il ne doit pas trouver étrange que chacun en parle comme on veut. Je n'ai pas de commerce avec lui, parce que je ne l'ai jamais vu que deux fois. [7-10] On a le droit de contredire d'autres auteurs; de plus, les disputes d'érudition ont toujours été d'usage. Corneille a transporté les instructions nouvelles de ma *Pratique* dans la dernière impression de ses *Discours*, mais il les a corrompues. [11-12] Pour son retour au théâtre, Corneille a écrit *Œdipe*, dont le sujet est horrible et la versification mauvaise. [13-18] Le fondement de la fable n'est pas vraisemblable. [19-24] Corneille se félicite d'avoir rétabli la vraisemblance, mais je ne suis pas d'accord. Une pièce est invraisemblable si toutes les intrigues qui ont précédé l'action sont invraisemblables. Il est contre la nature qu'un père et une mère aient fait exposer leur fils aux bêtes féroces. Toutes les choses vraies ne sont pas forcément vraisemblables. Sur la scène, notre siècle a besoin d'événements qui méritent plus de croyance.

---

54 Dans l'exemplaire exceptionnel, la 'bonne' page de titre paraît en début de volume, c'est-à-dire en tête de la dissertation sur *Sophonisbe*. On peut attribuer cette erreur à celui qui, à une date ultérieure, a relié les quatre dissertations pour en faire un recueil factice.

[25-30] Il y a d'autres exemples d'invraisemblance. [31-36] Si l'on considère le personnage d'Œdipe, le sujet est détestable. Il faut non seulement qu'un poète cherche les moyens de plaire, mais aussi qu'il enseigne des choses qui maintiennent la société publique. Si Corneille ne sait point rectifier les impertinences des vieilles fables de la Grèce, il vaut mieux qu'il invente entièrement le sujet de ses pièces. [37-42] Corneille a inventé l'histoire de Thésée, mais il aurait dû inventer une histoire plus vraisemblable. [43-58] Le mariage de Thésée est le principal sujet de la pièce, et l'histoire d'Œdipe n'en est qu'un épisode. [59-66] Les personnages ne sont pas vraisemblables; ils s'interrompent à tout propos. [67-83] Il y a trop d'obscurités. [84-116] Il y a de mauvaises métaphores. [117] Je vais prochainement considérer *Pertharite*, mais je ne l'examinerai pas en détail.

Résumé de la quatrième dissertation

[1-2] J'avais résolu de ne parler que de vous, mais il faut maintenant que je parle à vous-même. [3-5] Pourquoi avez-vous décidé sur vos vieux jours de vous faire nommer M. de Corneille? Vous dites que Corneille est de vos amis, mais c'est vous qui écrivez. [6-10] L'envie ne m'a pas fait soulever contre vous. Vous n'êtes plus affamé de gloire mais d'argent. [11-13] J'ai la liberté de vous contredire en matière d'érudition. C'est notre métier de corriger les autres. [14-15] Vous dites que j'ai eu de la peine à retenir le *Sertorius* à cause de mon âge, mais j'ai bonne mémoire; d'ailleurs, je suis moins âgé que vous. [16-17] Vous trouvez mal que j'appelle votre petit frère un apprenti, mais tout le monde l'appelle le petit Corneille. [18-21] Je n'ai jamais étudié dans aucun collège; je m'attachai seul à la lecture des auteurs. [22-33] Vous tirez ce que vous écrivez du fond de cinq ou six auteurs. Vous ne suivez pas les préceptes d'Aristote, et vous avez affecté de paraître ignorant. [34-40] L'impertinente critique que vous faites de mes vers est inutile. [41-43] Vous parlez mal à propos de ma *Pratique*. J'ai entrepris de n'enseigner que des choses nouvelles. Dans d'autres dissertations, je montrerai qu'après la lecture de ma *Pratique* vous avez corrigé beaucoup de fautes grossières que vous avez faites dans vos œuvres. [44-46] Je n'ai pas écrit le *Manlius* de Mlle Desjardins. *Zénobie* est la seule pièce dont j'ai été le maître. [47-48] Vous n'avez pas raison de dire que j'ai brigué depuis trente ans une charge de directeur des théâtres. [49-60] Vous avez entrepris la défense de Sercy parce qu'il m'a trahi pour vous. Mais Sercy n'est qu'un sot. [61-62] Je n'ai jamais écrit contre la

Mirame de Desmarets. Je vais corriger les fautes des pièces que vous avez écrites depuis *Le Cid.*

16. Fin de la Querelle: Quoique de Visé ait promis de poursuivre les batailles jusqu'à la fin de la guerre, et que d'Aubignac ait terminé sa quatrième dissertation sur l'annonce de la censure à venir de toutes les pièces de Corneille en remontant jusqu'au *Cid* 'car au-delà ce ne sont que fadaises qui ne sont pas dignes seulement d'être lues' (DIV.62), ni l'un ni l'autre ne contribuera plus à la querelle, qui s'éteint.

Il est vrai que Tallemant fait mention d'un échange d'épigrammes, dans lesquelles les partisans de Corneille attaquent d'Aubignac, tandis que le défendent ses propres partisans,[55] mais, en réalité, le sujet des poésies citées par Tallemant est *Macarise*, le roman philosophique de d'Aubignac, publié en 1663.

Le dernier coup d'épée que d'Aubignac prépare n'atteindra jamais sa cible. Il travaille, on ne sait pas exactement à quel moment, à une nouvelle édition de sa *Pratique du théâtre.* Comme le montre son exemplaire personnel de la *Pratique* (qu'on peut trouver à la Bibliothèque Nationale (Rés. Y.33)), il raie et couvre de papier blanc toutes les mentions élogieuses de Corneille. Il ajoute aussi, en marge, des références systématiques aux points traités dans ses quatre dissertations. Cette nouvelle édition de la *Pratique* ne paraîtra jamais.[56]

III D'AUBIGNAC CRITIQUE

D'Aubignac est-il un critique pénétrant? A en croire la plupart des savants modernes, il n'en est rien. W. G. Moore pense que la *Pratique du théâtre* représente plutôt un obstacle qu'une aide à la compréhension des pièces du dix-septième siècle.[57] Georges Couton est encore plus sévère à l'égard de la critique que d'Aubignac a faite sur *Sertorius*; il la qualifie de 'docte et hargneuse chicane qui apprend beaucoup sur l'humeur de l'abbé et peu sur *Sertorius'.*[58]

Or il est vrai que, si l'on s'intéresse surtout aux aspects politiques,

---

55 *Historiettes,* II, pp. 905-08.
56 Heureusement l'édition de P. Martino montre toutes les modifications que d'Aubignac préparait.
57 *The Classical Drama of France,* Londres, 1971, pp. 64, 67, 78.
58 *Vieillesse,* p. 81.

éthiques, ou sociologiques des pièces de Corneille, d'Aubignac ne nous aide guère; il n'en dit presque rien. En revanche, pour le critique d'aujourd'hui qui cherche à savoir pourquoi, dans le contexte du dix-septième siècle, une pièce de théâtre réussit sur scène tandis qu'une autre y échoue, les discussions de d'Aubignac sont toujours utiles et riches d'enseignements. Il faut bien avouer qu'il s'agit surtout de conseils dont d'Aubignac lui-même, au début des années 1640, n'a pas pu profiter pour garantir le succès de ses propres pièces. Il faut avouer aussi qu'il y a sans doute bien des manières de plaire au théâtre que d'Aubignac néglige, ou que, tout simplement, il ne connaît pas (comme, par exemple, la théâtralité shakespearienne). Mais ce qu'on n'a pas suffisamment reconnu jusqu'ici, c'est que d'Aubignac, en tant que théoricien et critique de théâtre, a l'obsession des moyens de plaire au public. Dans ses écrits théoriques il essaie de dégager les procédés propres à susciter le plaisir des spectateurs; dans ses écrits critiques il donne des exemples de ce qui a réussi au théâtre et de ce qui a laissé les spectateurs indifférents, en tentant toujours d'en signaler la cause. La preuve du bien-fondé de ses remarques, c'est que Corneille modifie le texte de *Sophonisbe* pour la première édition, remédiant ainsi à certains défauts que d'Aubignac a signalés (DI. dernier paragraphe). Racine, qui faisait ses débuts au théâtre en plein milieu de la querelle de *Sophonisbe*, a pu, selon toute vraisemblance, profiter des commentaires de d'Aubignac, et sur quelques points il a certainement suivi les conseils de l'auteur de la *Pratique* là où celui-ci s'opposait au système cornélien.[59]

Ayant reconnu dans son tout premier chapitre de la *Pratique* que le théâtre est 'véritablement l'Ecole du Peuple' (p. 8), d'Aubignac ne dit presque plus rien sur le caractère instructif de la poésie dramatique, ce qui le distingue d'un contemporain comme Chapelain, pour qui l'utilité morale du théâtre est de première importance.[60] De quelque sujet pratique qu'il traite, d'Aubignac est toujours guidé par l'impact sur les spectateurs. L'essentiel pour lui, c'est que le spectateur doit pouvoir comprendre tout ce qui se passe sur scène pour pouvoir apprécier l'intérêt dramatique et les différentes passions des personnages. Ecoutons-le, par exemple, sur les

59 H.T. Barnwell, *The Tragic Drama of Corneille and Racine: An old Parallel Revisited*, Oxford, 1982, p. 141; D. Maskell (*Racine: A Theatrical Reading*, Oxford, 1991, pp. 13-15) montre que Racine a profité des remarques de d'Aubignac sur la précision du lieu théâtral, évitant ainsi le lieu général et peu précis conseillé par Corneille.

60 J. Chapelain, *Lettre sur la règle des vingt-quatre heures* dans *Opuscules critiques*, ed. A.C. Hunter, Paris, 1936, p. 115.

trois différents types de sujet théâtral. Dans le premier type, la pièce est remplie d'intrigues et d'événements, et 'presque tous les Acteurs ont divers desseins, et que tous les moyens qu'ils inventent pour les faire réussir, s'embarrassent, se choquent, et produisent des accidents imprévus' (p. 71); et l'effet? C'est 'une merveilleuse satisfaction aux Spectateurs, une attente agréable, et un divertissement continuel' (p. 71). Dans le second type, la matière n'est pas grande, mais les passions des personnages sont nombreuses et violentes, 'ce qui ravit les Spectateurs en faisant toujours sur leur âme quelque nouvelle impression' (p. 71). Le troisième type de sujet est un mélange des deux premiers, et c'est aussi le meilleur type de sujet 'car les incidents renouvellent leurs agréments par les passions qui les soutiennent, et les passions semblent renaître par les incidents inopinés de leur nature' (p. 72); les spectateurs 'voient tout ensemble des accidents qui les surprennent, et des mouvements d'esprit qui les ravissent' (p. 71). Nul besoin d'attendre Odette de Mourgues[61] pour se rendre compte du plaisir offert au spectateur du fait de la concentration imposée par l'unité de temps; d'Aubignac en parle déjà avec éloquence: '[le Poète] ne doit point craindre de gâter son Ouvrage pour en resserrer ainsi les Intrigues dans un petit espace de temps; car au contraire c'est ce qui le rendra plus agréable et plus merveilleux; c'est ce qui lui donnera moyen d'introduire sur son Théâtre des surprises extraordinaires, et des passions qu'il pourra conduire aussi loin qu'il le jugera convenable' (p. 124). Et il étaye cette affirmation en citant les exemples de *Cinna* et d'*Horace* (pp. 125-26). Dans la première pièce, l'action commence après que Cinna a organisé la conspiration, et dans la seconde, juste avant le combat; ainsi tous les intérêts, toutes les passions sont concentrés sur le besoin que ressentent les personnages principaux de faire face à la crise imminente.

C'est le même genre d'observation qui intéresse d'Aubignac dans ses dissertations. Le plaisir du spectateur demeure son idée fixe, même s'il trouve, maintenant, que Corneille a manqué son but. Il reste que les trois premières dissertations sont de précieux documents sur les pièces dont elles traitent. D'Aubignac nous fait partager sa réaction de spectateur de *Sophonisbe*. Dans les cas d'*Œdipe* et de *Sertorius*, c'est plutôt une réaction de lecteur, mais c'est un lecteur qui se souvient des pièces en représentation. En effet, d'Aubignac parle constamment des spectateurs: 'ce qui choque plus fortement l'esprit des Spectateurs, est que ces deux

---

61 O. de Mourgues, *Racine or the Triumph of Relevance*, Cambridge, 1967, p. 24.

Suivantes savent fort bien ce que ces deux Reines leur content' (DI.5); '[l'intrigue est] accompagnée de deux circonstances que tous les Spectateurs auprès desquels j'étais assis, ont condamnées d'une commune voix' (DI.8); 'quand le Sertorius parut sur le Théâtre, tous ceux qui l'avaient vu ne faisaient bruit que de deux endroits excellents' (DII.12). Etant donnée cette perspective théâtrale, la critique de *Sertorius* ne nous paraît pas, comme à Couton, 'une docte et hargneuse chicane', mais une tentative d'expliquer pourquoi d'Aubignac n'a pas pu suivre l'action de la pièce. Il critique principalement le sujet 'polymythe'. Il y a trop d'intérêts divers pour qu'on puisse s'en souvenir comme il faudrait pour bien suivre le développement des événements. L'explication qu'en donne d'Aubignac nous semble tout à fait équilibrée, et non pas hargneuse du tout:

> Ce n'est pas que le Théâtre ne doive avoir qu'un intérêt ou qu'un incident, on sait bien qu'il en faut plusieurs pour faire des nœuds, c'est-à-dire des difficultés qui font de la peine à dénouer, et qui par cette adresse donnent le fondement des passions, et surprennent agréablement l'attente des Spectateurs par des sentiments opposés de douleur et de joie. Mais [...] il faut que les Spectateurs de bon sens sachent toujours clairement ce qui s'est passé, et qu'ils ne prévoient rien de l'avenir, afin que la certitude de ce qu'ils savent rende leur plaisir plus grand quand on leur découvre ce qu'ils n'avaient pas prévu; Ce qui ne peut jamais arriver aisément, si leur esprit demeure au milieu des ténèbres et de la confusion. (DII.30)

D'ailleurs, d'Aubignac essaie de montrer en quoi *Sertorius* diffère des pièces réussies de Corneille. 'Cette Polymythie,' dit-il, 'nous prive encore d'un plus grand plaisir, en ce qu'elle ôte à M. Corneille le moyen de faire paraître les sentiments et les passions, c'est son fort, c'est son beau, et c'est ce qu'on ne trouve pas en ce Poème' (DII.32). Corneille a trouvé le bon équilibre dans *Le Cid* et dans *Cinna* (DII.28-29), mais en choisissant pour *Sertorius* un sujet trop vaste, il l'a perdu, privant en même temps ses spectateurs du plaisir engendré par l'agréable kaléidoscope des passions.

Ces quelques remarques montrent clairement que d'Aubignac n'est pas un critique myope, comme le prétendraient ses ennemis. De toute évidence, on ne peut dire, comme l'a fait Charles Arnaud, que 'c'est à la régularité des œuvres qu'il mesure leur beauté',[62] puisque c'est selon leur capacité d'être comprises et appréciées sur scène qu'il la mesure. Et finalement, d'Aubignac n'a-t-il pas raison de critiquer ces trois pièces? Malgré les efforts de certains savants du vingtième siècle pour réhabiliter les pièces de la vieillesse de Corneille, celles-ci ne sont jamais montées sur scène (à part une mise en scène de *Sertorius* à la Comédie-Française au début des années 1980), et l'on trouve peu de livres ou d'articles essayant de mettre en valeur leurs qualités théâtrales. Qui veut comprendre l'impact théâtral des pièces de Corneille aurait intérêt à lire attentivement la *Pratique du théâtre* et les dissertations de l'abbé d'Aubignac, qui, dans les affaires de la scène, est un guide sinon infaillible, du moins toujours digne d'être écouté avec respect.

IV LE TEXTE

Nous reproduisons le texte de l'exemplaire des deux premières et des deux dernières dissertations, conservé à la Bibliothèque Nationale: Yf. 2545 et Yf. 2546. Nous avons aussi consulté la première édition des *Remarques sur Sophonisbe*, conservée à la Bibliothèque Nationale: Rés. Yf. 3974.

Bibliothèque Nationale Yf. 2545
DEUX / DISSERTATIONS / CONCERNANT / LE POEME / DRAMATIQUE, / en forme de / REMARQUES: / *Sur deux Tragedies de M. Corneille* / intitulées / SOPHONISBE & SERTORIUS: / *Envoyées à Madame la Duchesse* / de R*. / [dessein] / A PARIS, / Chez IACQUES DU-BRUEIL, en / la Place de Sorbonne. / [ligne] / M DC. LXIII. / *Avec Privilege du Roy.*
Collation: 12º: π2, A-I6 [I5-6 manquent] <$3 signatures; chiffres romains; 54 feuillets, pp. [2] 1-16 19 (=17) 18-20 *21-24* 25-104>
D'autres exemplaires consultés: Bibliothèque de l'Arsenal Rf. 2.506, 8º B 12734, 8º B 12735, 8º B 12736. Dans tous ces exemplaires sauf 8º B 12734 (qui s'apparente en ceci à l'exemplaire de la Bibliothèque Nationale) le sonnet et l'extrait du privilège se trouvent à la fin du texte (I5^{r-v}), où nous les avons replacés dans notre édition. Dans l'exemplaire de la Bibliothèque Nationale et celui 8º B 12734 de l'Arsenal le sonnet et

---

62 *Théories dramatiques*, p. 295.

l'extrait du privilège se trouvent en début de volume ($\pi 2^{r-v}$), ce qui est sans doute une faute de la part du relieur, parce que la dernière phrase de la deuxième dissertation montre clairement que d'Aubignac voulait que le sonnet se trouvât à la fin du texte.

Bibliothèque Nationale Yf. 2546
TROISIE'ME / DISSERTATION / CONCERNANT / LE POEME / DRAMATIQUE / en forme / DE REMARQUES: / *Sur la Tragedie de M. Corneille* / intitulée / L'ŒDIPE / *Envoyée à Madame la Duchesse / de R**. / [dessein] / A PARIS, / Chez IACQUES DU-BRUEIL, en / la Place de Sorbonne. / [ligne] / M. DC. LXIII. / *AVEC PRIVILEGE DU ROY.*
Collation: 12o: A-P6, Q4 <$3 signatures; chiffres romains; erreurs de signature: C3 non signé, G2 signé G3, H2 signé A2, K2 non signé, K3 signé L3, N3 non signé, Q3 non signé; 94 feuillets, pp. *1-2* 3-109 *110* 111-21 126 (=122) 123-85 *186-88*>
D'autres exemplaires consultés: Bibliothèque de l'Arsenal Rf. 2.506(2), 8o B 12734, 8o B 12735, 8o B 12736. L'exemplaire 8o B 12736 est exceptionnel: il porte une page de titre différente de celle des autres exemplaires:
TROISIE'ME ET QUATRIE'ME / DISSERTATION / CONCERNANT / LE POEME / DRAMATIQUE / en forme de Remarques / SUR / LA TRAGEDIE / de M. Corneille / *intitulée* ŒDIPE / Et de Response / A SES CALOMNIES. / [dessein] / A PARIS / Chez IACQUES DU BRUEIL, en la / Place de Sorbonne: / Et PIERRE COLLET, en sa Boutique au / Palais, en la Gallerie des Prisonniers / [ligne] / M. DC. LXIII. / *Avec Privilege du Roy.*
Dans cet exemplaire cette page de titre a été mal reliée en début de volume, le volume étant un recueil factice qui contient les quatre dissertations. Voir l'Introduction II.15 ci-dessus.

Bibliothèque Nationale: Rés. Yf. 3974
REMARQUES / SUR LA TRAGEDIE / DE SOPHONISBE / DE MR CORNEILLE, / ENVOYEES A MADAME / LA DUCHESSE DE R** / *Par Monsieur L. D.* / [dessein] / A PARIS, / Chez CHARLES DE SERCY, au Palais, au / Sixiéme Pilier de la Grand' Salle, vis à/ vis la Montée de la Cour des Aydes, / à la Bonne-Foy couronnée. / [ligne] / M. DC. LXIII. / *AVEC PERMISSION.*

Collation: 12º: A-C^6 <$3 signatures; chiffres romains; 18 feuillets: pp. *1-2 5* (=3) 4-36>

Le *Recueil* de Granet

Le texte des trois premières dissertations est reproduit fidèlement et sans variantes substantives par F. Granet dans son *Recueil de dissertations* de 1739. Dans le cas de la première dissertation, il reproduit le texte de la deuxième édition.

TEXTE DE LA PRESENTE EDITION

Nous avons retenu comme texte de base l'exemplaire de l'édition des recueils des première et deuxième et des troisième et quatrième dissertations qui se trouve à la Bibliothèque Nationale (Yf. 2545-2546) et que nous avons décrit plus haut. Nous avons modernisé l'orthographe et l'usage des accents et nous avons résolu toutes les abréviations, mais nous avons gardé la ponctuation du texte original aussi bien que la distinction entre lettres majuscules et lettres minuscules. Nous avons corrigé les fautes d'impression évidentes. Nous avons aussi, pour chaque dissertation, numéroté les paragraphes, en plaçant, au début de chaque paragraphe, un numéro entre crochets. Il n'y a pas de variantes substantives sauf l'addition à la deuxième édition de la dissertation sur *Sophonisbe* de l'adresse 'Au lecteur' et du dernier paragraphe.

BIBLIOGRAPHIE

ADAM, Antoine, *Histoire de la littérature française au dix-septième siècle*, 5 vols, (Paris: Editions Domat, 1948-56).

ANON, *Lettre sur les remarques qu'on a faites sur la Sophonisbe de Monsieur Corneille* dans Granet, *Recueil*, I (*q.v.*).

ARNAUD, C., *Les Théories dramatiques au dix-septième siècle: Etude sur la vie et les œuvres de l'abbé d'Aubignac*, (Paris: Alphonse Picard, 1888).

AUBIGNAC, F., Hédelin, abbé d', *Discours sur la troisième comédie de Térence intitulée Heautontimorumenos*, (Paris: La Veuve Jean Camusat, 1640).

AUBIGNAC, F., Hédelin, abbé d', *Macarise, ou la Reyne des Isles fortunés*, 2 vols, (Paris: Jacques du Breuil, 1664).

AUBIGNAC, F., Hédelin, abbé d', *La Pratique du théâtre*, Ed. Pierre Martino, (Alger et Paris: Champion, 1927).

AUBIGNAC, F., Hédelin, abbé d', *La Pratique du théâtre*, Ed. Hans-Jörg Neuschäfer, (Munich: Fink, 1971).

BARNWELL, H.T., 'Some Reflections on Corneille's Theory of "vraisemblance" as formulated in the *Discours*', *Forum for Modern Language Studies*, 1 (1965), 295-310.

BARNWELL, H.T., *The Tragic Drama of Corneille and Racine: An old Parallel Revisited*, (Oxford: Clarendon Press, 1982).

BRAY, René, *La Tragédie cornélienne devant la critique classique, d'après la querelle de* Sophonsibe *(1663)*, (Paris: Hachette, 1927).

BRAY, René, *La Formation de la doctrine classique en France*, (Paris: Hachette, 1927).

CHAPELAIN, Jean, *Opuscules critiques*, éd. A.C. Hunter, (Paris: Droz, 1936).

CHAUFFEPIE, Jacques-Georges, *Nouveau Dictionnaire historique et critique*, 4 vols, (Amsterdam: Z. Chatelain, 1750-56). (voir vol. 2).

CORNEILLE, Pierre, *Writings on the Theatre*, Ed. H.T. Barnwell, (Oxford: Blackwell, 1965).

CORNEILLE, Pierre, *Œuvres complètes*, Ed. Georges Couton, 3 vols, (Paris: Gallimard, 1980-87).

COUTON, Georges, *La Vieillesse de Corneille (1658-84)*, (Paris: Librairie Maloine, 1949).

CUENIN, Micheline, *Roman et société sous Louis XIV: Madame de Villedieu (Marie-Catherine Desjardins 1640-1683)*, (Lille: Atelier Reproduction des thèses, 1976). (réimprimé 1979).

DAVIDSON, H.M., 'Pratique et rhétorique du théâtre: Etude sur le vocabulaire et la méthode de d'Aubignac' dans M. Fumaroli (éd.), *Critique et création littéraire en France au dix-septième siècle*, (Paris: Editions du C.N.R.S., 1977), 169-75.

DAVIDSON, H.M., 'La Vraisemblance chez d'Aubignac et Corneille: Quelques réflexions disciplinaires', *L'Art du théâtre: Mélanges en hommage à Robert Garapon*, (Paris: Presses Universitaires Françaises, 1992), pp. 91-100.

DE BOER, Josephine, 'Men's Literary Circles in Paris 1610-1660', *Publications of the Modern Languages Association of America*, 53 (1938), 730-80.

FORESTIER, Georges, 'Illusion comique et illusion mimétique', *Papers in French Seventeenth-Century Literature*, XI, 21 (1984), 377-91.

FRANKO, Mark, 'Act and Voice in Neo-Classical Theatrical Theory: D'Aubignac's *Pratique* and Corneille's *Illusion*', *The Romanic Review*, 78 (1987), 311-26.

FURETIERE, Antoine, *Dictionnaire universel*, 3 vols, (La Haye et Rotterdam: A. et R. Leers, 1690).

GOLDSMITH, Bobra Ballin, 'L'Abbé d'Aubignac's *Pratique du Théâtre*: An Analysis in the light of Twentieth-Century Aesthetics', (Thèse de l'Université de Colorado, 1972).

GRANET, François, *Recueil de dissertations sur plusieurs tragédies de Corneille et de Racine*, 2 vols, (Paris: Gissey-Bordelet, 1739).

HAGIWAVA, Yoskiko, 'La Théorie de la représentation dans *La Pratique du théâtre de d'Aubignac*', *Etudes de langue et de littérature françaises* , 40 (1982), 23-43.

KERN, Edith G., *The Influence of Heinsius and Vossius upon French Dramatic Theory*, (Baltimore: John Hopkins Press, 1949).

LANCASTER, Henry, Carrington, *A History of French Dramatic Literature in the Seventeenth Century*, 9 vols, (Baltimore: The John Hopkins Press, 1929-42).

MASKELL, David, *Racine: A Theatrical Reading*, (Oxford: Clarendon Press, 1991).

MOORE, W.G., *The Classical Drama of France*, Londres, (Oxford: University Press, 1971).

MOREL, Jacques, 'Rhétorique et tragédie au dix-septième siècle', dans *Agréables mensonges: Essais sur le théâtre français du dix-septième siècle*, (Paris: Klincksieck, 1991), 45-59.

MORRISSEY, Robert, '*La Pratique du théâtre* et le langage de l'illusion', *Dix-septième siècle*, 37 (1985), 17-27.

MOURGUES, Odette de, *Racine or the Triumph of Relevance*, (Cambridge: University Press, 1967).
MURRAY, Timothy, 'Non-representation in *La Pratique du théâtre*', *Papers in French Seventeenth-Century Literature*, IX, 16 (1982), 57-74.

MURRAY, Timothy, *Theatrical Legitimation: Allegories of Genius in Seventeenth-Century England and France*, (New York: Oxford University Press, 1987).

NICERON, Le P. Jean-Pierre, *Mémoires pour servir à l'histoire des hommes illustres dans la république des lettres avec un catalogue raisonné de leurs ouvrages*, 43 vols, (Paris: Briasson, 1727-45). (voir vol. 4).

PHILLIPS, Henry, *The Theatre and its Critics in Seventeenth-Century France*, (Oxford: University Press, 1980)

ROUBINE, Jean-Jacques, *Introduction aux grandes théories du théâtre*, (Paris: Bordas, 1990).

SAISSELIN, Rémy G., *The Rule of Reason and the Ruses of the Heart: A Philosophical Dictionary of Classical French Criticism, Critics, and Esthetic Issues*, (Cleveland et Londres: Case Western University Press, 1970).

SALLENGRE, Albert-Henri de, *Mémoires de littérature*, 2 vols, (La Haye: H. du Souget, 1715-17). (voir vol. 1).

SCHERER, Jacques, *La Dramaturgie classique en France*, (Paris: Nizet, 1973).

SWEETSER, Marie-Odile, *Les Conceptions dramatiques de Corneille d'après ses écrits théoriques*, (Genève-Paris: Droz, 1962).

TALLEMANT DES REAUX, Gédéon, *Historiettes*, éd. A. Adam, 2 vols, (Paris: Gallimard, 1960-61).

THIERCY, Pascal, 'La Réception d'Aristote en France à l'époque de Corneille', *Antike Dramentheorien und ihre Rezeption*, (éd. Bernhard Zimmermann, s.l., M+P, 1992), pp. 169-90.

VERNET, Max, 'Naissance du critique' dans P. Citti et M. Détrie (éds), *Le Champ littéraire*, (Paris: Vrin, 1992).

VILLIERS, André, 'Illusion dramatique et dramaturgie classique', *Dix-septième siècle*, 73 (1966), 3-35.

VISE, Jean Donneau de, *Nouvelles nouvelles*, 3 vols, (Paris: Pierre Bienfaict, 1663).

VISE, Jean Donneau de, *Défense de la Sophonisbe de Monsieur de Corneille*, (Paris: Claude Barbin, 1663). (aussi dans Granet, *Recueil*, I)

VISE, Jean Donneau de, *Défense du Sertorius de Monsieur de Corneille*, (Paris: Claude Barbin, 1663). (aussi dans Granet, *Recueil*, I)

WILLIAMS, Robert Monroe, 'A Critical Examination of the Observations on Dramatic Poetry by François Hédelin abbé d'Aubignac', (Thèse de l'Université de Washington, 1971).

DEUX

DISSERTATIONS

CONCERNANT

LE POEME

DRAMATIQUE,

en forme de

REMARQUES:

Sur deux Tragédies de M. Corneille

intitulées

SOPHONISBE ET SERTORIUS:

Envoyées à Madame la Duchesse

de R*.

A PARIS,

Chez Jacques Du Brueil, en

la Place de Sorbonne.

M. DC. LXIII.

Avec Privilège du Roy.

Reportez, Mézetule, à votre illustre Roi
Un Secours dont lui-même a plus besoin que moi

Gravure accompagnant le texte de *Sophonisbe* dans le *Théâtre de Corneille*, Genève, 1774 (cliché Taylor Institution Library, Oxford).

AU LECTEUR.

Ne vous étonnez pas, mon cher Lecteur, de rencontrer ces Remarques sur la Sophonisbe jointes à celles qui ont été faites sur le Sertorius, M. Corneille les a trouvées si belles, si raisonnables et si utiles, qu'il en a acheté du Libraire tous les Exemplaires qui lui restaient pour les distribuer à ses Amis, et faire savoir à tout le Monde combien il a l'esprit docile et capable de corriger ses fautes quand on les lui fait connaître. Ce n'est pas qu'il ait tiré de sa bourse de quoi satisfaire à son désir et à la perfidie du Libraire,[1] mais il lui a donné en échange un grand nombre d'autres Exemplaires de sa traduction d'a Kempis,[2] qui lui demeuraient inutiles, mais qu'il estime d'un prix incomparable. Il n'est pas juste néanmoins qu'il jouïsse seul de ce trésor, et qu'il s'enrichisse du bien d'autrui que l'on avait donné libéralement au public, les honnêtes Gens qui ont vu cet Ouvrage l'ont si hautement loué, que tous les autres en cherchent partout avec beaucoup de soin. C'est donc pour les contenter que cette seconde Edition paraît au jour; elle ne leur déplaira pas, et ne doit pas déplaire à M. Corneille, car il ne doit pas être jaloux que les autres s'instruisent en l'art du Theâtre aussi bien que lui.

---

1   Le libraire est Charles de Sercy. Pour la deuxième édition, d'Aubignac se tourne vers Jacques du Brueil.
2   Corneille publie sa traduction de l'*Imitation de Jésus-Christ* de Thomas d'a Kempis entre 1651 et 1656. Malgré ce qu'en dit d'Aubignac, la traduction est un succès de librairie: voir OCII, p. 1530.

PREMIERE

DISSERTATION

CONCERNANT

LE POEME

DRAMATIQUE:

A MADAME

LA DUCHESSE DE R*

[1] MADAME,[3]
Je vis hier[4] la Sophonisbe de Monsieur Corneille, et je vous en envoie mon jugement, comme vous me l'avez commandé à votre départ: Mais j'ai bien de la peine à censurer un Homme que j'ai tant de fois admiré; et je m'étonne que la confiance qu'il prend en sa réputation, l'ait abandonné si hardiment à tant de négligences. En vérité la plume me tombe des mains, en pensant aux défauts de cet Ouvrage; et je ne pourrais pas la reprendre, si je n'en étais pressé par la nécessité de vous obéir. Quand le Cid commença de faire éclater le nom de Corneille,[5] une Dame de grande dignité et d'un mérite encore plus grand, m'ordonna de le voir, pour lui en faire savoir

---

3   Selon Voltaire, la destinataire serait la duchesse de Retz. Voir l'Introduction II.9.
4   La première représentation de *Sophonisbe* a lieu le 12 janvier 1663. L'imprimeur des *Remarques* obtient la permission du bailli du Palais le 8 février 1663. Les *Remarques* sont donc rédigées entre le 13 janvier et le 7 février 1663.
5   *Le Cid* est joué pour la première fois aux environs du 7 janvier 1637. Voir OCI, p. 1450.

mon sentiment; et je lui dis, que c'était un poème également partagé entre le bien et le mal, et mêlé partout de fautes et de merveilles; mais que les fautes étaient celles de l'ignorance du temps, et communes à tous ceux qui travaillaient pour la Scène, et que les merveilles étaient si particulières à Monsieur Corneille, que personne n'en avait encore approché. Je parlerai tout au contraire en cette occasion; car les choses que l'on y peut estimer y sont rares, et même imparfaites, en sorte que l'on n'y voit Monsieur Corneille qu'à demi; et ce que l'on peut y blâmer est si particulier, qu'il serait bien difficile que la conformité du sujet en fît rencontrer autant dans une autre Pièce. Et pour appuyer d'abord ce sentiment général, j'observai que durant tout ce spectacle, le Théâtre n'éclata que quatre ou cinq fois au plus, et qu'en tout le reste il demeura froid et sans émotion;[6] car c'est une preuve infaillible que les affaires de la Scène languissaient, le Peuple est le premier Juge de ces Ouvrages: Ce n'est pas que je les commette au mauvais sentiment des Courtauds de Boutique et des Laquais, j'entends par le Peuple cet amas d'honnêtes Gens qui s'en divertissent, et qui ne manquent ni de lumières naturelles, ni d'inclinations à la Vertu, pour être touchés des beaux éclairs de la Poésie, et des bonnes moralités; car bien qu'ils ne soient peut-être pas tous instruits en la délicatesse du Théâtre, pour savoir les raisons du bien et du mal qu'ils y trouvent, ils ne laissent pas de le sentir: Ils ne connaissent pas pourquoi les choses sont telles qu'ils les sentent; mais ils ne laissent pas d'avoir dans les oreilles et dans le fonds de l'âme un tribunal secret qui ne se peut tromper, et devant lequel rien ne se déguise. Je sais bien qu'il s'y peut rencontrer des Gens intéressés par affection ou par envie; mais ils sont toujours en petit nombre, et je n'ai jamais vu qu'ils l'aient emporté sur les acclamations publiques; et ce que je vous écris de cette nouvelle Pièce, c'est ce que j'ai vu dans la contenance des Spectateurs, dans leur bouche, dans leur approbation, et dans leur dégoût.

[2]   Premièrement, les Personnes d'honneur n'ont pas approuvé, non plus que vous, Madame, que Monsieur Corneille ait pris ce sujet que Monsieur Mairet avait autrefois mis sur le Théâtre assez heureusement;[7] c'était une

---

6   L'explication que l'auteur anonyme de la *Lettre sur les remarques* donne de la réaction apparemment indifférente des spectateurs est favorable à Corneille: 'les spectateurs sont sans cesse dans l'admiration, et sentent une joie intérieure qui les retient dans un profond silence' (Granet, *Recueil* I, p. 196).

7   La *Sophonisbe* de Mairet est jouée pour la première fois à la fin de 1634, mais connaît un succès qui dure jusqu'au dix-huitième siècle.

matière consommée, à laquelle il ne fallait pas toucher. La croyance de mieux faire que tous les autres ne devait pas soulever Monsieur Corneille contre un Homme mort au Théâtre: Il ne fallait point attaquer le repos d'un Poète qui ne lui faisait point de mal, et que le temps et la réputation devaient tenir à couvert contre cette injure: Aussi la Justice publique l'a-t-elle vengé; et Monsieur Corneille qui voyait tout le Parnasse au-dessous de lui, a donné sujet de le mettre au-dessous d'un autre auquel on ne pensait plus; car il est certain que la Sophonisbe de Mairet est plus judicieuse et mieux conduite que celle-ci, les personnages y sont plus héroïques, et la bienséance mieux observée.

[3] Je ne vous dis point que l'on ne sait jamais où les Acteurs viennent, ni d'où ils viennent, parce que Monsieur Corneille ne tient pas que l'unité du lieu soit nécessaire dans un Poème Dramatique:[8] Mais pour moi je suis persuadé que le Théâtre doit aussi bien représenter un lieu certain,[9] comme les Acteurs représentent les personnes; et il n'est pas moins contre la vraisemblance et le sens commun, que les personnages qui sont représentés n'aient pu se trouver au lieu que l'on voit, que de n'être pas vêtus, ou de ne pas parler selon ce qu'ils représentent. Et comment peut-on savoir s'ils sont vraisemblablement dans le lieu de la Scène, si l'on ne sait pas même quel est ce lieu? Je vous avoue qu'il me reste toujours beaucoup de confusion en l'esprit, quand je ne connais point en quel lieu les véritables personnages étaient lorsqu'ils disaient ce que les Histrions qui les représentent nous viennent dire; et cela doit être si certain pour les Poèmes du Théâtre, qui sont tous actifs, que même dans les Epiques, où le Poète parle toujours, on y trouverait beaucoup à redire, si l'on n'y reconnaissait point en quel lieu se font les actions qui y sont décrites: Mais soit, puisque Monsieur Corneille n'est pas d'accord de cette maxime, c'est une faute volontaire, et qu'il a faite sur un autre principe: Je ne la lui veux pas imputer, il faudrait avoir la peine de montrer que son principe est faux; et il m'importe si peu

---

8 D'Aubignac répond ici à des remarques qu'a faites Corneille dans son *Discours des trois unités*. L'abbé représente assez mal l'avis du dramaturge qui dit: 'Je tiens donc qu'il faut chercher cette unité exacte autant qu'il est possible, mais comme elle ne s'accommode pas avec toute sorte de sujets, j'accorderais très volontiers que ce qu'on ferait passer en une seule ville aurait l'unité de lieu.' Il continue: 'je voudrais [...] introduire des fictions de théâtre, pour établir un lieu théâtral, qui ne serait, ni l'appartement de Cléopâtre, ni celui de Rodogune, dans la pièce qui porte ce titre, ni celui de Phocas, de Léontine, ou de Pulchérie dans *Héraclius*, mais une salle, sur laquelle ouvrent ces divers appartements.' Voir OCIII, pp. 188, 189.

9 Il l'avait dit très clairement d'ailleurs dans la *Pratique* (II.6): 'le Lieu, où le premier Acteur qui fait l'ouverture du Théâtre est supposé, doit être le même jusqu'à la fin de la Pièce' (p. 101).

que lui et les autres Poètes de notre temps, persévèrent dans leurs vieilles erreurs, que je n'aurais pas touché cet endroit, si vous ne m'aviez demandé particulièrement cette observation.

[4]   Pour le temps, il ne pouvait pas y faillir, car cette Histoire donne en un même jour la défaite d'une grande Armée, la prise de la ville capitale d'un Royaume, et le mariage d'un Vainqueur avec une Reine captive: Il ne fallait point travailler d'esprit pour rapprocher les Incidents; mais j'en ai vu plusieurs qui ne sont pas satisfaits, non plus que vous, Madame, qu'entre le premier et le second Acte on rompe un pourparler de Paix, et que l'on donne une grande Bataille. Ce n'est pas que cela ne puisse arriver fort aisément, mais c'est qu'en cette occasion Monsieur Corneille n'a pas abusé l'imagination du Spectateur, auquel il faut toujours un peu d'illusion pour faciliter et lui rendre vraisemblables les inventions du Poète: Et pour le faire en cet endroit, il fallait ajouter une Scène après le départ de Syphax, quand il sort pour aller donner la Bataille, ou bien en mettre une au commencement du second Acte, avant que de parler absolument de la défaite et de la captivité de ce Prince, afin que cet amusement du Spectateur, qui s'applique toujours à ce qu'il voit et à ce qu'il entend, divertît sa pensée, et lui rendît l'événement plus croyable, en occupant son esprit ailleurs durant quelque temps.

[5]   Les deux principales narrations qui doivent donner les lumières à l'intelligence du sujet, et le fondement à tous les événements de la Scène, sont faites par deux Reines à deux Suivantes,[10] qui n'agissent point dans la conduite du Poème, qui n'ont point une confidence avec leurs Maîtresses, et qui demeurent sans aucun intérêt à tous les Accidents du Théâtre, pour qui le Spectateur ne désire ni ne craint, et qui ne font aucune impression sur son esprit. Aussi n'ai-je jamais vu que les Spectateurs se mettent en peine si les Suivantes d'une grande Dame avaient eu de la faiblesse ou de la constance à sa ruine, ou à sa mort: c'est un défaut pour lequel j'ai toujours eu de l'aversion, parce qu'il n'est pas vraisemblable que des Reines que

---

10 Le récit d'Herminie adressé à Sophonisbe (Acte I, scène 2); celui de Barcée adressé à Eryxe (Acte II, scène 1). D'Aubignac n'écrit pas contre les suivants et les suivantes dans la *Pratique*; il trouve même que leur présence constitue un 'ornement' (p. 268), tout en reconnaissant que le dramaturge ne devrait pas leur donner de longs discours (p. 337). Mais les suivantes de *Sophonisbe* pèchent plutôt, selon d'Aubignac, contre les règles qu'il établit pour la conduite des narrations (*Pratique*, IV.3). D'Aubignac reprendra le thème des suivantes de *Sophonisbe* vers la fin de sa deuxième dissertation (voir DII.95-96).

l'on fait assez éclairées, s'amusent à prôner leur bonne ou mauvaise fortune à de simples Suivantes, et qu'elles en fassent tout leur conseil en des extrémités où les plus sages n'en pourraient donner qu'avec bien des précautions: Il faudrait auparavant avoir bien établi le mérite et la suffisance d'une Fille de cette qualité, avec la nécessité de la consulter: Enfin il en faudrait faire un personnage de l'action du Théâtre, et non pas un simple ornement pour le remplir. Davantage, ces Suivantes ne récitant jamais que de légères considérations sur la fortune d'autrui, et qui sont ordinairement assez mal reçues dans les passions qui occupent l'esprit des Grands, elles ne sont jamais animées, et leur discours qui n'est chargé que de raisonnements, et non pas accompagné de quelques mouvements impétueux de l'âme, est toujours froid, sans pouvoir échauffer les Spectateurs, ni les agiter de quelque inquiétude agréable. Encore faut-il observer que les Femmes qui jouent ces Rôles, sont ordinairement de mauvaises Actrices qui déplaisent aussitôt qu'elles ouvrent la bouche: De sorte que soit par le peu d'intérêt qu'elles ont au Théâtre, par la froideur de leurs sentiments, ou par le dégoût de leur récit, on ne les écoute point; c'est le temps que les Spectateurs prennent pour s'entretenir de ce qui s'est passé, pour reposer leur attention, ou pour manger leurs confitures. Il n'en faut point d'autres preuves que le mauvais succès de ces deux narrations; car bien que les Suivantes y disent de beaux Vers, et des choses nécessaires à l'intelligence du sujet, à peine sont-elles écoutées, et le Théâtre tombe dans une langueur manifeste: C'est pourquoi les Anciens ne font jamais parler les Suivants, ni les Suivantes, bien qu'ils en mettent presque toujours un grand nombre auprès des Princes et des Princesses, et même auprès des Courtisanes.[11] On leur fait des commandements qu'ils vont exécuter, mais sans répondre, pour ne leur pas mettre en la bouche de mauvais Vers, et des compliments inutiles, ainsi que nous le remarquons souvent sur nos Théâtres: et le meilleur avis que l'on pourrait donner à nos Poètes, ce serait de suivre en cela l'exemple des Anciens, et de ne point faire parler leurs Suivantes, si elles ne se trouvent engagées dans les affaires de la Scène, et qu'elles ne soient des Actrices nécessaires: Mais ce qui choque plus fortement l'esprit des Spectateurs, est que ces deux Suivantes savent fort bien ce que ces deux Reines leur content, et ces deux Reines n'ignorent rien de ce que ces deux Suivantes leur répondent: si bien qu'elles paraissent manifestement affectées, pour faire entendre aux Spectateurs ce qu'ils ne

---

11 D'Aubignac note aussi dans la *Pratique* le nombre important de suivants dans les pièces des dramaturges anciens (p. 267).

doivent pas ignorer. Je sais bien que tout ce que le Poète fait dans une ingénieuse économie de son Ouvrage, c'est pour le montrer aux Spectateurs, les instruire de toutes les Intrigues de Théâtre, et leur plaire partout, s'il est possible: Mais il ne faut pas qu'ils s'en aperçoivent, ils ne le doivent découvrir que par les réflexions qu'ils font sur l'adresse de l'Auteur; mais ils ne le doivent pas sentir quand il se fait; et tandis que les choses passent, ils doivent être si agréablement trompés, qu'ils se puissent persuader que tout est arrivé dans la vérité de l'Histoire, comme ils le voient dans la représentation.[12] Ce sont à la vérité dans cette Pièce deux narrations pathétiques qui peuvent être faites à ceux qui n'en ignorent rien, et que le personnage intéressé peut encore faire en lui-même: mais il le faut pratiquer avec plus d'adresse, parce que si l'art paraît, il n'est plus art: et Monsieur Corneille l'a fait plusieurs fois avec autant de bon succès que de jugement.

[6]   Vous m'aviez bien dit, Madame, que cette Pièce est remplie de plusieurs discours politiques, grands, solides, et dignes de Monsieur Corneille; mais j'y trouve deux manquements signalés: l'un, qu'il les a mis, pour la plupart, en la bouche de deux Femmes; et l'autre, qu'ils étouffent tous les sentiments de tendresse, de jalousie et des autres passions: De sorte qu'on ne souffre pas volontiers des Femmes faire ainsi les Catons,[13] et l'on souhaiterait qu'elles fissent un peu plus les Femmes: et quand de ces hauts raisonnements de la politique, elles reviennent au sentiment de leur cœur, il semble que ce soit avec peine; elles en disent peu de choses, et pour avoir perdu le temps en des entretiens qu'elles ne doivent pas faire, elles n'en ont plus pour expliquer ce qui les pressait, et qui sans doute plairait davantage aux Spectateurs: Elles pouvaient toucher en passant les considérations de l'Etat, pour entrer de là dans celles de leurs passions, et l'on approuverait fort qu'elles quittassent les unes pour les autres; Il fallait garder toute cette politique pour Lélius, et même pour Scipion, qui n'eût pas été un mauvais personnage sur la Scène, comme Monsieur Mairet l'avait introduit judicieusement dans sa Sophonisbe.[14]

---

12 L'effacement du dramaturge est un des thèmes majeurs de la *Pratique*. Voir, par exemple, I.6: 'quoiqu'il soit l'Auteur [de toutes ces choses], il les doit manier si dextrement, qu'il ne paraisse pas seulement les avoir écrites' (p. 36). Voir aussi, sur ce sujet, Georges Forestier, 'Illusion comique et illusion mimétique'.

13 Allusion à Caton (234-149 avant J.C.), le censeur romain qui poursuivait une politique de reconstruction morale, sociale et économique, et qui tonnait contre Carthage.

14 Scipion, personnage de la pièce de Mairet, ne paraît pas dans celle de Corneille.

[7]   Ce n'est pas que dans celle-ci les Hommes ne disent de fort excellentes choses, mais je ne les ai pas trouvées tout à fait de l'air de Monsieur Corneille, parce qu'elles ne sont pas achevées, et qu'elles demeurent presque toutes à moitié chemin; elles n'ont rien de ces belles contestations qu'il a mises tant de fois sur notre Théâtre, qui poussaient l'esprit de l'Homme à bout, et où le dernier qui parlait semblait avoir tant de raison, que l'on ne croyait pas qu'il fût possible de repartir, et où les réponses et les répliques excitaient de si grands applaudissements, que l'on avait toujours le déplaisir d'en perdre une bonne partie, et qui contraignaient tout le monde de retourner plusieurs fois au même spectacle pour en recevoir toujours quelque nouvelle satisfaction; Mais il n'a pu dans cette Pièce en faire de même, parce qu'il a pris trop de sujet, et au lieu de se contenter de ce que l'Histoire lui donnait pour fournir suffisamment son Théâtre, il s'est encore chargé d'une Episode inutile en la personne d'Eryxe; si bien qu'il s'est retranché la liberté de conduire jusqu'au bout, et à sa mode, c'est-à-dire excellemment, les fortes passions dont il n'a presque fait que les ouvertures.

[8]   Pour la Catastrophe, vous aviez bien remarqué, Madame, qu'elle n'est pas plus heureuse que dans beaucoup d'autres de ses Poèmes, où nous l'avons vue souvent imparfaite, et l'intrigue mal démêlée.[15] Celle-ci me semble d'abord assez mal préparée, et accompagnée de deux circonstances que tous les Spectateurs auprès desquels j'étais assis, ont condamnées d'une commune voix: La première est, que Lélius présume que Sophonisbe a quelque dessein de se soustraire par la mort à la gloire des Romains, et qu'elle use de dissimulation pour n'en être pas empêchée: et néanmoins il la voit passer devant ses yeux, sans donner ordre à Lépide qui le suivait, de s'en assurer et de l'observer; et après avoir prôné longtemps sur des considérations inutiles, il s'avise d'envoyer Lépide auprès d'elle pour y prendre garde:[16] C'est véritablement un peu trop tard, et l'on voit bien que ce temps est employé de cette sorte par affectation, pour donner le loisir à cette Princesse de s'empoisonner; et la connaissance que le Spectateur a de cette affectation, nous montre certainement que c'est une faute, ainsi que

---

15 D'Aubignac critique déjà le dénouement du *Cid* ('la Pièce n'est pas finie') et celui d'*Horace* (l'explication de l'oracle est inutile) dans la *Pratique* (p. 140).
16 *Sophonisbe* Acte V, scènes 4-5.

j'en ai parlé ci-dessus.[17] La seconde circonstance défectueuse est, que Lépide raconte lui-même qu'à son arrivée auprès de Sophonisbe, elle venait de prendre le poison, et qu'il en avait reconnu les premiers effets; et néanmoins il ne dit point qu'il ait fait le moindre effort pour la secourir; il souffre qu'elle meure devant ses yeux, sans donner aucun ordre, ni faire aucune action qui pût l'en empêcher: Cette Femme pouvait bien l'obliger par sa condition et par sa fortune, d'en prendre quelque soin charitable pour la sauver, ou du moins pour la conserver au triomphe des Romains.[18] Mais allons un peu plus avant.

[9] Nous voyons en cette Catastrophe Sophonisbe empoisonnée de sa propre main, et rien davantage: Le récit en est si court et si froid, que les Spectateurs n'en sont point émus. On me dira qu'elle ne paraît point assez généreuse sur la Scène, pour exciter la compassion par son malheur; mais il ne fallait pas laisser de peindre cette mort de quelques couleurs illustres tirées de la grandeur de sa condition, de son amour pour sa patrie, et de l'aveu qu'elle aurait fait de son esprit ambitieux et inconstant, cela eût satisfait l'attente des Spectateurs, quand ils n'en auraient pas eu de douleur: mais au moins nous fallait-il dire quelque chose de Massinisse, de Syphax, et d'Eryxe, on serait bien aise de savoir tous les sentiments de cette Rivale, voyant Sophonisbe morte, et Massinisse vivant, de quels mouvements d'esprit Syphax pouvait être agité dans la perte d'une Femme qu'il aimait, et qui venait de l'abandonner; son amour et cette justice lui pouvaient mettre d'agréables discours en la bouche. Et pour Massinisse, il était absolument nécessaire d'en expliquer les pensées; il aimait depuis longtemps Sophonisbe, il l'avait épousée dans une précipitation inouïe, la rigueur des Romains ne lui permet pas de la conserver, il lui envoie du poison pour la délivrer de leurs mains; elle lui mande qu'elle en a de tout préparé pour ce bon office, elle meurt, et l'on ne sait point ce qu'il en juge, ce qu'il fait, ni ce qu'il devient.[19] Monsieur Mairet avait sans doute mieux achevé cette Catastrophe, car il fait que Massinisse se tue sur le corps de Sophonisbe,[20] et c'était la seule chose que le Théâtre pouvait faire pour

---

17 Sur le besoin de l'effacement du dramaturge, voir DI.5 ci-dessus.
18 *Sophonisbe* Acte V, scène 7.
19 En effet, *Sophonisbe* se termine presque immédiatement après le récit de la mort de Sophonisbe (Acte V, scène 7), sans explorer plus loin les intérêts des autres personnages.
20 Dans la pièce de Mairet, Sophonisbe avale le poison sur scène et meurt sur sa 'couche' (Acte V, scène 6, vv. 1686-87); Massinisse se tue avec son poignard sur le corps de Sophonisbe (Acte V, scène 8).

rétablir le désordre de l'Histoire qui laisse Massinisse vivant après tant d'événements autant horribles qu'extraordinaires: Et puisque Monsieur Corneille y avait ajouté l'amour d'Eryxe qui ne produit rien de nécessaire ni d'agréable, il y pouvait bien ajouter la mort de Massinisse, que la suite de cette aventure semble produire d'elle-même, et qui sans doute eût bien soutenu le Théâtre. Ainsi pour n'avoir pas voulu faire comme Mairet, il n'a pas si bien fait que Mairet; et si l'on a blâmé injustement Mademoiselle Desjardins d'avoir sauvé la vie à Manlius,[21] qui par les raisons de la Nature et de l'Humanité ne devait point mourir, on ne louera pas Monsieur Corneille d'avoir laissé Massinisse vivant et sans peine dans un état si déplorable, qu'il ne pouvait conserver aucun reste de gloire qu'en mourant: Et voilà qu'il ne faut jamais s'attacher aux circonstances de l'Histoire, quand elles ne s'accordent pas avec la beauté du Théâtre; il n'est pas nécessaire que le Poète s'opiniâtre à faire l'Historien, et quand la vérité répugne à la générosité, à l'honnêteté, ou à la grâce de la Scène, il faut qu'il l'abandonne, et qu'il prenne le vraisemblable pour faire un beau Poème au lieu d'une méchante Histoire.[22] Ce raisonnement nous servira pour reconnaître le remède qu'il fallait apporter à la plus grande faute de cette Pièce, qui la gâte dans le fond, et qui ne permettra jamais qu'elle soit bien reçue, comme vous me l'avez dit vous-même, Madame, et tout le monde en demeurera d'accord, en examinant le caractère des trois principaux personnages. Sophonisbe en est l'Héroïne; mais hélas, quelle Héroïne! elle n'a pas un seul sentiment de vertu: d'abord elle contraint Syphax, son mari, de refuser la paix, et de s'exposer à une dangereuse Bataille, par des motifs de rage et de mépris envers un si grand Prince.[23] Une Femme d'honneur aurait soutenu ce conseil par des motifs de gloire et de nécessité; elle y aurait mêlé des craintes pour la personne de son Mari, et des espérances en sa valeur, et ne l'aurait fait résoudre que par des considérations invincibles: ce qui fait juger qu'elle avait dans l'âme peu d'estime et peu de respect pour lui, quoiqu'il l'aimât tendrement, et qu'elle conservait quelque secrète passion pour Massinisse et des pensées contraires à son devoir. Et de fait, aussitôt qu'elle sait la perte de la Bataille et la prison de Syphax, elle tourne les yeux et le cœur sur ce jeune Prince, fondée sur l'amour qu'il avait eu pour elle, des espérances qu'elle devait condamner, et se persuade

---

21 Sur le *Manlius* de Mlle Desjardins, voir l'Introduction II.6.
22 La priorité du vrai ou du vraisemblable est un des points de désaccord les plus importants entre d'Aubignac et Corneille. Voir l'Introduction II.4.
23 *Sophonisbe* Acte I, scène 4.

que sa beauté peut aisément rallumer un feu qu'elle ne croyait pas bien éteint, et l'événement découvre l'injustice et la honte de ses imaginations et de son dessein; car son mari n'étant ni mort, ni blessé, elle reçoit les compliments de Massinisse avec effronterie, et l'engage elle-même à un mariage précipité.[24] Je ne vois pas de quelles couleurs on peut rendre cette action supportable à nos mœurs: Il est bien vrai que les Anciens avaient introduit parmi eux le divorce, et le pratiquaient; mais il ne faut pas mettre sur la Scène des choses si contraires au sentiment des Spectateurs; et les raisons historiques ne sont jamais assez fortes pour vaincre la persuasion que l'on a puisée dans le lait de sa Nourrice. Encore fallait-il au moins pour y garder quelque vraisemblance user de quelques formalités selon ces vieilles Loix, qui ne permettaient pas de faire un divorce sans le dénoncer, et prendre quelque mesure d'honnêteté apparente; mais en ce rencontre tout est si prompt, si mal raisonné, et si mal conduit, qu'il est bien difficile d'y trouver des excuses: et ce que Monsieur Corneille fait dire à Sophonisbe pour sauver ce mauvais Incident, est à mon avis, ce qui le rend encore plus honteux; car lorsque Massinisse presse la consommation de ce mariage, Sophonisbe n'y veut pas consentir, que les Romains ne l'aient approuvé: mais il n'en fallait point parler du tout, cette proposition de Massinisse laisse de mauvaises idées dans l'esprit des Spectateurs; le temps, les affaires, le trouble d'une conquête, la désolation de tout un Peuple, et tant d'autres circonstances les empêchent assez d'y penser. Il ne fallait point faire un scrupule qui met en Massinisse un sentiment de brutalité, et qui n'est point de la grandeur du Théâtre héroïque, encore que les ordres de la Nature et des Loix l'autorisent. Il y a bien des choses qui se peuvent faire justement et sans honte, et que l'on ne peut expliquer, ni même toucher, sans blesser la bienséance. En vérité quand on voit Massinisse sur un Théâtre, en plein jour, et parmi tant d'affaires, demander en termes fort clairs de coucher avec une Femme, la pudeur en conçoit quelque horreur, et s'en effarouche, sans faire réflexion s'ils sont mariés, car le mariage use de ses droits plus honnêtement, et ne parle point de ses mystères avec tant de licence devant tout le monde. Monsieur Mairet avait bien mieux sauvé cette fâcheuse aventure, en faisant mourir Syphax dans la Bataille;[25] car par ce moyen il laissait Sophonisbe libre, en état de se marier quand et de quelle manière il lui plaisait, et le Spectateur ne se mettait point en peine des

---

24 *Sophonisbe* Acte II, scène 5.
25 Effectivement, quand, dans la pièce de Mairet, Massinisse entre sur scène pour la première fois, c'est pour annoncer la mort de Syphax (Acte III, scène 1).

secrets de ce mariage. Et voilà comme sur la Scène il est plus à propos quelquefois de tuer un Homme qui se porte bien dans l'Histoire, que de conserver l'Histoire contre les règles de la Scène.

[10]   Quant à Syphax, c'est un Prince malheureux, et néanmoins on ne le plaint pas; il renonce à l'amitié des Romains en faveur de sa Femme, il refuse une Paix avantageuse à sa persuasion, il perd une Bataille, sa Couronne, et la liberté, en lui voulant complaire: Jusques-là c'était une disgrâce du Ciel dont il n'était pas coupable, et qui le rendait digne de compassion; mais cette Femme se marie le jour même à son vainqueur; et au lieu de s'en excuser, elle lui fait insulte, elle lui reproche son infortune, elle lui dit des injures, le méprise, et lui préfère l'auteur de tous ses malheurs;[26] et ce Prince se contente de s'en plaindre aux Romains, et s'érige lui-même en ridicule, il ne s'emporte à rien de violent, ni contre Massinisse, ni contre Sophonisbe; il est patient, doux, et attend la justice de ses Ennemis:[27] Il est vrai qu'il est captif, mais il devait crier contre le Ciel et la Terre, courir à Massinisse pour l'étrangler, ou s'étrangler soi-même, et faire tout ce que la fureur pouvait exiger de lui dans ce misérable état.

[11]   Massinisse est encore moins honnête homme, il aime Eryxe et Sophonisbe; il fait des discours d'amour et de service à la première,[28] et deux heures après il épouse l'autre;[29] et quand il perd celle qu'il vient d'épouser, il n'en paraît point affligé.[30] On sait bien qu'il lui envoie du poison, mais on ne voit pas quelle est la paix ou le trouble de son esprit, il fallait le montrer aux Spectateurs, et l'obliger à quelque transport digne de lui; il fallait que sa générosité réparât son inconstance et cette nécessité d'envoyer du poison à sa Femme, ou bien que son désespoir le punît de sa première faute, et le justifiât de la seconde.

[12]   Je pourrais remarquer qu'Eryxe a des sentiments plus raisonnables que ces trois personnages; tous ses discours sont plus généreux, et sa conduite bien plus sage: mais c'est une Actrice inutilement introduite sur la

---

26   *Sophonisbe* Acte III, scène 6.
27   *Sophonisbe* Acte IV, scène 2.
28   *Sophonisbe* Acte II, scène 2.
29   Le mariage est raconté au début du troisième acte.
30   Il est vrai qu'au moment où Sophonisbe et Massinisse se quittent, celui-ci ne semble pas trop affligé. Il ne paraît pas du tout dans le cinquième acte: on ne le voit donc plus après la mort de Sophonisbe. Voir la note 20 plus haut sur le dénouement.

Scène, une personne postiche dont on n'avait pas grand besoin; aussi n'en
arrive-t-il rien de considérable. Il ne faut pas s'efforcer à mettre toujours
des Episodes dans les Histoires, surtout quand elles fournissent assez de
sujet; ou bien il les faut rendre si nécessaires, qu'on ne les pourrait ôter
sans ruiner toute l'économie d'un Poème:[31] et je souhaiterais qu'Eryxe fût
au moins aussi bien jointe au sujet, que Dircé dans la Tragédie d'Œdipe;[32]
mais je ne puis souffrir qu'elle soit comme l'Infante du Cid, que personne
n'a jamais approuvée.[33] Je pourrais bien encore ajouter quelques autres
légères observations touchant les expressions qui sont obscures et vrais
galimatias en plusieurs endroits, et vous dire qu'il y a moins de Vers rudes
et mal tournés, qu'en nulle autre Pièce de Monsieur Corneille: Mais quand
on s'attache au corps d'un Poème et à son économie, on ne peut pas se
souvenir de ces particularités; il faudrait revoir la pièce une seconde fois, et
cette Lettre est assez longue pour vous ennuyer, et vous ôter le désir d'en
lire une seconde sur ce sujet. Si néanmoins votre voyage dure aussi
longtemps que vous l'avez pensé, et que cette Critique soit capable de vous
divertir, j'aurai soin de voir toutes les nouveautés de notre Théâtre, pour
vous en rendre compte, et vous continuer ces marques de mon respect,
étant, etc.

FIN DE LA PREMIERE

DISSERTATION.

Voilà ce que l'on pouvait dire de Sophonisbe selon ce qu'elle était
dans les premières représentations, et quiconque approuvera les
changements qu'elle a soufferts dans l'impression, autorisera le jugement
que j'en ai fait. Je n'envie point à ceux qui la liront sans l'avoir vue, le
plaisir de n'y pas rencontrer les fautes que j'ai condamnées; et j'estime Mr
Corneille d'avoir fait, en la mettant sous la presse, ce qu'il devait faire
auparavant que de la mettre sur le Théâtre.[34]

---

31 Voir, sur ce sujet, la *Pratique* II.5 ('Des Histoires à deux fils').
32 Voir les remarques sur Dircé dans DIII.60-62.
33 Voir la *Pratique*, p. 96.
34 Sur l'importance de ce paragraphe, ajouté dans cette deuxième édition des *Remarques sur*
    Sophonisbe, voir l'Introduction II.12.

SECONDE

DISSERTATION

CONCERNANT

LE POEME

DRAMATIQUE:

En forme de Remarques,

SUR LA TRAGEDIE

DE Mr CORNEILLE,

intitulée

SERTORIUS.

PERPENNA.   ſeigneur qu'allez vous faire!
POMPÉE.
Montrer d'un tel ſecret ce que je veux ſçavoir

Gravure accompagnant le texte de *Sertorius* dans le *Théâtre de Corneille*, Genève, 1774 (cliché Taylor Institution Library, Oxford).

AU LECTEUR.[1]

Ces Remarques sur le Sertorius étaient en état de paraître au jour incontinent après celles qui ont été faites sur la Sophonisbe, mais M. Corneille s'est servi de tant de voies indirectes et violentes pour en empêcher l'impression qu'il ne faut pas s'étonner de ce retardement. Il a fait le petit Ministre du Royaume d'Yvetot,[2] ne pouvant souffrir qu'on imprimât rien contre ses intérêts, ou contre ses fantaisies: Il a envoyé des gens inconnus chez l'Imprimeur, qui l'ont menacé de le ruiner par la saisie de ses presses, et de ses autres copies; Il a prié ceux de sa connaissance de ne s'en point charger, et la perfidie du Libraire à qui on les avait données gratuitement comme les autres, a tellement favorisé cette injustice, que l'on a été obligé de retirer de ses mains la copie qu'il en avait; néanmoins les indispositions ordinaires de l'Auteur ne lui eussent point ôté la liberté d'en corriger les épreuves, tous ces artifices n'auraient point différé le contentement que les honnêtes gens en attendent. M. Corneille ne se devrait défendre que par des moyens plus convenables aux petites guerres du Parnasse, puisqu'il en a déjà de tous préparés sur la lecture qu'il a eue de cette seconde Dissertation; mais il doit s'assurer qu'il ne se rendra pas plus redoutable d'une façon que de l'autre.

---

1 Sur le sens de cet avis Au Lecteur, voir l'Introduction II.13.
2 C'est-à-dire que Corneille voulait montrer son indépendance, comme les seigneurs d'Yvetot (Normandie) qui, au XIVe siècle et jusqu'au XVIe siècle, étaient dispensés des devoirs de vassalité envers le roi, et s'appelaient rois eux-mêmes.

SECONDE

DISSERTATION

CONCERNANT

LE POEME

DRAMATIQUE:

A MADAME

LA DUCHESSE DE R*,

[1] MADAME,

J'ai ressenti beaucoup de joie de celle que vous avez reçue des lettres qui vous ont fait connaître mes sentiments sur la Sophonisbe de Monsieur Corneille: et je m'estime heureux d'avoir donné quelque adoucissement aux mauvaises heures de votre solitude. Il y a certainement du plaisir à pénétrer dans les secrets d'un ouvrage d'esprit, et de l'envisager de tous côtés; mais vous avez raison de dire que vous avez d'autant mieux goûté ce que j'ai pris la liberté de vous écrire, parce que vous en aviez encore le sujet présent à la mémoire, et qu'il vous semblait être au Théâtre; et puisque par cette même considération vous me demandez l'examen du Sertorius du même Poète, dont la lecture vous a renouvelé toutes les idées de la représentation, je quitterai quelques autres pièces plus récentes,[3] auxquelles j'avais commencé de m'attacher, pour suivre vos ordres et vous

---

3   Parmi les autres pièces sérieuses parues au théâtre fin 1662/début 1663, citons *Oropaste ou le faux Tonaxare* de Boyer et *Agrippa, roi d'Albe, ou le faux Tibérinus* de Quinault. *Sertorius* est de 1661.

rendre mon respect plus sensible et plus agréable en l'accommodant à votre désir. Vous me brouillerez peut-être avec M. Corneille, mais j'en veux bien courir le hasard pour ne me pas brouiller avec vous; je ne me dois pas mettre en peine de son chagrin, pourvu que je divertisse le vôtre; et les effets de sa mauvaise humeur ne doivent pas me faire perdre la satisfaction de vous plaire et de vous obéir. Ce n'est pas que je veuille me persuader qu'il s'en fâche, il faudrait que sa raison fût bien malade s'il s'offensait des vérités qui doivent l'instruire avec le public, et qu'elle fût comme les yeux faibles qui sont blessés de la lumière pour peu qu'elle les touche. Je ne veux pas croire de lui tant de bassesse, et j'aime mieux présumer que son âme est aussi belle que celle de ses Héros dont il n'a fait la peinture que par l'impression de ses propres vertus sur ces grands noms de l'Histoire ou de la Fable.

[2]   Je vous envoie des exemplaires imprimés des premières Lettres que vous avez en original;⁴ je pensais n'écrire qu'à vous, et on me fait parler à tout le monde, et de cet entretien de mon devoir on m'en a fait faire une conversation publique.⁵ C'est une petite supercherie de la complaisance que j'ai eue pour quelqu'un de mes amis qui m'avait demandé la copie de mes Lettres, mais je ne la puis condamner, puisque tous les honnêtes gens en ont reçu beaucoup de contentement; et quand quelques esprits faibles, ignorants, ou malicieux, s'en voudraient émouvoir pour faire du bruit, crier, se plaindre et dire des injures; je ne laisserai pas de continuer la route où votre autorité m'a fait entrer. Les ouvrages des Muses doivent être au-dessus de la populace, comme leur demeure est en des lieux éminents et loin des fondrières et des vallées, elles sont trop proches du Ciel; et couvertes de trop de lumières, pour s'effrayer à l'aboi des chiens, et du sifflement des serpents qui infectent toutes les fontaines du Parnasse.

[3]   Quant à Mr Corneille, j'apprends qu'il a dit que pour juger de ses Ouvrages il faudrait en faire de meilleurs, je ne m'en étonne pas, car c'est la dernière et la plus mauvaise excuse de ses fautes dans son discours des trois Unités, où il en fait comme son ancre sacrée, et le plus puissant

---

4   Si nous croyons, comme d'Aubignac le veut, qu'à l'origine cette dissertation a été une lettre qu'il a véritablement envoyée à la duchesse de R*, les 'exemplaires imprimés des premières Lettres' sont des exemplaires de la première édition des *Remarques sur Sophonisbe*.

5   Pour savoir les origines de la publication des *Remarques sur Sophonisbe*, voir l'Introduction II.9.

rempart qui le doive défendre.[6] Et comme vous avez cru, Madame, qu'il n'a fait ce Discours que pour affaiblir les raisons et la force de ma Pratique du Théâtre en les corrompant,[7] et que je vous ai vue quelquefois douter sur cette fausse maxime; je vous prie de trouver bon que j'essaie de vous en détromper entièrement. Mr Corneille en a tellement infatué le parterre, que cette erreur commence à monter sur le Théâtre et dans les Loges, et vous pourriez bien vous y entretenir par l'opinion de beaucoup de Gens de qualité qui vous approcheront. Mais premièrement je ne sais pourquoi ceux qui remplissent le parterre de nos Théâtres se laissent abuser par un si mauvais discours, car ils n'ont qu'à faire réflexion sur eux-mêmes; ils ne sont pas tous capables de faire un habit, un soulier, ni un chapeau, et néanmoins il en jugent tous les jours quand les Artisans leur en apportent; ils connaissent bien s'ils sont proportionnés à leur taille, ils sentent bien s'ils sont trop larges ou trop étroits, s'ils les incommodent, ou s'ils leur laissent la liberté de tous les mouvements de leur corps, ils discernent ceux qui sont bien ou mal fabriqués, et sans être instruits en tous ces arts que par leur lumière naturelle, et par leur propre sentiment ils les approuvent ou les rebutent; et ce serait une extravagance assez mal reçue si les Ouvriers nous voulaient tous obliger de mieux faire quand nous ne voulons pas recevoir leurs ouvrages. Ainsi lorsqu'il s'agit d'un Poème Dramatique, ceux du peuple qui n'ont aucune étude s'en rendent les premiers Juges, ils éclatent aux belles choses qui les touchent, et demeurent languissants et muets aussitôt que les Intrigues de la Scène s'affaiblissent, ou souffrent quelque confusion ou quelque obscurité; ils ne consultent que leur propre sentiment, ils regardent ce qui leur plaît et ce qui leur déplaît, et décident hardiment de la bonté d'une pièce sans avoir lu Aristote, ni Scaliger. Il ne faut donc pas qu'ils condamnent si témérairement ce qu'ils font, ni qu'ils approuvent comme une règle certaine, le contraire de ce qu'ils pratiquent tous les jours. Quand ils ont donné tant d'applaudissements aux Poèmes de M. Corneille, les a-t-il obligés à mieux faire auparavant que d'en goûter la joie? et voudrait-il suspendre sa réputation jusqu'à tant que tous les Marchands de la rue Saint-Denis eussent fait des Comédies meilleures que les siennes? Car la même règle qu'il veut établir pour condamner, doit être aussi établie

---

6   C'est même la dernière phrase de son *Discours des trois unités*: 'Je ne doute point qu'il ne soit aisé d'en trouver de meilleurs moyens [de mieux accorder les règles anciennes avec les agréments modernes], et je serai tout prêt de les suivre, lorsqu'on les aura mis en pratique, aussi heureusement, qu'on y a vu les miens' (OCIII, p. 190).

7   Ce thème sera repris dans DIII.10. Voir aussi l'Introduction II.4.

pour approuver, et les mêmes lumières doivent servir au discernement du bien comme du mal; et quand ils ont abandonné après les premières représentations le Démétrius du jeune Corneille,[8] comme une pièce indigne de leur attention; eût-il été bien fondé de les faire appeler en justice pour mieux faire, ou pour retracter leur jugement? Ce n'est pas que l'ouvrage ne soit fort bon pour lui, mais ils l'ont considéré comme un apprenti qui travaille encore sur la besogne que le maître lui taille, et qui la gâte quelquefois pour ne pas bien exécuter ce qu'on lui ordonne. En vérité cette maxime nous interdit le jugement de toutes choses; et lorsque nous verrons un tableau dont la draperie sera mal peinte, les ombres mal disposées, et la carnation mal colorée, le Peintre aura droit de nous dire; faites mieux, ou ne condamnez pas ce qui n'est pas bien. Lorsque nous entrerons dans une maison dont les appartements seront mal ordonnés, les jours mal pris, et toutes les commodités retranchées, nous n'oserions en avoir rien dit, si l'Architecte a raison de nous obliger de mieux faire ou de nous taire. Il y a véritablement dans les ouvrages de tous les arts des perfections et des grâces dont il n'est permis qu'aux Maîtres de juger, parce qu'il n'y a qu'eux qui les connaissent; mais il y a des défauts qui frappent tellement les sens et qui blessent si fort la lumière naturelle, qu'il faudrait être aveugle et stupide, pour ne les pas discerner. Je ne veux pas dire que je sois un des ces grands Maîtres de la Scène auxquels seuls il appartient d'en apercevoir les merveilles, et vous n'ignorez pas, Madame, quelle est mon ingénuité sur ce sujet; mais au moins ai-je un peu de sens commun, et peut-être ai-je plus étudié ce bel Art que ceux qui tous les jours composent des Poèmes: et je souhaiterais de tout mon cœur qu'ils en sussent dix fois plus que moi, afin qu'ils fissent vingt fois mieux qu'ils ne font, je ne leur envierais pas une chose qui me donnerait beaucoup de plaisir, aussi bien qu'à tous ceux qui aiment cet agréable amusement.

[4]   Mais pour revenir à cette erreur, ne faut-il pas encore considérer que pour bien faire un Ouvrage, et surtout quand il dépend plus de l'esprit que de la main, il est nécessaire auparavant d'en apprendre les principes, en quoi il consiste, quelles en sont les parties, quel en doit être l'usage, et tous les autres préceptes qui doivent en éclairer la conduite?[9] Après on travaille à l'exécution, et peu à peu on se forme une habitude qui nous fait faire les choses sans aucune réflexion. Ce qui nous montre bien clairement que la

---

8   *Persée et Démétrius* de Thomas Corneille est joué pour la première fois en décembre 1662.
9   C'est la lecture de sa *Pratique du théâtre* qu'il conseille ici aux dramaturges.

connaissance est toute distincte de l'effet, et qu'elle peut bien être parfaite encore qu'un homme n'eût jamais fait ce qu'il connaît; au contraire, il n'y a presque point de gens moins capables de juger des Ouvrages que ceux qui ne les ont appris qu'en travaillant, parce que n'en étant instruits que grossièrement par les choses qu'ils ont vues en maniant les outils et la matière, ils sont surpris à tout ce qu'on en peut dire de grand et d'extraordinaire. Ils ont toute leur science au bout des doigts, et leur esprit qui n'est pas illuminé croit impossible et ridicule tout ce qu'ils n'ont pas encore trouvé sous leur main.

[5] Davantage, ne sait-on pas que ce sont les savants Mathématiciens qui par leurs curieuses et profondes méditations ont inventé tous les arts et les instruments qu'on y emploie, et que néanmoins ils sont ordinairement très incapables de faire aucun des ouvrages qu'ils ont enseignés, la connaissance n'étant pas moins différente de l'exécution, que l'esprit l'est de la main? Et tout au contraire, les Artisans qui ne savent rien que mécaniquement font de grands ouvrages dont les habiles connaissent bien mieux qu'eux l'excellence et les défauts.

[6] Quand il s'agit dans les Cours Souveraines de la perfection d'un Ouvrage, on donne pour Juges de notables Bourgeois qui ne les savent pas faire, et que l'on sait pourtant en avoir l'intelligence. Les Doctes en l'Astrologie connaissent l'Horizon, le Méridien, les Azimuts et tous les autres Cercles et les Points nécessaires à la fabrique des Cadrans; ils ont donné les règles pour les faire, et jugent bien de tout ce qu'ils ont de bon et de mauvais, sans néanmoins en avoir peut-être jamais fabriqué, et les Artisans qui s'y sont appliqués les font avec assez de justesse et de diligence, sans connaître les mystères des Spéculations dont ils dépendent.

[7] Mais pour rejoindre notre matière, nous avons vu de notre temps un Livre d'Eloquence où toutes les maximes, toutes les grâces, et toutes les délicatesses des anciens Orateurs sont fort utilement expliquées, et néanmoins l'Auteur était l'un des plus mauvais Orateurs que j'aie jamais ouïs; il a fort bien jugé des Oraisons de tous les Grecs et de tous les Latins,

et n'a jamais si bien fait qu'eux.[10]

[8]   Aristote nous a donné les préceptes fondamentaux du Poème
Dramatique, on les estime, on les révère, et l'on y cherche les décisions de
toutes les difficultés qui naissent sur ce sujet. Et néanmoins nous n'en
avons point de sa façon, et nous ne croyons pas qu'il en ait fait; et ne
serait-ce pas une impertinente excuse si les Poètes dont les maximes de ce
Philosophe condamnent les ouvrages, s'écriaient qu'il faut faire rappeler
ses mânes pour faire quelques meilleures Tragédies, sinon qu'ils ne veulent
point subir un jugement qui n'est appuyé que de ses raisonnements, et de
son nom. Tant il est vrai qu'il n'est point nécessaire d'être capable de faire
un ouvrage pour en juger; il suffit d'en avoir acquis la connaissance, et
principalement pour ceux du Théâtre, où tout doit être examiné par le sens
commun, mais il faut entendre un sens commun bien instruit. La raison en
doit décider tous les différends, mais il faut qu'elle soit éclairée et
détrompée des erreurs populaires qui nous traînent souvent en des ténèbres
d'où nous ne voulons pas sortir par une vicieuse complaisance à la
multitude qui nous y retient.

[9]   Ce n'est pas que M. Corneille puisse absolument faire agir sa
maxime erronée contre moi; car vous savez, Madame, que j'ai quelque
connaissance de la Poésie, et que quand il me plaît, je fais des vers qui ne
déplairaient pas au théâtre. Mais comme je n'ai jamais voulu m'ériger en
Poète, j'ai presque toujours caché mon nom au public, quand je lui en ai
fait voir; dans mon Roman de la Philosophie des Stoïques[11] il y en a
plusieurs que vous n'avez pas désapprouvés; et si j'avais voulu les
appliquer à diverses Tragédies que j'ai faites en prose, pour justifier à
Monsieur le Cardinal de Richelieu que je connaissais la justesse et la
beauté des règles, peut-être n'auraient-ils pas eu moins d'applaudissement
que Zénobie que feu M. le Comte de Fiesque avait accoutumé d'appeler la
femme de Cinna.[12] Enfin pour ne pas m'étendre sur la considération de
mon intérêt, je ferai des vers quand il me plaira, et je réduirai dans la
rigueur de l'Art Dramatique tel sujet qu'il plaira à M. Corneille, pourvu

---

10 Il est difficile de savoir qui pourrait être ce savant bon théoricien et mauvais praticien. On pense
     peut-être à G. Colletet (*Discours de l'éloquence et de l'imitation des anciens*, 1658) ou à J. Du Roure
     (*La Rhétorique française, nécessaire à tous ceux qui veulent parler ou écrire comme il faut, Et faire
     ou juger des discours familiers, des lettres, des harangues, des plaidoyers et des prédications*, 1662).
11 Bien que *Macarise* soit une oeuvre en prose, des passages en vers reviennent assez fréquemment.
12 Trois tragédies des années 1640: *Zénobie, La Pucelle d'Orléans, Cyminde*. Voir l'Introduction I.

qu'il soit capable d'être mis sur la Scène; car il y en a qui n'y peuvent jamais entrer, comme je l'ai remarqué dans la Pratique.

[10] Il est bien à propos néanmoins d'établir ici deux autres maximes plus raisonnables et plus vraies que celle de M. Corneille, et qui nous montreront comment il faut juger de ses œuvres, et quelle a toujours été en ce rencontre la sincérité de mes sentiments.

[11] La première, qu'il ne faut jamais louer ce qui n'est pas bon, ni blâmer ce qui n'est pas mauvais; Et la seconde qui n'en est qu'une conséquence, est, qu'il ne faut pas louer les défauts d'un ouvrage à cause qu'il a quelque chose de bon, ni blâmer ce qu'il a de bon à cause qu'il a quelque défaut. Il faut attribuer à chaque chose un caractère de discernement raisonnable qui nous empêche de les confondre. Il y a des Esprits à qui la Nature a donné des talents rares et merveilleux; mais aussi est-il vrai que tous les Ouvrages qui sortent de la main de l'homme portent des marques de sa faiblesse et de sa corruption; de sorte que comme il serait injuste de leur dénier l'estime que demande leur mérite; ce serait un aveuglement, d'estimer ce qu'ils ont de faible, et de corrompu. Et comme on serait injurieux aux libéralités de la Nature si l'on blâmait ses dons à cause de nos propres imperfections, on serait trop indulgent à nos désordres si on les estimait par la considération des grâces qu'elle nous aurait faites. Malheur à vous, dit un Prophète,[13] qui donnez à la lumière le nom de ténèbres, et aux ténèbres le nom de lumière. Malheur à vous qui dites que la douceur est amère, et que l'amertume est douce, tant il est certain que l'on doit qualifier chaque chose du titre qui lui est convenable. Or je demeure d'accord, et jamais je ne l'ai dénié, que M. Corneille a mis sur le Théâtre des choses dignes de notre estime, que jusques ici les autres Poètes n'ont point égalées; Il a fait éclater quelquefois des sentiments nobles et singuliers, il a quelquefois traité les passions avec beaucoup d'art, il a poussé des vers bien tournés avec de la force et de la justesse; mais il faut aussi confesser qu'il a plusieurs fois péché contre les règles de la vraisemblance la plus sensible, et choqué les Esprits les plus communs; il s'est relâché souvent en des sentiments peu raisonnables, introduit des passions nouvelles et peu théâtrales, et souffert des vers rudes, chargés d'obscurités et de façons de parler peu françaises; et comme on ne m'a

---

13 *Isaïe* V, v. 20.

jamais vu condamner en ses Poèmes ce qu'un homme de bon sens a bien reçu, j'avoue que je n'ai pu jamais applaudir à ses dérèglements, aussi n'ai-je jamais trouvé personne qui n'en soit demeuré d'accord quand je lui en ai dit la raison. En vérité c'est un aveuglement qui fait tort à ceux mêmes qui le favorisent, quand on veut que les fautes passent pour de bonnes choses, à cause qu'il n'y en a pas de mauvaises partout. C'est un honnête prétexte pour l'excuser, mais on ne doit pas condamner ceux qui ne l'en veulent pas louer. On ne dirait pas qu'un homme est fort bien vêtu, s'il avait un habit de broderie d'or avec un chapeau de paille et des sabots; mais aussi ne faudrait-il pas dire que son habit ne serait pas beau à cause qu'il ne serait pas bien coiffé ni bien chaussé; et comme un Courtisan serait blâmé s'il refusait de s'habiller comme lui à cause de sa coiffure et de sa chaussure; on aurait aussi grand sujet de s'en moquer, s'il voulait se coiffer et se chausser de la même sorte à cause de la richesse de son habillement. On voit à Richelieu[14] deux statues de marbre, antiques, et d'un art incomparable, en qui néanmoins le Sculpteur a laissé par rencontre ou par dessein une partie imparfaite, et qui presque n'a pas senti le ciseau. Serait-il juste de condamner les belles parties de ces chefs-d'œuvre, parce qu'il en reste quelqu'une qui n'est pas achevée? Et souffrirait-on qu'un homme nous fît passer pour de beaux Ouvrages ces parties où tout est imparfait, à cause que les autres sont finies et merveilleuses? Et pour parler de la poésie, Virgile par le consentement de tous les savants a fait des vers inimitables dans son Enéide, mais il en a laissé beaucoup d'imparfaits pour qui l'ardeur de son imagination ne lui laissait pas assez de lumière en composant; et personne n'a rejeté cet admirable Poème à cause de ses imperfections, comme on n'a pas approuvé ces vers à moitié faits à cause des autres; et son exemple serait une mauvaise raison pour autoriser un Poète moderne qui voudrait faire de même. Si l'on s'en voulait rapporter à Sénèque,[15] il nous apprendrait qu'une chose n'est pas excellente quand elle n'est point entièrement achevée, et selon ce Philosophe un homme n'est point vertueux quand il a dans l'âme un mélange de vices avec quelques vertus; et la femme n'est pas belle, quand au lieu d'en parler avec ravissement on loue seulement ses yeux, ses bras, son teint, ou quelque

---

14 La ville et le château de Richelieu dans l'Indre-et-Loire, bâtis par le cardinal de Richelieu à partir de 1631. La dispersion des oeuvres d'art commence dès le XVIIIe siècle; le château est détruit après la Révolution.

15 Sénèque, *Epîtres morales*, XXXIII.5. Sénèque veut surtout montrer ici qu'on n'a jamais rien compris sans avoir vu l'ensemble.

autre grâce singulière; et certainement l'estime qu'on donne à quelque partie d'un tout, porte aussitôt notre Esprit à croire que le reste ne lui ressemble pas. Ce que l'on peut faire néanmoins favorablement en ces rencontres, c'est de juger par la règle de la Philosophie, qui donne le nom aux choses selon qu'elles participent plus ou moins du bien ou du mal; nous disons qu'elles sont bonnes, quand elles ont plus de bonnes parties que de mauvaises; et nous disons le contraire quand elles en ont plus de mauvaises que de bonnes. Mais quand on vient à juger de toutes les parties d'un ouvrage distinctement, il ne faut pas que la bonté des unes nous empêche de connaître le défaut des autres; et l'on ne doit pas aussi faire passer les imperfections de celles-ci, sur la bonté de celles-là, il faut les mettre toutes dans la balance, et bien examiner la différence de leur poids pour en discerner le mérite.

[12]   Mais ce n'est pas par cette règle que beaucoup de gens ont jugé des Pièces de Mr Corneille, ils y ont trouvé quelque Scène brillante par la grandeur des raisonnements, ou par la vengeance des passions; et sans rien examiner au-delà, on a voulu que tout le reste fût digne d'une pareille estime. Et quand on leur a découvert la faiblesse et le manquement des autres endroits, ils en ont bien été convaincus, mais ils ont voulu se défendre par un QU'IMPORTE, nous ne laissons pas d'être contents lorsque nous entendons ces belles choses. Ils devraient pourtant faire cette réflexion, que si l'on eût séparé du corps de l'Ouvrage les parties qui leur donnaient cette satisfaction, le reste eût été languissant, et les eût laissés froids, dégoûtés, et sans aucun plaisir. Aussi quand le Sertorius parut sur le Théâtre, tous ceux qui l'avaient vu ne faisaient bruit que de deux endroits excellents dont je parlerai dans la suite:[16] et quand je les pressais pour savoir comment ce qu'ils estimaient était soutenu, je leur faisais sentir des défauts qui gâtaient bien ces beautés qu'ils nommaient incomparables, et ne sachant qu'y répondre ils m'apportaient le QU'IMPORTE, je ne m'aperçois pas de ces défauts au Théâtre, et le reste ne laisse pas de me plaire en passant; mais ils ont si bien connu la vérité de ce que je leur disais, qu'étant retourné au même spectacle ils n'en ont pas reçu le même contentement. Quant à moi je n'ai jamais jugé par cette erreur des œuvres de M. Corneille, et de tous les Auteurs anciens et modernes que j'ai lus, j'en ai toujours parlé avec un plus juste discernement, et c'est comme je

---

16   Voir DII.52-54 ci-dessous.

prétends me gouverner encore au jugement de cette Pièce. Mr Corneille ne s'en doit point fâcher, car je ne lui demande point d'autre justice, et je vous prie, Madame, de bien considérer toutes les raisons dont j'appuierai mes sentiments, et de n'être point d'accord avec moi, si vous n'êtes pleinement convaincue.

[13] Le plus grand défaut d'un Poème Dramatique, est lorsqu'il a trop de sujet, et qu'il est chargé d'un trop grand nombre de personnages différemment engagés dans les affaires de la Scène, et de plusieurs intrigues qui ne sont pas nécessairement attachées les unes aux autres, ce que les Grecs nomment Polymythie, c'est-à-dire, une multiplicité de fables ou d'histoires entassées les unes sur les autres; et c'est principalement ce que l'on doit éviter pour plusieurs raisons invincibles.[17]

[14] La première est, que la mémoire des Spectateurs étant accablée de tous les préparatifs nécessaires à la diversité de tant d'événements, en laisse toujours échapper quelque circonstance qui leur ôte le plaisir de la suite.

[15] La seconde, que tant d'intérêts différents mêlés les uns avec les autres, et tant d'incidents étranges qui se choquent et se détruisent les uns les autres, confondent l'intelligence des Spectateurs, relâchent leur attention par la peine qu'ils souffrent, et leur causent un dégoût que les plus beaux endroits ne peuvent surmonter aisément.

[16] La troisième, que le temps qu'il faut employer pour expliquer tous ces intérêts et démêler les Incidents, ne laisse jamais assez de jour pour étendre les passions et soutenir le Théâtre par des discours agréables: En quoi consistent ses principales beautés, et, pour lesquelles l'Auteur doit tout rejeter, surtout quand c'est le plus beau talent dont il est capable, comme M. Corneille. J'en ai parlé dans mes lettres sur la Sophonisbe, mais seulement en passant, l'ayant traité plus au long dans ma Pratique.

[17] La quatrième, que la Catastrophe est toujours difficile à bien faire, et rarement une Tragédie Polymythe peut bien finir, d'autant que les divers intérêts de tant de personnes considérables font autant de nœuds différents qu'il est impossible de dénouer tous ensemble agréablement.

---

17 Dans la *Pratique* d'Aubignac déconseille déjà l'utilisation des 'fables *Polymythes*'(pp. 284-85).

[18]   La cinquième, que toutes ces Intrigues qui se font pour des fins opposées demandent des lieux différents pour les traiter, et contraignent le Poète à violer l'unité du lieu, ce qui détruit toujours la vraisemblance du drame.

[19]   Et la sixième, que tant d'affaires brouillées ensemble ne peuvent être soutenues ni démêlées que par beaucoup d'événements, qui ne peuvent souffrir aisément que l'action soit renfermée dans un temps convenable.

[20]   Or je crois qu'il serait bien difficile de trouver un Poème Dramatique des Anciens ou des Modernes plus vicieux en cette Polymythie que le Sertorius de M. Corneille: car il contient cinq histoires qui peuvent toutes indépendamment l'une de l'autre fournir des sujets raisonnables à cinq Pièces de Théâtre.

[21]   Sertorius considère Aristie par les avantages que son alliance lui pourrait donner à Rome, et comme un puissant moyen pour soutenir l'état de sa fortune, il aime néanmoins la Reine Viriate dont le Mariage lui pourrait donner un grand établissement dans les Espagnes, de sorte que la nécessité des affaires le faisant pencher d'un côté, et son amour de l'autre, on en pouvait faire un beau Poème, où l'on n'aurait pas eu besoin de Perpenna: il ne fallait que quelques Intrigues et de petits Incidents pour agiter différemment l'ambition de Sertorius et son amour, et la réconciliation de Pompée avec Aristie en eût fait un beau dénouement.

[22]   Perpenna Lieutenant de Sertorius, et qui l'avait obligé sensiblement en entrant dans son parti, se trouve amoureux de Viriate, et Sertorius son Général l'aime aussi bien que lui; ce Lieutenant le prie de parler pour lui à cette Reine, et Sertorius surmonte son amour par son amitié, et fait céder les tendresses de son cœur aux obligations de sa fortune; Il agit en faveur de son Inférieur et de son Rival, c'était assez pour faire une Comédie où Aristie n'eût pas été nécessaire. La générosité de Sertorius pouvait donner des ouvertures à de grandes et de belles choses, et la passion de Perpenna pouvait recevoir d'assez notables agitations; mille petits événements des affaires humaines pouvaient remuer leur défiance, et donner sujet à Perpenna d'entreprendre sur la vie de Sertorius, et c'est le second sujet de Tragédie, qui pouvait finir par la mort de Sertorius.

[23]   Aristie est répudiée par Pompée qui s'attache au parti de Sylla par son Mariage avec la belle fille de ce Tyran de Rome; Elle veut épouser quelque grand homme qui la venge, elle choisit pour cela Sertorius, mais elle sait qu'il aime Viriate, de sorte qu'elle avait à faire sa cabale pour surmonter cet amour par l'ambition, et Sertorius suivant plutôt ses inclinations que sa grandeur, eût rendu tous les efforts de cette Dame inutiles, sans qu'il eût été nécessaire que Viriate en eût connu le secret, et enfin son Mariage se fût conclu, en promettant à Aristie de la réconcilier avec son mari: et cela pouvait encore suffire pour un troisième Poème, où Perpenna ni Pompée n'auraient eu que faire de paraître.

[24]   Viriate veut épouser Sertorius pour soutenir sa Couronne, elle ne connaît pas d'abord qu'elle en soit aimée, et croit qu'Aristie lui nuit en ce dessein, qu'elle retient Sertorius par considération de ses affaires, et qu'il la faut chasser de ses Etats pour se délivrer de cet obstacle, si Sertorius eût prié pour Aristie, la Reine l'aurait soupçonné de quelque amour pour elle, et en se justifiant il aurait fait connaître ses véritables sentiments, et prenant l'histoire dans ce sens avec quelques intrigues de cour pour faire sortir Aristie, et pour faire connaître secrètement à Sertorius les favorables dispositions de la Reine, on pouvait encore y trouver de quoi remplir une pièce de Théâtre sans se charger de ces autres Héros.

[25]   Je sais bien que ces quatre Histoires dans l'ouvrage de M. Corneille paraissent en quelque manière attachées ensemble, mais c'est si légèrement, qu'il est facile de les séparer, comme on le connaît par la distinction que j'en viens de faire.

[26]   Le cinquième Poème qui se trouve enfermé dans cette Pièce, est l'histoire de Pompée entièrement détachée de tout le reste, ou pour mieux dire, c'est le principal sujet, et non pas un Episode comme nous montrerons tantôt. Pompée a répudié Aristie pour épouser la belle fille de Sylla, il ne veut point de commerce d'affection conjugale avec cette seconde Epouse, et conserve ses premiers sentiments; mais Aristie ne le sait pas, elle cherche un Epoux digne d'elle et qui la venge; Pompée la voit, et ne peut se rendre à ses prières, il lui témoigne néanmoins beaucoup d'amour, et la conjure de ne se point remarier et d'attendre, mais elle prend tout cela pour des mépris: et durant qu'elle travaille à son dessein, Sylla dépose sa Dictature, Emilie meurt, la paix se fait, et Pompée se réconcilie avec

Aristie. Voilà certainement un grand fond pour une Tragédie où l'on n'a que faire de Viriate, ni de Perpenna: et pour peu que M. Corneille se fût efforcé d'y ajouter, il eût eu du sujet de reste, et de belles ouvertures à de notables sentiments.

[27]   Je ne puis comprendre pourquoi M. Corneille a pris un sujet d'une si grande étendue: Est-ce qu'il ne sent plus son Esprit capable de soutenir de petites choses par la grandeur des sentiments?[18] Est-ce qu'il ne connaît plus la matière ou la conduite du Poème Dramatique, ou s'il ne se connaît plus lui-même? Est-ce qu'il renonce aux raisons de l'art et à sa propre expérience? Est-ce qu'il a perdu la mémoire de ce sage conseil de Scaliger, qu'il faut prendre peu de sujet, et le faire grand par les adresses de l'esprit?[19]

[28]   Il n'avait pas fait ainsi dans le Cid: Rodrigue aime Chimène dont il est aimé, il venge son Père par la mort de celui de sa Maîtresse, qui fait tous ses efforts pour en avoir justice contre lui: le Roi accommode leur différend, et c'est tout, car la descente des Mores et la victoire de Rodrigue ne fait point de nouvelle histoire, elle y est même vicieuse ou du moins inutile, aussi bien que l'amour de l'Infante.

[29]   Dans Cinna Emilie aime ce jeune Seigneur dont elle est aimée, mais elle veut qu'il la venge de la mort de son père sur Auguste, il l'entreprend, il est découvert; Auguste lui pardonne, et voilà tout le sujet, le reste ne contient que des inventions ingénieuses du Poète pour l'augmenter, et qui sont les vrais Episodes selon Aristote, comme je l'ai traité ailleurs.[20] Mais dans cette Pièce que nous examinons, combien de personnages, combien d'intérêts, combien de choses? Je ne crois pas qu'aucun des Spectateurs, après la première représentation, les ait pu garder en sa mémoire pour en suivre avec plaisir les événements et les démêler. Pour moi qui n'ai pas la mémoire trop malheureuse, je vous proteste qu'elle souffrit beaucoup, et

---

18   D'Aubignac plaide pour la simplicité de l'action dans la *Pratique* II.3. Il y cite *Horace* et *Pompée* de Corneille comme des exemples à suivre (pp. 88-89). Racine se fait l'écho de ce même reproche à Corneille dans la première préface de *Britannicus*.

19   'Argumentum ergo brevissimum accipiendum est: idque maxime varium multiplexque faciendum' (Scaliger, *Poetices libri septem*, Faksimile-Neudruck der Ausgabe von Lyon 1561, éd. A. Buck, Stuttgart, 1964, III, 97, p. 145).

20   Voir la *Pratique* III.2 ('Des Episodes, selon la doctrine d'Aristote'), ainsi qu'Aristote, *Poétique*, 1455[b].

que je perdis tout à fait la joie de ce spectacle, et vous m'avez avoué, Madame, qu'à la fin de la Pièce vous n'en eussiez pu redire la moitié, et que cela vous avait causé du chagrin.

[30] Mais quand on pourrait n'en rien oublier, quelle confusion n'en demeurerait-il point à l'esprit, à moins que d'avoir vu la Tragédie plusieurs fois, ou de faire profession particulière de l'intelligence du Théâtre, ou de s'appliquer à cette représentation avec autant de mémoire que de peine? Je ne crois pas qu'on puisse voir distinctement tant d'intérêts de cinq personnes presque toutes égales, ni de débrouiller les événements qui les regardent, sans attribuer à l'un ce qui convient à la fortune de l'autre. Ce n'est pas que le Théâtre ne doive avoir qu'un intérêt ou qu'un incident, on sait bien qu'il en faut plusieurs pour faire des nœuds, c'est-à-dire, des difficultés qui font de la peine à dénouer, et qui par cette adresse donnent le fondement des passions, et surprennent agréablement l'attente des Spectateurs par des sentiments opposés de douleur et de joie. Mais il faut que ces difficultés soient faciles à concevoir, que les événements s'entresuivent nécessairement les uns des autres sans se confondre, et que d'acte en acte, s'il est possible, le nœud se serre de telle sorte qu'il ne reste rien des premières intrigues qui brouille l'intelligence des secondes. Enfin il faut que les Spectateurs de bon sens sachent toujours clairement ce qui s'est passé, et qu'ils ne prévoient rien de l'avenir, afin que la certitude de ce qu'ils savent rende leur plaisir plus grand quand on leur découvre ce qu'ils n'avaient pas prévu; Ce qui ne peut jamais arriver aisément, si leur esprit demeure au milieu des ténèbres et de la confusion.

[31] Et ce qui rend cette Pièce d'autant plus vicieuse en cette circonstance, est que les intérêts des cinq Personnages semblent attachés les uns aux autres, de sorte qu'on se met en peine pour s'en souvenir, et néanmoins ils ne s'entretiennent que par des considérations inutiles ou légères qui ne produisent rien: On voit une infinité de nœuds, et l'on n'en voit point les dénouements, l'esprit travaille tant que la pièce dure, et ne reçoit aucune satisfaction de son attente ni de son travail quand elle finit.[21]

---

21 D'Aubignac enseigne déjà dans la *Pratique* 'qu'il faut . . . prendre garde que la Catastrophe achève pleinement le Poème Dramatique, c'est-à-dire, qu'il ne reste rien après, ou de ce que les Spectateurs doivent savoir, ou qu'ils veuillent entendre' (p. 139).

[32]   Cette Polymythie nous prive encore d'un plus grand plaisir, en ce qu'elle ôte à M. Corneille le moyen de faire paraître les sentiments et les passions, c'est son fort, c'est son beau, et c'est ce qu'on ne trouve pas en ce Poème. Il ne l'a pas fait, parce qu'il ne s'est pas mis en état de le pouvoir faire; aussi confesse-t-il lui-même dans la Préface que cette Pièce n'a point ces agréments qui sont en possession de faire réussir au Théâtre les Poèmes de cette nature.[22] Il lui faut tant de temps pour expliquer les intérêts et les desseins de ses personnages, qu'il en reste fort peu pour mettre au jour les mouvements de leur cœur. Pourquoi n'a-t-il point fait voir comme d'autrefois toutes ces grandes âmes agitées de contradictions intérieures, poussées de tant de nobles emportements opposés? et de tant de généreuses irrésolutions? Sertorius pourrait être en doute s'il doit aimer à son âge, s'il doit servir une Etrangère, s'il doit préférer cet amour aux avantages de sa fortune, s'il doit prier pour Perpenna, s'il doit préférer les devoirs de son amitié aux tendresses de l'amour.

[33]   Perpenna ne devait-il pas demeurer incertain entre son respect pour Sertorius, et son amour pour Viriate, ou du moins ne résoudre pas si tôt la mort d'un si grand homme son Général sur un si simple soupçon qu'il ne lui tient pas parole? Viriate devait douter un peu davantage entre la liberté de sa puissance indépendante, et son Mariage; M. Corneille lui pouvait faire dire beaucoup de choses agréables sur les biens et les maux de la souveraineté d'une femme et de sa soumission envers un mari. Aristie pouvait être un peu plus incertaine entre l'injure qu'elle avait reçue par son divorce, l'amour qui lui restait dans le cœur, et un Mariage de vengeance qu'elle méditait. Et Pompée ne devait pas sans beaucoup de contestations secrètes en lui-même arrêter les transports et les effets de son amour renaissant à la présence d'Aristie; et les considérations de la Politique ne devaient pas le remettre si facilement sous le joug de Sylla. Voilà bien des choses, et qui peut-être n'eussent pas été désagréables, mais pour les bien traiter, et surtout à la mode de M. Corneille qui souvent d'une mouche nous fait un Eléphant, il faudrait plus de vers que deux Comédies n'en peuvent souffrir; de sorte qu'il ne les a point mises en œuvre parce qu'elles

---

22   D'Aubignac cite ici les paroles de Corneille du début de la préface de *Sertorius*: 'Ne cherchez point dans cette tragédie les agréments qui sont en possession de faire réussir au théâtre les poèmes de cette nature'. Il est clair qu'il l'objectif de Corneille est de mettre en valeur ensuite les mérites particuliers à *Sertorius*: 'la dignité des noms illustres, la grandeur de leurs intérêts, et la nouveauté de quelques caractères' (OCIII, p. 309).

demeurent étouffées sous la grandeur du sujet, il les a touchées seulement en quelques endroits sans les faire presque sentir, et quand il les a commencées, il ne les a pas finies; il en fait les ouvertures, et tout à l'heure il les abandonne, il nous montre M. Corneille, et aussitôt il le cache. C'est un larcin qu'il a fait au public, et dont j'espère qu'il fera restitution dans le premier ouvrage qu'il nous donnera, sans plus à l'avenir accabler la beauté de son génie sous le faix et la multiplicité des matières.

[34]   Cette Polymythie est ce qui rend encore la Catastrophe de cette Pièce plus défectueuse qu'en nulle autre de M. Corneille. La Catastrophe n'est pas à parler justement une fin de Tragédie funeste et malheureuse, chargée de cruautés, d'infortunes et de désespoirs, mais il faut entendre par ce mot la conversion ou le retour des affaires du Théâtre, lorsque tout d'un coup toutes les espérances de plaisir et de joie qui flattaient les Acteurs, se changent en quelque malheur imprévu, et qui par raison apparente ne devait pas arriver; ou lorsque les préparatifs de quelque grande infortune qui les menaçait, se tournent par quelque nouvelle aventure en des contentements qu'ils désiraient, et que les Spectateurs n'attendaient pas; Et pour faire que ce retour des premières dispositions du Théâtre soit juste et parfait, il faut que l'art en finisse toutes les intrigues, qu'il en dénoue tous les nœuds, et qu'il ne laisse rien au Spectateur à souhaiter; car s'il reste quelque aventure considérable qui ne soit pas finie, ou quelque Personnage important dont les intérêts ne soient pas démêlés, il est certain que la Catastrophe n'est pas achevée ou qu'elle est mal achevée. Et c'est un grand défaut quand on entend les Spectateurs après que la toile est tirée, se demander les uns aux autres qu'est devenue une Intrigue de la Scène ou ce que fait un des principaux Personnages qu'ils y ont vu. Or je puis dire de cette Tragédie ou que les nœuds n'en sont point dénoués ou qu'ils sont mal dénoués, c'est-à-dire, que les intrigues ou les intérêts qui faisaient agir les principaux Personnages ne sont point terminés.[23] Je sais bien que si l'on veut prendre le mot de Catastrophe pour un événement funeste et sanglant, la mort de Sertorius dont elle porte le nom, comme s'il était son principal Héros, en fait la Catastrophe. Mais hélas quelle Catastrophe! Il voudrait bien épouser Aristie par les avantages de sa fortune et de son parti, mais l'amour et la beauté de Viriate tire son cœur d'un autre côté, ainsi le nœud de ses intérêts c'est l'incertitude de son esprit entre son ambition et son amour; car dans la

---

23   D'Aubignac reprend le thème entamé dans DII.31 ci-dessus.

morale un nœud, un lien, une chaîne, c'est ce qui nous arrête et nous empêche d'exécuter quelque dessein et d'arriver au but que nous prétendons, comme un lien qui nous ôte la liberté d'aller où nous voulons.

[35] Or cette incertitude de Sertorius n'est point finie, et le Spectateur ne voit point clairement, s'il se détermine à suivre les espérances de sa grandeur, ou les tendresses de ses sentiments. Il est bien vrai qu'il meurt, et que son histoire finit avec sa vie; mais sa mort ne fait pas le dénouement de ce nœud, et les Spectateurs demeurent toujours dans la peine et le désir de savoir à quoi ce grand homme se serait résolu, et si l'amour eût été plus fort que l'ambition dans le cœur d'un Héros.[24] Vraiment si pour résoudre quelque difficulté du Théâtre il ne fallait que faire mourir quelqu'un des principaux Personnages, ce ne serait pas une chose malaisée, mais aussi ne serait-elle pas bien subtile, surtout en la traitant aussi mal que la mort de Sertorius. Cette mort n'est fondée que sur un léger soupçon de son Ami, elle ne produit aucun notable événement, et ne finit point la Pièce qui donne encore la conclusion de l'histoire de Pompée et d'Aristie; Elle est un peu précipitée, car si Arcas fût arrivé demi-heure plutôt avec nouvelle de l'Etat des affaires de Rome, ou que Pompée eût eu soin d'envoyer un Trompette pour en avertir les Romains qui tenaient ce parti, ce Héros ne serait pas mort, et les Conjurés n'eussent osé rien entreprendre contre lui; Voilà certes un grand malheur qu'un Courrier un peu plus diligent, ou un Général un peu plus soigneux pouvait empêcher. Quand on veut introduire sur la Scène des aventures qui ne sont fondées que sur des contretemps et des moments infortunés, il leur faut donner des couleurs fortes, nécessaires, et si justes, que les Spectateurs soient persuadés qu'elles ne se pouvaient faire autrement, afin d'exciter leur compassion en faveur des malheureux qui s'y trouvent enveloppés. Aussi n'en a-t-on point pour Sertorius, parce qu'on ne le voit point dans une prochaine espérance de quelque grand bonheur qui lui soit ravi par cet assassinat: C'est un Conquérant qui meurt au milieu de ses prospérités, c'est un Héros égorgé dans le cours de ses conquêtes, cela n'est pas nouveau dans l'histoire; mais cela n'est pas théâtral, on a de l'horreur de ceux qui commettent ce crime, mais on n'est point touché de tendresse pour celui qui le souffre, parce qu'on ne voit point de passions agréables sur le point de réussir, dont l'effet soit empêché par cette infortune.

---

24 En effet, Sertorius disparaît de la scène avant la fin de l'Acte IV (scène 4). Sa mort est racontée dans l'Acte V, scène 2.

[36]   Voyons un peu la seconde histoire de cette Pièce, Sertorius aime
Viriate, et Perpenna qui l'aime aussi le prie de parler pour lui;[25] le nœud de
cette intrigue est la difficulté de faire céder l'amour à l'amitié, et nous ne
voyons point que Sertorius soit violemment agité des mouvements
différents d'un si fâcheux état, et la Tragédie finit sans nous apprendre à
quoi véritablement il serait résolu: Il parle pour Perpenna, et n'oublie rien
de tout ce qu'il pouvait dire en sa faveur, mais peu de temps après il
découvre à Viriate ses propres sentiments;[26] et pour faire un dénouement
raisonnable, il fallait que par quelque nouvel incident il fût déterminé
d'épouser Viriate, ou pressé de l'abandonner à son Ami. Et sa mort
n'achève pas mieux cette histoire que la première par les mêmes raisons
que nous en avons déduites; Il meurt encore dans cette irrésolution, et
laisse aux Spectateurs le désir de savoir ce que pouvait faire une grande
âme en cette perplexité.

[37]   La troisième histoire est celle de Perpenna, il aime Viriate, il prie
Sertorius de s'employer auprès d'elle en sa faveur, Sertorius le fait
généreusement, mais les mouvements secrets de son amour qui le rend
inquiet, donnent quelque soupçon à Perpenna qu'il est son Rival,[27] et ce
perfide le tue; mais il avait déjà résolu de le faire auparavant ce soupçon; ce
qui fait que cette mort n'est pas le dénouement véritable de cette intrigue,
puisqu'elle n'eût pas laissé d'arriver sans cela.

[38]   Venons aux intérêts de Viriate, elle aime Sertorius par l'estime de
son esprit, et non par les tendresses de son cœur, dans un emportement
d'ambition, et non pas d'amour. Elle croit qu'Aristie est sa Rivale, et que
cette Romaine par sa naissance et son crédit à Rome sera le grand obstacle
de son dessein, et c'est ce qui fait le nœud de cette histoire; c'est pourquoi
Viriate résout de la faire sortir de ses Etats: mais elle ne fait rien pour en
venir à bout, et il n'arrive rien qui l'empêche, et la réconciliation d'Aristie
avec Pompée n'en est pas le dénouement: Car quand elle se fait,[28] Viriate
ne pouvait plus épouser Sertorius, il était mort, et sa mort n'a pas un
meilleur effet dans cette histoire que dans les autres; Elle empêche Viriate
de venir à bout de son dessein, mais ce n'est pas ce qui lève la difficulté

---

25   *Sertorius* Acte I, scène 2.
26   *Sertorius* Acte II, scène 2.
27   *Sertorius* Acte II, scène 5 et Acte IV, scènes 3-4.
28   *Sertorius* Acte V, scène 7.

que la présence d'Aristie y pouvait apporter. Et quand M. Corneille, pour donner quelque fin à cette intrigue, fait dire à Viriate qu'elle ne veut plus penser au Mariage, je ne saurais m'empêcher d'en rire, car c'est la travestir en dévote, et lui faire faire un vœu de viduité.[29] Les histoires des Amants Volages et celles que nous a données dans le dernier temps un célèbre Auteur, finissent bien quelquefois par une semblable voie,[30] mais c'est par des aventures nouvelles, lorsque ces Héroïnes sont abandonnées de ceux qu'elles avaient aimés, ou qu'elles en sont privées contre leur attente par quelque violence étrangère, car alors elles renoncent au mariage, et prennent une vie de retraite par la douleur de leur amour outragé, ou par le désespoir d'une félicité perdue, et ces malheureuses donnent toujours quelque sentiment de compassion à ceux qui lisent leur infortune. Mais le Mariage de Viriate avec Sertorius n'était pas fort avancé, puisque lui-même le différait autant qu'il pouvait,[31] de sorte qu'on ne voit pas qu'elle fasse une perte fort douloureuse, et jamais le mauvais succès de l'ambition n'imprime aucune tendresse de cœur en ceux qui souffrent ni en ceux qui les voient souffrir, ainsi les spectateurs ne sont touchés d'aucun sentiment de douleur pour Viriate, qui ne désirait épouser Sertorius que par ambition, et dont l'âme n'est point blessée par aucun mouvement d'amour affligé auquel on puisse compatir.

[39]   Reste l'histoire d'Aristie qu'on peut en vérité nommer l'Héroïne de cette Tragédie, parce que ses intérêts y règnent plus que ceux de nul autre Personnage, et que la Catastrophe pour toutes les affaires de la Scène tombe principalement sur elle. Elle est répudiée par Pompée qui prend à femme la belle-fille de Sylla, elle est réfugiée auprès de Sertorius qu'elle veut épouser par le seul désir de venger cette injure. Dès l'entrée on parle d'une conférence de Pompée avec Sertorius, elle prie son protecteur de travailler en cette entrevue à sa réconciliation avec son Mari,[32] Pompée est

---

29   *Sertorius* Acte V, scène 7: '[Ma perte] est irréparable, et comme je ne vois / Ni Chefs dignes de vous, ni Rois dignes de moi, / Je renonce à la guerre ainsi qu'à l'Hyménée.' (vv. 1891-93).

30   On pense, par exemple, aux héroïnes des histoires contenues dans *Alcidamie* de Mme de Villedieu (Mlle Desjardins), qu'elle publie en 1661. Abandonnée par Célimédon, Climène s'enfonce dans le deuil; abandonnée par Iphile, Cynthie se retire dans une maison de vierges voilées, et ensuite, après la mort d'Iphile, elle mène une vie pitoyable. Il est vrai qu'*Alcidamie* est un des premiers ouvrages de Mme de Villedieu et sa première nouvelle; mais en 1663 elle a aussi écrit *Manlius*. On comprend pourquoi d'Aubignac, quoique fort subtilement, la présente comme un 'auteur célèbre': cela fait partie de la querelle au sujet de *Manlius*. Voir l'Introduction II.6.

31   *Sertorius* Acte IV, scène 2.

32   *Sertorius* Acte I, scène 3.

pressé par la présence de sa femme et par ses raisons, mais il est emporté par les considérations de la Politique, il lui fait connaître qu'il ne peut être en sûreté s'il quitte Emilie, et la conjure d'attendre, il l'assure que les affaires se disposent à quelque accommodement, qu'il l'aime toujours tendrement, qu'il se réserve tout entier pour elle, qu'il a vécu sans lui faire tort avec sa seconde femme, et la prie de ne point précipiter son Mariage qu'elle ne fait que par colère; mais elle prend tout cela pour des mépris et des outrages, et continue le dessein de sa vengeance.[33] Cependant on sait que Sylla renonce à sa dictature, et qu'Emilie est morte en couches, la paix se fait, et Pompée se réconcilie avec elle,[34] et voilà sans doute cette Pièce dénouée sans avoir besoin de la mort de Sertorius ni du veuvage de Viriate. Tout le nœud consistait en la tyrannie de Sylla, et le dénouement se fait quand il la dépose, Pompée n'a plus rien qui l'empêche de reprendre Aristie, et elle n'a plus de sujet de se remarier à un autre. De sorte qu'à vrai dire ils sont les deux Héros de la Pièce où l'histoire de Sertorius et des autres ne sont que de petits Episodes, et je crois que M. Corneille ferait bien à la première impression de l'intituler Aristie. Ce n'est pas néanmoins que ce dénouement soit juste ni fort subtilement inventé; car Emilie qui meurt en accouchant ne fait pas une belle aventure, et c'est proprement se défaire d'un Rival par un coup de Tonnerre. Mais je ne parlerai pas davantage de ces dénouements extraordinaires et précipités, vous en avez vu, Madame, toutes les raisons dans la Pratique de Théâtre, et vous les avez trouvées fortes et puissantes.[35]

[40]   Et comment eût-il été possible de renfermer dans un même jeu les préparatifs de tant d'intérêts différents, les discours pathétiques qui les doivent accompagner, les intrigues qui les doivent soutenir, et les événements qui les doivent suivre? Il est vrai que M. Corneille se sert d'une erreur dont il veut faire une règle dans son traité des Trois Unités,[36] qu'il ne faut point nommer le lieu de la Scène quand l'unité n'en est point observée, afin d'empêcher le Spectateur d'en connaître le désordre, et de tomber par là dans une confusion qui l'embarrasserait, comme si la faute était moins déraisonnable quand elle est cachée, ou que nous fussions

---

33 *Sertorius* Acte III, scène 2.
34 *Sertorius* Acte V, scène 7.
35 'Que les Incidents qui ne sont pas préparés, pèchent souvent contre la vraisemblance par leur trop grande précipitation, [...] ce défaut est beaucoup plus grand et plus sensible dans la Catastrophe qu'en nulle autre partie du Poème' (*Pratique*, II.9, p. 137).
36 Sur l'unité de lieu, voir DI.3, notes 8 et 9.

encore dans l'ignorance du dernier siècle; les Esprits sont assez bien éclairés pour remarquer d'abord ce défaut qui brouille toutes leurs idées, et leur ôte le plaisir d'une Comédie en embrouillant leur intelligence. Mais puisqu'il voulait employer ici cette incomparable subtilité qu'il croit avoir trouvée, il ne fallait point marquer le lieu dans le cinquième Acte non plus que dans les quatre autres, c'est pécher contre son principe, et ajouter erreur sur erreur; car il donne par là sujet aux Spectateurs de faire réflexion sur ce qu'ils ont vu, et de confondre toutes leurs idées qui étaient libres et vagues en les voulant appliquer à ce que le Poète leur fait entendre. Il déclare donc en termes exprès que le cinquième Acte se passe tout entier dans le cabinet de la Reine Viriate,[37] mais pour les autres ils sont apparemment en différents appartements du Palais, ou pour parler plus certainement, en différentes maisons de la ville, n'étant pas vraisemblable et bienséant que Sertorius et Perpenna fussent logés dans le Palais de cette Reine, ou bien il fallait établir quelque prétexte. Aussi le premier Acte est vraisemblablement dans la maison de Perpenna, car c'est le seul lieu où je puis croire qu'il puisse entretenir Aufide son confident de la conjuration qu'il avait faite contre la vie de Sertorius; Le second dans la chambre ou dans le cabinet de Viriate, si je devine bien, parce qu'il me semble qu'elle ne pouvait expliquer ailleurs raisonnablement avec sa Suivante, ses sentiments particuliers et secrets. Le troisième dans la maison de Sertorius, parce que je ne saurais m'imaginer où plus civilement et plus justement Pompée pouvait conférer avec lui des intérêts de leur parti. Et le quatrième, autant que je le puis juger, est dans la chambre de Viriate où Sertorius la vient chercher, et où Thamire sa Suivante dit avoir ordre de l'entretenir en attendant le retour de la Reine: En quoi vous voyez, Madame, que M. Corneille ne se peut défaire de l'amour des Suivantes.[38] Mais si dans le second Acte Viriate est dans sa chambre où Sertorius et ensuite Perpenna lui viennent parler, je doute fort qu'il soit raisonnable qu'en ce même lieu Perpenna et Aufide y traitent ouvertement de leur secret, il faudrait supposer qu'ils parlent tout bas, ou qu'il ne reste en ce lieu ni Courtisans ni Officiers du Palais, et cela mériterait peut–être bien qu'on en fît dire quelque petit mot aux Acteurs. Et si le quatrième est dans la Chambre ou dans le cabinet de Viriate, il est encore aussi peu vraisemblable que Sertorius et Perpenna s'y puissent entretenir sur les sentiments de la Reine,

---

37 Par exemple, Aristie dit à Perpenna: 'tu viens ici [...] / T'emparer d'une Reine [Viriate] en son propre Palais' (vv. 1721, 1723).

38 Sur le trop grand rôle accordé aux suivantes, voir DI.5 et DII.95-96.

et encore moins qu'Aufide y parle à Perpenna du détestable dessein qu'ils étaient près d'exécuter. Voilà des Chambres ou des Cabinets qui changent bien aisément et bien tôt sans aucun Agent extraordinaire, et des Personnages qui sont transportés d'une façon toute miraculeuse d'un lieu en un autre sans qu'on s'en aperçoive: Il faudrait certes que les Spectateurs fussent bien grossiers pour n'être pas sensibles à cette bizarre impossibilité qui n'a rien de conforme à la vérité des choses.[39]

[41]   Je sais bien que M. Corneille nous donne une raison qu'il dit être suffisante pour couvrir cette faute, prétendant que les lieux peuvent ainsi changer lorsqu'ils peuvent souffrir la même décoration.[40] Mais j'ai peine à croire qu'elle soit bien reçue, car je ne me persuade pas qu'il soit dans la vraisemblance que la chambre de Viriate et son cabinet, celle de Perpenna et de Sertorius eussent toutes les mêmes tapisseries, les mêmes peintures et les mêmes ornements. Il me semble qu'il ne faut pas moins violenter son imagination pour cela que pour suivre des lieux ou des personnes qui changent, comme s'ils étaient transportés par l'opération des Démons. Pour moi je vous avoue, Madame, que mon imagination est tellement convaincue, que ceux qui nous sont représentés au Théâtre étaient en quelque lieu convenable à leur action, qu'elle le cherche aussitôt qu'elle les aperçoit, comme elle s'attend d'ouïr parler les Histrions selon ce qu'ils représentent, et quand elle ne le trouve point ou qu'elle y trouve de la confusion, elle s'égare et ne reçoit que de la peine pour du plaisir. Pourquoi M. Corneille demeure-t-il si ferme en cette erreur de notre temps? Il est trop éclairé pour ne la pas connaître, mais c'est qu'il croit autoriser par là les fautes de ses premières années, et confondre l'intelligence des Gens d'esprit avec celle du Peuple; il cherche à se tromper par de fausses raisons, afin que le peuple soit trompé par la fausse croyance qu'il ne saurait faillir. Il s'efforce pourtant de chercher dans l'antiquité des exemples de cette faute, mais il n'en a point trouvé, et quand il allègue l'Ajax de Sophocle, comme si l'unité du lieu n'y était pas gardée,[41] il faut qu'il ne l'ait pas lu, ou qu'il ait oublié la conduite de ce Poète, ou qu'il n'ait pas compris ce que

---

39   Corneille prétend dans la préface que, selon sa propre définition du lieu théâtral, il a observé l'unité de lieu, tout en reconnaissant l'invraisemblance de l'arrivée de Pompée dans une ville ennemie (OCIII, p. 312).

40   Voir le *Discours des trois unités*, OCIII, p.188.

41   'Ajax [...] sort du théâtre afin de chercher un lieu écarté pour se tuer, et s'y tue à la vue du peuple; ce qui fait juger aisément que celui où il se tue, n'est pas le même que celui d'où on l'a vu sortir, puisqu'il n'en est sorti, que pour en choisir un autre' (OCIII, p. 188).

j'en ai dit dans l'Analyse de ce Poème qui contient des démonstrations sensibles contre cette mauvaise opinion.[42] Mais je n'en veux rien répéter ici, ni de tout ce que j'en ai dit dans la Pratique du Théâtre, ni des autres erreurs invétérées de notre siècle: qui voudra s'en détromper aura la peine de la lire, et qui les aimera la peut mépriser impunément et sans me fâcher. Je fis cet ouvrage pour plaire à Monsieur le Cardinal de Richelieu, et non pas pour instruire le Public, c'est un fantôme que je ne connais point et avec lequel je ne prends point de commerce, ce n'est pas pour lui que j'ai fait imprimer cet Ouvrage, mais pour mes Amis qui me l'ont demandé quinze ans après l'avoir retenu dans les ténèbres. Enfin je me quitte moi-même pour revenir à M. Corneille qui n'a pas péché si manifestement contre la règle du temps, quoique la Polymythie, ou surabondance de son sujet, en ait un peu trop pressé l'événement. On voit bien que l'assassinat de Sertorius arrive le jour même que se fait l'ouverture du Théâtre, mais toutes les choses sont si mal préparées devant ce jour, qu'elles chargent le Spectateur et lui donnent de la peine à comprendre comment elles ont pu se faire en si peu d'heures. Il est fort difficile à concevoir que Pompée soit venu à Nertobrige deux fois en un même jour; un Général d'Armée qui vient la première fois avec grande escorte, et la seconde avec beaucoup de troupes, ne peut pas aller si vite: quand il faut donner des ordres de guerre, mettre des Gens en état de marcher, et les conduire assez loin, car Arcas les avait rencontrés à deux milles, il est nécessaire d'avoir un peu plus de temps. J'en laisse le jugement à nos Guerriers. Il me semble pourtant que M. Corneille pouvait si bien ménager le séjour de Pompée dans Nertobrige, qu'il y eût reçu la nouvelle de la déposition de Sylla et de la mort d'Emilie; il ne fallait que faire courir Arcas un peu plus vite, et le faire arriver deux heures plus tôt, et dans cette conjoncture on eût appris la mort de Sertorius. Cela n'eût pas été difficile à disposer, et si M. Corneille en eût voulu prendre la peine, je n'aurais pas maintenant celle de le dire: c'est, à mon avis, un peu trop de néligence pour ce grand Homme.

[42] Encore n'avait-il pas besoin selon ses maximes de précipiter le second voyage de Pompée pour le faire arriver à minuit, car il ne vient guère plutôt. Il tient que le tour d'un soleil ou période dans lequel Aristote écrit que l'on doit renfermer l'action du Poème Dramatique, comprend

---

42 D'Aubignac ajoute à la fin de la *Pratique* une 'Analyse d'*Ajax*' (pp. 365-78), où il traite l'unité de lieu de façon détaillée (pp. 369-73).

vingt-quatre heures, et qu'on peut même l'étendre jusqu'à trente.[43] Voilà
deux erreurs qui se peuvent aisément détruire par plusieurs raisons
convaincantes qui sont dans mon Térence justifié et dans ma Pratique,[44]
dont je dirai maintenant peu de choses.

[43]   Le mouvement de 24 heures que l'on nomme jour naturel, n'est pas
le période du Soleil, mais du premier Mobile,[45] et si je l'avais dit
autrement, je penserais avoir péché contre les principes communs de
l'Astrologie. Aussi ne voyons-nous point d'Interprète d'Aristote, pour peu
qu'il en ait eu de connaissance, qui jamais ait expliqué ces paroles
autrement que du jour artificiel, c'est-à-dire, du lever du Soleil à son
coucher, dans lequel espace les Savants ont jugé qu'il fallait resserrer une
action Théâtrale, parce qu'étant continue les hommes n'agissent pas
d'ordinaire plus longtemps sans se reposer, et suivant la raison de cette
règle on a donné à quelques Poèmes Dramatiques la nuit, ou la moitié d'un
jour et la moitié d'une nuit. Et quand M. Corneille prend la licence
d'étendre ce temps jusqu'à trente heures,[46] je voudrais bien lui demander
de quelle autorité il usurpe la liberté d'en user ainsi: car s'il peut étendre
une action Théâtrale jusque-là, il n'y a pas un Poète qui ne puisse aussi
bien que lui prétendre le droit d'y ajouter encore dix heures, et un autre
encore autant: de sorte que cette mesure n'aurait point de bornes, et je ne
vois point par quelle raison on ne pourrait la rendre infinie, ni pourquoi M.
Corneille nous obligera de la terminer en trente heures.

[44]   Je ne sais, Madame, si je m'expliquerais assez pour d'autres, mais il
me semble que cela suffira pour vous, dont l'esprit est pourvu d'une
lumière si vive qu'il ne faut que vous faire entrevoir la vérité pour vous
persuader. Ce n'est pas que M. Corneille n'ait fait de la règle du temps

---

43   Corneille dit qu''il y a des sujets si malaisés à renfermer en si peu de temps [un tour du soleil], que
     non seulement je leur accorderais les vingt-quatre heures entières, mais je me servirai même de la
     licence que donne ce philosophe [Aristote] de les excéder un peu, et les pousserais sans scrupule
     jusqu'à trente' (OCIII, p. 183).
44   Le *Térence justifié* de d'Aubignac traite principalement de la question de l'unité de temps dans
     l'*Heautontimorumenos* de Térence (voir l'Introduction I). Voir aussi la *Pratique*, II.7.
45   Le premier Mobile: 'En l'ancienne Astronomie on a appelé premier *Mobile*, un ciel qu'on s'est
     imaginé être au-dessus de tous les autres, et qui les entraîne avec lui, qui leur communique un
     mouvement journalier de 24 heures. En l'hypothèse nouvelle on n'admet plus de premier *Mobile*,
     parce qu'on a trouvé un moyen plus facile d'expliquer toutes les apparences du mouvement
     journalier des astres; et on appelle au contraire le Firmament, le premier *immobile*.' (Furetière,
     Dictionnaire universel, 1690).
46   Voir DII.42 ci-dessus.

comme du lieu dans son discours des Trois Unités, car il veut faire croire que les Anciens ne l'ont pas toujours observée, mais il n'en allègue que l'Agamemnon d'Eschyle et les Suppliantes d'Euripide dont j'ai parlé si amplement dans mon Térence justifié, que j'aime mieux le laisser dans ses vieilles erreurs avec tous nos Poètes et nos Histrions, que de me rompre la tête inutilement à répéter ici des choses dont j'ai eu l'honneur tant de fois de vous entretenir.[47] Mais permettez-moi, Madame, de vous avertir ici d'un piège que M. Corneille tend ingénieusement à ses Lecteurs dans les discours qu'il a faits sur l'Art du Théâtre: son dessein n'est pas de censurer ses Ouvrages, ni de condamner rien de ce qu'il a fait, si ce n'est lorsque les fautes sont si faciles à reconnaître, qu'il juge impossible de les déguiser; car dans tout le reste il s'y gouverne d'une manière si subtile et si délicate, qu'il est fort malaisé de ne s'y pas laisser surprendre. Il fait réflexion sur les fautes où l'ignorance de son siècle l'avait engagé, et dont il n'a pas été détrompé que depuis quelques années, et pour en tirer de la louange, en éviter la censure, il les a réduites adroitement en maximes générales, et puis il donne ses fautes pour preuves de ses maximes. Cela certainement est bien fin, mais je ne crois pas que les personnes d'esprit s'y laissent abuser. Il l'a fait presqu'en toutes les principales choses qui concernent le Théâtre, mais pour réserver la plus grande partie de ce que j'en pourrais dire aux autres observations que vous me demandez, je me veux restreindre aux deux circonstances dont je viens de parler, le Lieu et le Temps.

[45] Il a bien vu que dans le Cinna ses Acteurs vaguent dans la ville de Rome, et que le Théâtre se transporte du Palais d'Auguste en celui d'Emilie, et que dans le Menteur il en arrive de même de la Place Royale et des Tuileries, que dans la suite du Menteur il en use de même de la ville de Lyon, et qu'ainsi l'unité du lieu n'y est point observée; Comment fait-il pour sauver cette faute si peu raisonnable? il pose pour maxime qu'une ville entière peut faire le lieu d'un Poème Dramatique. Et comment prouve-t-il cette maxime? par le lieu de la Scène de son Cinna, de son Menteur et de la suite. Il a vu que dans Rodogune, dans Héraclius et dans beaucoup d'autres de ses Pièces, il a mis ses Acteurs en divers appartements d'un même Palais, et comment fait-il pour s'en sauver? Il pose pour Maxime qu'un Palais entier peut bien être le lieu de la Scène sans en blesser l'unité. Et comment prouve-t-il cette maxime? par

---

47 Voir Corneille, *Discours des trois unités*, OCIII, pp. 183-84, et d'Aubignac, *Térence justifié*, pp. 48-53.

l'exemple de sa Rodogune, de son Héraclius, et des autres. Il a bien vu
qu'il y a de la précipitation dans son Héraclius, son Nicomède et son Cid.
Et comment s'en défend-il? premièrement par sa paresse à laquelle je n'ai
rien à dire, mais il pose pour maxime que le 5ᵉ Acte peut avoir ce
privilège. Et comment le prouve-t-il? par son Héraclius, son Nicomède et
son Cid.[48] Ce n'est pas enseigner, mais séduire; ce n'est pas donner des
preuves, mais des illusions. Mais sans porter plus avant cette observation il
faut examiner les caractères des cinq Personnages de cette Tragédie.

[46]   Sertorius est le Héros de ce Poème, non pas selon la signification
corrompue que l'on commence à donner à ce beau nom, en appelant
l'Etourdi le Héros de la Pièce qui porte ce titre,[49] mais un vrai Héros
signalé par ses conquêtes, recherché de deux grandes Dames par la
considération de sa gloire, et dépeint si généreux que Pompée vient
conférer avec lui dans sa Place sans autre sûreté que sa seule foi; et
néanmoins un Héros d'esprit inconstant et douteux qui parle pour son Ami
à celle qu'il aimait lui-même,[50] et qui deux heures après lui témoigne qu'il
en est extrêmement passionné;[51] Il s'est offert d'abord avec beaucoup de
sincérité contre ses propres sentiments, et dans si peu de temps il change de
conduite, et traite avec beaucoup de froideur cet Ami sans aucun motif de
ce changement. Il y a sans doute beaucoup de témérité de promettre si
hardiment ce qu'il commence de faire, mais il y a beaucoup de lâcheté de
ne pas persévérer, toutes les affaires demeurant en même état. Il ne faut pas
dépeindre ainsi les Héros, ils ne sont pas au-dessus des passions humaines,
ils en sont touchés, ils en sont agités, ils en sont travaillés; mais leur vertu
les en rend maîtres, et quand ils se laissent aller à quelque tendre sentiment,
c'est avec tant de raison et de générosité, qu'ils semblent autoriser et
donner du relief à ce qui pourrait être considéré comme une faiblesse dans
une âme commune. Celui-ci pouvait demeurer incertain entre l'amour et
l'amitié, il pouvait abandonner son esprit aux agitations de ces deux
sentiments; mais après avoir pris son parti, il fallait soutenir hautement son
amour contre Perpenna, ou l'étouffer sous le poids des obligations qu'il lui
avait.

---

48   Voir Corneille, *Discours des trois unités*, OCIII, pp. 188-90.
49   Lélie est le personnage principal de l'*Etourdi* de Molière, joué pour la première fois en 1655.
50   *Sertorius* Acte II, scène 2.
51   *Sertorius* Acte IV, scène 2.

[47] Perpenna assassine son Général sur le simple soupçon qu'il a d'en avoir été trahi, et néanmoins il avait auparavant résolu d'exécuter ce crime dès le soir, mais il paraît trop honnête homme pour entreprendre si légèrement cette détestable action; il fallait le représenter plus méchant pour le rendre capable d'un si noir attentat. Les hommes ne s'emportent pas tout d'un coup à l'excès du crime, ils y montent par degrés, ils ne commencent que par de petites méchancetés; et l'habitude leur en ôte l'horreur; Enfin les actions dignes de la malédiction du Ciel et de la terre deviennent leurs plaisirs.

[48] Viriate est une grande Reine qui pour soutenir son Trône veut épouser Sertorius, par ambition néanmoins et sans amour; Je ne condamne pas ce sentiment, mais il me semble qu'elle ne devrait pas en parler elle-même à Sertorius.[52] Il y a toujours de la faiblesse et même quelque image d'impudence, quand une femme sollicite elle-même un homme, bien que ce soit pour en faire son Mari; Elle a beau faire entendre qu'elle n'est pas touchée d'amour, on ne laisse pas d'en concevoir toujours quelque chose contre la pudeur du sexe, et j'estimerais plus séant que Viriate fît sa négociation par l'entremise de ses Ministres, cela serait plus dans l'ordre de la politique. Et si M. Corneille a voulu qu'elle en donnât elle-même quelque connaissance, il y fallait mêler quelques tendresses qui ne sont pas si faciles à retenir que les desseins d'Etat, et dont la manifestation serait un peu plus excusable, quoiqu'elle ne fût pas plus honnête.

[49] Aristie ne me semble pas si faible, encore qu'elle fasse la même chose, parce qu'elle n'agit pas de sang-froid comme Viriate; Elle est outragée par un divorce injuste, et poussée d'un violent désir de vengeance. Mais je suis de votre avis, Madame, et je trouve qu'elle a trop de faiblesse quand elle parle à Pompée:[53] une femme d'honneur ne doit rien oublier pour se réconcilier avec son Mari, mais il ne faut pas sur le Théâtre lui faire dire des choses qui laissent aux Spectateurs de vilaines idées; car cette réconciliation ne doit avoir que des prétextes honorables sans y rien mêler qui ressente les faiblesses de la Nature, et ce qui peut en donner ici quelque fâcheuse idée, est que Pompée lui dit pour s'excuser et l'assurer de sa constance envers elle, qu'il ne s'est rien passé contre ses intérêts entre Emilie et lui, et qu'elle était sur le point d'accoucher en sa maison d'un

---

52 *Sertorius* Acte IV, scène 2.
53 *Sertorius* Acte III, scène 2.

Enfant qu'elle avait fait ailleurs:[54] car outre que cela n'est pas de soi
vraisemblable, et que Pompée n'en doit pas être cru si facilement, cela
porte quelques marques de turpitude que je ne veux pas démêler, et semble
faire entendre que pour apaiser Aristie il fallait qu'un Mari se réservât tout
entier pour elle. Ce n'est pas qu'on ne puisse donner quelque autre sens à
ces paroles, mais il ne faut jamais réduire les Spectateurs à la nécessité de
chercher le meilleur et le plus honnête.

[50]   Quant à Pompée, je le vois paraître d'abord sous le nom de Grand,
mais à n'en point mentir, il fait le Personnage du plus lâche du monde, il
aime sa femme Aristie jusqu'au point, comme il le dit lui-même, d'en
mépriser une autre qu'il a dans son lit, et néanmoins il la répudie par la
crainte de déplaire à Sylla.[55] Est-ce une action de Héros? abandonner une
femme de vertu autant aimée de lui, qu'elle avait de qualités aimables, et
pourvue de tous les avantages de la fortune, mais l'abandonner pour ne pas
s'exposer à la colère d'un Tyran, le souffrirait-on dans un homme de la vie
commune? Il fallait emmener sa femme chez les Parthes ou chez les Celtes,
il fallait se jeter dans le parti de la rébellion, ou bien en former un tout
nouveau pour la défense des Innocents, il fallait se rendre vagabond sur la
Mer et sur la terre, implorer l'assistance de tous les Peuples du Monde,
s'exposer aux dernières persécutions, suivre l'exemple des Maris généreux
maltraités de la même sorte, et s'ériger lui-même en exemple illustre et
fameux de constance, d'amour et de fidélité pour les âges suivants, En un
mot tout faire et tout endurer.

[51]   Mais ce qui me semble encore plus étrange, il dit à sa Femme qu'il a
beaucoup d'amour pour elle, et néanmoins il la voit, et la laisse entre les
mains de ses Ennemis captive ou réfugiée: Il résiste à ses prières, à ses
larmes, à ses raisons, à ses tendresses, et ne s'excuse que par la violence de
Sylla dont il redoute le pouvoir, c'est-à-dire, par la timidité, par la bassesse
de cœur, et par une ingratitude signalée.[56] Voilà d'ordinaire quels ont été
les Héros de M. Corneille; Horace tue sa propre Sœur, Cinna veut

---

54 'Des bras d'un autre époux ce tyran qui l'arrache / Ne rompt point dans son cœur le saint noeud qui
    l'attache; / Elle porte en ses flancs un fruit de cet amour / Que bientôt chez moi elle va mettre au
    jour, / Et dans ce triste état sa main qu'il m'a donnée / N'a fait que l'éblouir par un feint Hyménée, /
    Tandis que toute entière à son cher Glabrion / Elle paraît ma femme, et n'en a que le nom.' (*Sertorius*
    vv. 1049-56)
55 *Sertorius* vv. 1074-78, 1099-112.
56 *Sertorius* vv. 1109-12.

assassiner Auguste son bienfaiteur, et Pompée trahit son amour et viole tous les droits de la nature, des hommes et des Dieux, par une faiblesse qui lui fait appréhender un méchant homme.

[52] Il est temps de venir aux deux beaux endroits de cette Pièce que le Peuple a tant estimés, et de les voir en tous sens. Le premier est la conversation de Sertorius et de Viriate sur l'amour de Perpenna, où Sertorius ayant fait une grande peinture de celui qui aime cette Reine, lui nomme Perpenna, et Viriate lui répond.

J'attendais votre nom après ces qualités.[57]

[53] A ce vers le Parterre éclate, et sans plus rien considérer on s'écrie partout que cette Pièce est admirable. On devait néanmoins se contenter de dire, voilà un bel endroit, mais pour un vers qui fait un assez beau jeu en suite de dix ou douze autres, il ne faut pas en faire passer dix-huit cents pour incomparables; il faut examiner tout, et donner à chaque chose l'estime qu'elle mérite, comme j'ai déjà dit.[58] Mais pour en parler franchement, je n'ai pas senti la grâce de cet endroit, parce que le fondement en est défectueux. Sertorius confesse à Perpenna qu'il est amoureux de Viriate et Perpenna lui fait connaître qu'il est touché de la même passion pour cette Reine. D'abord je me préparais à voir ces deux grands Rivaux brouillés et enragés l'un contre l'autre, mais il en arrive autrement: Sertorius sans aucune réflexion souffre que son Lieutenant aime en même lieu que lui, cela est bien paisible, et peut-être un peu faible, et Perpenna au lieu de modérer les mouvements de son cœur en la présence de son Général, lui demande après cette déclaration qu'il prie Viriate pour lui, cela certainement est bien insolent et tout nouveau. On peut entremettre son Rival auprès d'une Maîtresse, mais il ne faut pas qu'il soit connu pour Rival, autrement il en faut attendre tout le contraire de ce que l'on prétend. Un Amant peut prier par générosité sa Maîtresse en faveur de son Rival, mais il ne faut pas qu'il se soit auparavant déclaré pour Amant, autrement il ne doit pas se persuader de lui faire croire qu'il ait agi pour lui sincèrement. De sorte que voyant au Théâtre Sertorius parler à Viriate en faveur de Perpenna, et considérant qu'il n'avait pas dû en être prié après cette déclaration, toute cette action n'était point conduite raisonnablement. Je

---

57 *Sertorius* v. 512.
58 Voir DII.11 ci-dessus.

vous avoue, Madame, que je ne fus pas sensible à ce qui fit naître
l'applaudissement du Théâtre, je voyais le mal de si près confondu avec le
bien et les fautes avec les beautés que je n'en pus goûter le plaisir. Et M.
Corneille a bien raison dans son discours des Trois Unités de conseiller aux
Spectateurs de ne pas pénétrer si avant dans la conduite d'un Poème
défectueux, parce qu'ils courent fortune de se dégoûter, et de perdre le
contentement que peuvent donner les belles choses.[59]

[54] Il m'en arriva de même au second endroit de cette Pièce dont on a
fait tant de bruit, c'est la conférence de Sertorius et de Pompée,[60] car en
regardant l'un devant l'autre deux Chefs de deux grands Partis, et repensant
où ils étaient et comment ils se trouvaient ensemble, j'en étais fâché pour
M. Corneille. Ils étaient dans le Palais de Sertorius, et Pompée n'avait autre
assurance que la foi de son Ennemi; c'est une imprudence qu'un Général
d'Armée ne devait pas faire, et la vertu de Sertorius n'était pas une assez
belle couleur pour cela;[61] Si Pompée n'eût combattu que pour ses intérêts il
eût pu prendre en son Ennemi telle confiance qu'il aurait voulu, mais il
avait en dépôt ceux de toute la République Romaine, et encore d'un Tyran
qu'il redoutait jusqu'au point d'avoir fait une lâcheté contre l'honneur de
son Mariage. De sorte qu'il ne devait pas et ne pouvait pas hasarder les
événements de cette confiance; Il en était responsable à Sylla, et pour se
justifier à Rome il fallait prendre des sûretés, ou bien il faut demeurer
d'accord que c'est une action de jeunesse qui n'était pas convenable à celui
qu'on disait avoir acquis déjà le nom de Grand, et cette pensée me
demeurant à l'esprit durant toute cette conférence, émoussait toutes les
pointes de leur discours et celles de mon plaisir. Je ne puis encore oublier
que toute cette conférence n'a sa beauté ni sa force que dans le milieu
lorsqu'ils traitent de la Politique, où j'ai fort bien remarqué M. Corneille;
mais le commencement est chargé de grands compliments ennuyeux, et
indignes des Héros; ils se donnent de l'encens l'un à l'autre, ils se flattent
et tombent dans de petites civilités peu nécessaires. La fin n'est pas
meilleure, car ils en sortent avec la même froideur qu'ils y sont entrés sans
aucune résolution, et même sans aucunes propositions d'accommodement.
Et si Aristie que M. Corneille fait survenir un peu à la hâte et contre le

---

59 C'est à propos de l'unité de lieu que Corneille dit que 'le plaisir que [les spectateurs] y prennent est
    cause qu'ils n'en veulent pas chercher le peu de justesse pour s'en dégoûter' (OCIII, p. 189).
60 *Sertorius* Acte III, scène 1.
61 Voir *Sertorius* vv. 767-70.

mystère de ces conférences, n'eût rompu celle-ci sans en attendre la fin, je m'imagine qu'ils ne se seraient jamais séparés. Jugez, Madame, si toutes ces circonstances défectueuses qui donnent peine à l'esprit, ne sont pas bien capables d'altérer et de gâter un bel endroit, et d'empêcher ceux qui les connaissent d'être séduits, et de se laisser étourdir aux acclamations du Parterre. Je vous proteste que j'ai quelquefois dépit d'en voir trop, parce que j'y perds le goût de la Comédie: Et je ferais volontiers comme M. le Comte de Fiesque, après que M. Chapelain l'eût instruit en l'Art du Théâtre; car son plaisir s'étant beaucoup affaibli par ses connaissances, il vint prier son Maître de lui rendre son ignorance, afin qu'il pût retrouver son divertissement. Aussi demanderais-je volontiers à mes premières années cette heureuse ignorance qui me faisait trouver tant de satisfaction aux désordres de nos Théâtres, qui me faisait passer les mauvaises choses pour bonnes, et qui ne me donnait aucune peine pour les plus grossières fautes de nos Poètes; et si depuis un longtemps j'ai quitté la lecture de tous les Anciens Dramatiques et de tous les Auteurs qui nous enseignent cette Poésie, c'est seulement pour y prendre autant de plaisir que les autres, et quoiqu'il m'y reste encore une infinité de choses à savoir, je souhaite tous les jours de pouvoir oublier le peu qui m'en est demeuré, pour n'être pas obligé de faire comme un des plus excellents hommes de notre temps, qui ne veut plus aller au Théâtre pour les grandes fautes qu'il y rencontre, et qu'il ne peut accorder avec le contentement qu'il y cherche.

[55] Je pourrais bien ajouter ici beaucoup de choses qui ne méritent pas une longue discussion, bien qu'elles soient notables, comme sont les interruptions fréquentes au milieu du discours d'un Acteur qui demeure souvent sur un, QUE, sur un, SI, ou sur quelque autre petit mot.[62] Cela peut avoir quelque grâce lorsqu'il n'est pas à propos qu'un Acteur s'explique trop, c'est une figure; mais quand elle est dans tous les Actes, dans toutes les Scènes, et plusieurs fois dans une même Scène l'esprit se trouve ennuyé, et ces discours interrompus nous fâchent par la croyance qu'ils pouvaient être continués agréablement; l'abondance même des douceurs nous fatigue et nous dégoûte. Les Grands Seigneurs n'ont pas accoutumé dans leurs entretiens sérieux de se fermer la bouche l'un à l'autre avec tant d'imprudence, et cela ne peut arriver que rarement. Et quand on voit

---

62 Voir, par exemple, v. 27 'Jamais Sylla, jamais . . .', v. 63 'Lors . . .', v. 233 'Ah, Seigneur, c'en est trop, et . . .', v. 297 'Ce nom ne m'est pas dû, je suis . . .', v. 365 'Et que . . .'.

Sertorius interrompu par Thamire,[63] un Héros par une Suivante, il est malaisé de l'approuver, car c'est lui faire entendre qu'il va dire une sottise, et lui vouloir apprendre à parler.

[56]   Je ne comprends pas la vraisemblance d'une couleur que M. Corneille donne à l'entrevue que Pompée demande à Sertorius, quand il dit que c'est peut-être pour venir dire Adieu à Aristie, parce qu'il n'avait osé prendre congé d'elle à Rome de crainte d'irriter Sylla;[64] ce serait lui dire Adieu bien tard, venir de bien loin pour peu de chose, et je ne pense pas qu'un Divorce injurieux soit un sujet digne de ce compliment, ni qui doive mettre en peine un Mari quand il ne l'a pas fait; une femme qu'il chasse de sa maison ne se serait pas tenue fort régalée d'une telle civilité.

[57]   Nous voyons aussi dans le cinquième Acte deux actions dont les vers ne parlent point, et sur lesquelles M. Corneille a dit, *ici il brûle des lettres sans les lire*. Et encore *ici Pompée parle à l'oreille de Celsus*.[65] Je ne croyais pas que M. Corneille fût un des Acteurs de sa Pièce, et il ne me souvient point que sur le Théâtre il soit venu en avertir les Spectateurs. Aussi ne le devait-il pas faire, car dans le Drame le Poète ne parle point, il faut qu'il explique tout par la bouche des Acteurs, et pour faire entendre qu'une action se doit faire sur le Théâtre, il faut, durant qu'elle se fait, qu'un Acteur en parle, soit qu'il s'en étonne, qu'il en soit bien aise, qu'il s'en fâche, ou qu'il en ait quelque autre sentiment. Les Anciens n'y manquent jamais, et M. Corneille a tort de les en accuser, mais il aime tant son erreur, qu'il a pris à contresens toutes les raisons que j'en ai dites dans la Pratique où je renvoie ceux qui voudront bien s'en éclaircir.[66]

[58]   Nous voyons encore ici des répétitions importunes, comme *demander la main, donner la main, refuser la main*,[67] pour dire rechercher un Mariage, y consentir, ou le rejeter, et cela se dit tant de fois qu'enfin

---

63   Voir *Sertorius* v. 1203 'Si toutefois . . . - Seigneur, elle a de la bonté'.
64   C'est Perpenna qui attribue ce motif à la visite de Pompée (vv. 153-58).
65   Voir *Sertorius* Acte V, scène 6.
66   Corneille et d'Aubignac ne sont pas d'accord sur l'usage des didascalies. Voir le *Discours des trois unités*, OCIII, pp. 182-83, de Corneille, qui les favorise, et la *Pratique*, I.8, de d'Aubignac, qui les déconseille. Corneille croit que les didascalies sont essentielles pour les troupes de province, tandis que d'Aubignac pense que l'auteur ne doit pas mêler sa propre voix à celles des personnages, car cela risque de déconcerter le lecteur.
67   Par exemple, 'pencher sa main' (v. 1556), 'demander sa main' (v. 1724), 'au refus de ma main' (v. 1763), 'recevez enfin ma main' (v. 1788).

l'oreille en est fatiguée et l'esprit ennuyé. Cette Phrase n'est pas même bien juste ni particulière pour cette signification, car l'union des mains exprime communément toutes sortes d'alliances et de sociétés dont elle est le symbole ordinaire, mais elle n'est employée si souvent que pour en composer une mauvaise pointe, tantôt avec la tête, tantôt avec le cœur,[68] ou par quelque autre occasion, et faire écrier le Parterre qui pense entendre quelque chose de bien fin, parce qu'il entend les paroles sur lesquelles est fondé ce mauvais jeu. A vrai dire c'est une marque de stérilité, et je ne sais pourquoi M. Corneille affecte l'apparence d'un défaut qu'on ne lui peut justement imputer, ou bien il faudrait qu'il arrivât de son esprit comme de certaines terres dont les laboureurs avares veulent exiger plus qu'elles ne peuvent fournir, et qui pour être pressées perdent enfin leur fécondité naturelle.

[59]   Mais permettez-moi, Madame, de faire une revue sur cette Pièce selon l'ordre de sa composition, avant que de parler des vers. Le Théâtre s'ouvre parmi les ténèbres et la confusion de l'esprit des Spectateurs; car le premier personnage qui vient demeure inconnu durant la première Scène et jusqu'au cinquante-septième vers de la seconde;[69] on croit d'abord que c'est Sertorius, et quand on s'en détrompe, on entre dans une plus grande incertitude. Et comment est-il possible que les Spectateurs puissent concevoir la beauté des vers, quand ils n'en peuvent concevoir le sens? Et comment le peuvent-ils concevoir, quand ils ne savent à qui l'appliquer? Et comment peuvent-ils recevoir quelque contentement des grâces du discours quand ils n'y peuvent rien entendre, quand on ne sait ni le nom, ni la qualité de celui qui parle? Encore ne puis-je oublier que les premiers vers dont Perpenna veut expliquer l'incertitude de son esprit, ne sont autre chose qu'un Galimatias en belles paroles, comme en celles-ci.

Et que veut dire
Que mon cœur sur mes vœux garde si peu d'empire.[70]

---

68   Pour la combinaison 'main'/'coeur', voir, par exemple, vv. 1884-85: 'Je rapporte avec joie, et ma main, et ma foi, / Je ne dis rien du coeur, il tint toujours pour elle'.

69   D'Aubignac a bien compté les vers. Ce n'est qu'au vers 177 que Perpenna est nommé.

70   *Sertorius* vv. 1-2.

[60]   Je demanderais volontiers à M. Corneille, qui est celui *qui veut dire*,[71] quel homme, quel agent, quel sentiment entre dans cette construction pour sauver les petites règles de la Grammaire Française? Et comment est-ce qu'un cœur garde quelque empire sur des vœux? Cela forme-t-il quelque Idée, et peut-on y comprendre quelque chose par la signification des termes? Les quatorze autres vers qui suivent et même en toute la Scène sont de cette sorte. Cependant le Parterre ne laisse pas d'éclater quand on croit avoir attrapé quelque Antithèse ou quelque Métaphore, et j'estime ces Gens-là bienheureux de prendre tant de plaisir à des choses où d'autres un peu mieux instruits ne connaissent rien.

[61]   En la troisième Scène Aristie vient trouver Sertorius, je ne sais pas en quel lieu, mais elle lui demande sûreté contre les prières de Pompée son Mari qui doit venir à Nertobrige.[72] Cela certainement est nouveau, on implore ordinairement la protection de quelque puissance contre la violence; mais contre les prières, je crois que cela ne s'est jamais fait, parce qu'il ne faut que ne les pas écouter, ou n'y pas consentir après les avoir écoutées. Ce qui est d'autant plus étrange en cette rencontre, est que cette Femme au lieu de se défendre des prières de Pompée au troisième Acte, elle le prie elle-même, le conjure et le presse de la recevoir;[73] de sorte qu'elle avait plus grand besoin de la protection de Sertorius contre le refus et la faible politique de son Mari.

[62]   La Scène première du second Acte devait plutôt faire l'ouverture du premier, parce qu'elle contient une narration fondamentale et nécessaire à l'intelligence de la Pièce. Et c'est la même faute qui se trouve en la première Scène du cinquième Acte. Les Narrations qui servent à dénouer les Intrigues d'un Poème se doivent différer jusqu'en des lieux commodes pour le faire, c'est-à-dire, jusqu'à tant que le nœud des Intrigues ait eu toute sa force et toute sa grâce, parce qu'alors seulement il faut éclaircir l'esprit des Spectateurs, et les tirer de peine par des événements qui terminent les difficultés qui leur ont donné quelque belle attente. Mais celles qui doivent apporter de la lumière au sujet, en établir les Intrigues et les fonder, doivent être d'ordinaire au commencement ou du moins après

---

71   La citation de Corneille est bonne. D'Aubignac change 'que' en 'qui' dans son texte pour raison grammaticale.

72   'Je vous demande donc sûreté toute entière, / Contre la violence, et contre la prière' (vv. 253-54).

73   *Sertorius* Acte III, scène 2.

les choses qui se peuvent entendre aisément d'elles-mêmes, autrement tout est plein d'incertitude et de confusion; et ces narrations que l'on fait si tard sont fort inutiles, parce que les Spectateurs ne se peuvent souvenir de ce que qu'ils ont ouï sans ordre et sans lumière. Ces narrations dont nous parlons sont de cette qualité, elles expliquent l'histoire et ne font aucun dénouement, et c'est attendre un peu trop tard à nous faire entendre une histoire qui est près de finir et lorsque l'on est fatigué des obscurités de tout ce qui s'est passé.

[63]   En la Scène cinquième du second Acte Perpenna dit que Pompée paraissait près des murs de la ville, et qu'il avait eu ordre de l'aller recevoir, va néanmoins cajoler Viriate et s'avise un peu trop tard de son devoir; il ne faut point affecter de dire ces choses qui n'ont ni beauté ni nécessité, le Spectateur s'imagine que cela doit servir, et ce n'est qu'une charge inutile à sa mémoire.

[64]   Au commencement du troisième Acte Sertorius témoigne qu'il ne sait pourquoi Pompée vient à Nertobrige;[74] et moi je ne sais pas si l'on approuvera cette manière d'agir pour un homme de sa qualité. Il me semble qu'un Chef de Parti doit être mieux préparé sur une entrevue de cette importance. Et en ce même endroit Pompée propose qu'il vient trouver Sertorius pour deux raisons, mais en s'interrompant lui-même pour faire retirer leur suite, il les oublie,[75] ou pour le moins est-il certain qu'il ne les fait pas remarquer dans le reste de son discours.

[65]   En la Scène seconde, Aristie parlant à Pompée qui témoignait l'aimer encore, lui dit par trois fois, *Point de Sertorius*, et se plaint de ce qu'il ne répond pas à son exemple, *Point d'Emilie*:[76] Voilà certes une mauvaise répétition, bien froide et désagréable.

[66]   En la Scène première de l'Acte quatrième, Sertorius découvre à Thamire cette Suivante, cette Femme de Chambre, ou cette Dame dont nous avons parlé, l'amour qu'il a pour Viriate et la violence qu'il s'est faite pour Perpenna, et cela fort inutilement, parce qu'elle n'agit point dans la Pièce, et qu'il ne reste plus assez de temps pour en faire naître quelque

---

74 *Sertorius* vv. 749-56.
75 'Deux raisons, mais, Seigneur, faites qu'on se retire' (v. 757).
76 'Plus de Sertorius' (vv. 1016, 1019, 1021); 'Plus d'Emilie' (v. 1022).

Intrigue, et Thamire lui donne conseil de ce qu'il doit faire: mais ce grand
Homme en devait prendre ailleurs, ou le Poète devait donner quelque
couleur à cette confidence, et à la suffisance de cette sage Conseillère.

[67] En la seconde Scène, je trouve encore une chose assez nouvelle,
Viriate qui ne veut épouser Sertorius que par ambition, presse son mariage,
et Sertorius qui fait paraître pour elle un amour d'ardeur et de tendresse,
cherche des prétextes pour le différer. Dites-moi, Madame, si cette
Ambitieuse n'agit point un peu trop contre la pudeur, et si cet Amant
passionné n'est point un peu trop prudent? Ce n'est pas que cela ne pût
arriver, s'il avait son fondement en quelque difficulté précédente, mais
dans le point où les choses en sont ici réduites, la considération de
Perpenna ne devait plus retenir Sertorius puisqu'il s'était déclaré.

[68] La quatrième Scène est inutile, chargée d'obscurités par une Ironie
peu nécessaire, et ne dit rien de nouveau.

[69] L'Acte cinquième s'ouvre par la suite d'une conversation entre
Viriate et Aristie, mais il ne la fallait point commencer ailleurs, si elles
cherchaient un lieu secret pour s'entretenir, ou bien elles devaient l'achever
où elles l'avaient commencée, au moins M. Corneille nous devait donner
quelque couleur de ce changement.

[70] En la cinquième Scène, on vient conter la mort d'Antoine et de
Manlius complices de Perpenna, mais cela ne sert qu'à faire de la
confusion, parce qu'ils n'ont point paru sur la Scène, et qu'ils y sont
entièrement inconnus, ce sont des vers et du temps perdus que l'on pouvait
employer plus utilement.

[71] En la Scène sixième, M. Corneille nous apprend de son chef et par
entre-ligne dans l'impression de sa Pièce, que Pompée brûle des lettres
d'Aristie,[77] au moins il semble que ce soit d'elle, que Perpenna lui venait
de mettre entre les mains, mais il veut qu'on l'en croie sur sa parole, car il
ne paraît point qu'il y eût du feu dans le cabinet de Viriate: Mais quelles
étaient ces lettres? quand en a-t-on parlé? A quoi les a-t-on fait servir dans
la Pièce? Quel Incident ont-elles préparé? Cela certainement est bien sec, et

---

77   Sur ces didascalies, voir DII.57 ci-dessus et la note 66.

produit peu de chose sur la Scène et dans l'esprit des Spectateurs. Il fallait que Perpenna eût fait connaître auparavant par un discours fort intelligible et considérable ce qu'elles contenaient, ce qu'il prétendait en faire, et les grandes espérances qu'il avait de les employer utilement, afin que par la prudence de Pompée qui ne les eût pas voulu lire, la pensée de Perpenna n'ayant point d'effet, les Spectateurs eussent reçu quelque contentement de la vertu de l'un, et du succès contraire au mauvais dessein de l'autre.

[72] Il est temps de dire un mot sur les vers et de finir, je ne veux point répéter qu'il s'en trouve d'assez beaux, et beaucoup d'endroits agréables, bien touchés et dignes de M. Corneille; car tout le monde en est si bien persuadé qu'il n'est point nécessaire de les remarquer ici. Il ne faut pas néanmoins estimer qu'ils soient tous de même trempe, et M. Corneille ne devait pas les négliger, comme il a fait en mille lieux; il s'imagine que ces taches servent de relief aux beautés de son Ouvrage, mais je trouve au contraire que ce mélange les corrompt et gâte tout, comme je sens bien que mon plaisir en est toujours affaibli.

[73] On y voit une infinité d'endroits obscurs par un mauvais assemblage de paroles ou par des Métaphores accumulées qui confondent les idées et ne forment en notre esprit que des Riens éclatants, comme de dire *qu'une âme divisée tout à coup d'avec soi-même, reprend la chaîne mal brisée de ses remords.*[78]

[74] *Que sa première flamme en haine convertie.*[79]

Est-ce une Métaphore achevée? l'un des termes est Physique et naturel, et l'autre Moral; et l'Art ne souffre point que l'on puisse joindre ensemble des choses de deux ordres si différents. La flamme se peut éteindre, et ne laisser que de la cendre froide, et l'amour peut se changer en haine: mais comment se peut faire cette conversion de flamme en haine? Pour en former quelque idée, il faut avoir à l'esprit quatre choses dont il y en a deux qui ne sont point dans le vers, feu et froid, amour et haine, et les brouiller ensemble pour en prendre quelque sens qui demeure toujours confus.

---

78 'Cette âme d'avec soi tout à coup divisée/ Reprend de ces remords la chaîne mal brisée' (vv. 13-14).
79 *Sertorius* v. 162.

[75]   *Un commerce rampant de soupirs et de flammes.*[80]

Y eut-il jamais Métaphore plus impropre que de faire ramper des soupirs et des flammes qui s'élèvent incessamment et ne peuvent s'abaisser que par une violence extraordinaire?

[76]   *J'adore les grands noms que j'en ai pour otages*
       Et vois que leur secours nous rehaussant le bras
       Aurait bientôt jeté la tyrannie à bas.[81]

N'est-ce point là un franc Galimatias? que le secours d'un nom rehausse le bras pour abattre la tyrannie; il peut encourager et fortifier l'esprit, mais non pas remuer un bras et le rehausser; et c'est néanmoins un de ces Brillants qui dupent le Parterre.

[77]   A-t-on jamais dit, *qu'un exil enveloppé d'ennuis l'emporte sur une autre?*[82] Voilà une nouvelle enveloppe, il ne fallait que mettre, *accompagné.*

[78]   *Et laisse à ma pudeur des sentiments confus*
       Que l'amour-propre obstine à douter du refus.[83]

Qui peut entendre comment l'amour-propre obstine des sentiments confus qu'un Amant laisse à la pudeur pour douter du refus? Il faut aller bien vite pour suivre un Histrion qui récite ces paroles et les comprendre.

[79]   Qui s'est avisé pour exprimer que l'on aime par ambition, et non pas par tendresse de cœur, de dire, *qu'un feu d'amour attaché aux soins de la grandeur dédaigne tout mélange avec la folle ardeur des sens?*[84]

[80]   *Et voir leur fier amas de puissance et de gloire*
       Brisé contre l'écueil d'une seule victoire![85]

---

80 'Ce commerce rampant de soupirs et de flammes' (v. 286).
81 *Sertorius* vv. 318-20.
82 'Et l'exil d'Aristie enveloppé d'ennuis / Est prêt à l'emporter sur tout ce que je suis' (vv. 375-76).
83 *Sertorius* vv. 383-84.
84 'Et son feu que j'attache aux soins de ma grandeur / Dédaigne tout mélange avec leur folle ardeur' (vv. 403-04).
85 *Sertorius* vv. 433-35.

Qui jamais a fait d'une victoire un écueil contre lequel un fier amas de puissance et de gloire s'est brisé? Ce sont là de ces merveilles dont les Habiles ont pitié quand le parterre s'écrie.

[81]   *Et si votre valeur sous le pouvoir d'autrui*
       Ne sème point pour vous lorsqu'elle agit pour lui.[86]

Je n'entends pas bien comment la valeur sème pour un homme sous le pouvoir d'autrui en agissant pour un autre, cette Métaphore n'est pas moins impropre qu'obscure.

[82]   *Et si d'une offre en l'air votre âme encore frappée,*
       Veut bien s'embarrasser du rebut de Pompée.[87]

Voilà une belle chose qu'une âme frappée d'une offre en l'air s'embarrasse d'un rebut. J'en passe une infinité de même force.

[83]   Où peut-on voir des rudesses et des Cacophonies plus insupportables?

[84]   *Tour à tour la victoire autour d'eux en furie.*[88]

Il ne fallait que mettre,

La victoire incertaine autour d'eux en furie.

[85]   *N'arboreront-ils point l'étendard de Pompée?*[89]

Il ne fallait que dire, *N'élèveront-ils point* etc. Il ne faut point affecter un mot rude quand on en peut trouver un autre plus doux de même signification.

---

86   *Sertorius* vv. 875-76.
87   *Sertorius* vv. 1221-22.
88   *Sertorius* v. 30.
89   *Sertorius* v. 106.

[86]   *Si par l'une ou par l'autre il veut se ressaisir.*[90]

Voilà un mot dont la Chicane n'a encore introduit que le simple.

[87]   *Vous ravaleriez-vous jusques à la bassesse?*[91]

Pour ôter la rudesse du premier hémistiche, il fallait mettre,

Vous abaisseriez-vous jusques à la faiblesse?

[88]   *N'ont-ils tous ni vertu* etc.[92] Voilà bien des T.T.

[89]   *Suivant qu'on m'aime ou hait, j'aime ou hais à mon tour.*[93]

Voilà des monosyllabes bien durs et difficiles à prononcer.

[90]   *Après t'être immolé chez toi ton Général.*[94]

Voilà encore bien des T.T. et qui ne sont guère agréables. Il me semble que j'entends la réponse de ce Capitaine de l'un des Quartiers de Paris, auquel durant les barricades plusieurs personnes étant venus dire que l'on tendait les Chaînes par toute la Ville, s'écria tout en colère en ces termes; Qu'attend-on tant, que ne les tend-on.

[91]   *On a peine à haïr quand on a bien aimé.*[95]

Voilà trois voyelles *à haïr*, qui font bâiller longtemps, il n'avait qu'à mettre,

On ne hait pas si tôt quand on a bien aimé.

[92]   M. Corneille a de ces négligences en toutes les pages de ses œuvres, et pour les éviter il ne faudrait que s'en rapporter au jugement de ses

---

90 *Sertorius* v. 255.
91 *Sertorius* v. 281.
92 'N'ont-ils tous ni vertu, ni pouvoir, ni mérite' (v. 414).
93 *Sertorius* v. 995.
94 *Sertorius* v. 1719.
95 'On a peine à haïr ce qu'on a bien aimé' (v. 263).

oreilles; car c'est un organe dont Cicéron dit que le tribunal est très sévère,[96] et je m'étonne qu'il ait blâmé cette façon de parler dans sa Défense,[97] c'est qu'il n'a pas lu cet Auteur Classique, et qu'il a cru que je l'avais inventée, mais s'il en use ainsi, il court fortune de frapper souvent les Innocents, et d'offenser les plus excellents Auteurs de l'antiquité, qui m'ont appris des choses que je me suis rendues propres par le travail.

[93]   Je pourrais ajouter ici toutes les autres mauvaises façons de parler de M. Corneille, les dictions impropres, les bassesses et autres semblables vices de la langue, mais je m'en suis rebuté par le nombre qui m'a lassé l'esprit.

[94]   J'étais près de finir cette lettre, ou plutôt cette longue Dissertation, et je méditais le dernier compliment qui doit, Madame, vous assurer de mes respects, lorsque l'on m'a mis entre les mains une Epigramme et un Sonnet de M. Corneille, avec une Lettre et une Défense en prose servant de réponse aux observations que vous m'aviez demandées sur la Sophonisbe;[98] je prends la liberté de vous les envoyer pour vous montrer combien l'esprit de M. Corneille est usé, ou combien la passion en a malheureusement dissipé la force et les lumières: car ce sont les plus méchants vers que vous ayez jamais vus, et la prose la plus languissante, la plus impropre et la plus impure qui soit jamais sortie de sa plume, et je n'y reconnais rien de lui que sa colère. Ce ne sont que des injures et des impostures forgées à plaisir, et de mauvaises paroles qui scandalisent tous les gens d'honneur; il y mêle le Comique avec le Tragique, il fait le plaisant et le Héros Parnassien, il feint de ne pas savoir que les lettres que j'ai pris la liberté de vous envoyer par votre ordre soient de ma façon, afin de me pouvoir dire toutes ses injures à couvert. Mais après les témoignages de tant de Personnes d'honneur qui l'en assurèrent dès le commencement, après les emportements qu'il a fait paraître contre moi, et après avoir lu

---

96   C'est un thème que Cicéron reprend à plusieurs reprises. Par exemple, 'vocum autem et numerorum aures sunt iudices' (*Orator*, 162). Voir aussi *De Partitione oratoria*, 18 et *De Oratore*, III.150).

97   Voir DI.1, où d'Aubignac a déjà parlé de ce tribunal secret des oreilles. De Visé reprend cette image pour s'en moquer: 'Je n'ai pu m'empêcher de rire, lorsque vous dites que cet amas d'honnêtes gens, dont vous parlez, et que vous prenez pour le peuple, a un tribunal secret dans les oreilles. Je remets cette façon de parler au jugement public' (*Défense de la Sophonisbe*, p. 17).

98   L'épigramme et le sonnet sont perdus: on ne sait s'ils étaient de Corneille ou non. La 'Lettre' est la *Lettre sur les remarques qu'on a faites sur Sophonisbe* (voir l'Introduction II.11) et la 'Défense' est la *Défense de la Sophonisbe* de Donneau de Visé (voir l'Introduction II.10). La phrase suivante montre bien que d'Aubignac attribue celles-ci à Corneille.

mes Remarques sur la boutique du Libraire avant qu'elles fussent achevées d'imprimer dans une connaissance certaine de mon nom, c'est un mauvais prétexte pour se déchaîner en paroles indignes de l'innocence et de la générosité des Muses: Et quand il me nomme dans cette Réponse en alléguant ma Pratique, c'est pour faire retomber sur moi les orages de sa bile, en feignant de les avoir préparés contre un autre:[99] car lorsqu'il a traité sérieusement de l'Art du Théâtre,[100] et qu'il s'est servi de toutes mes maximes, il n'a rien dit de moi ni dans cet Ouvrage, aussi veux-je bien demeurer d'accord que je ne l'ai pas mérité. Mais ce n'en est pas la principale raison, c'est qu'il a eu crainte en alléguant ce livre, de donner à ses Lecteurs quelque envie de le voir, et de s'instruire de la vérité, parce qu'il en a corrompu toute la doctrine, qui n'est que celle de la raison, pour ôter à ses Lecteurs la connaissance de ses fautes par de mauvaises interprétations. Il a néanmoins trouvé le moyen de me fermer la bouche, et de m'empêcher de faire aucune réplique; car je ne sais point dire d'injures ni d'impostures, et je ne veux pas même les entendre, je n'ai jamais appris le métier de Harengère, et je suis fort ignorant aux phrases des Halles et des Carrefours, et c'est en cela que paraît une manière d'agir qui n'est propre qu'à ceux qui n'ont point été nourris dans la Cour, qui ne la voient que par intervalles pour tirer quelque profit de la libéralité des Grands, et qui se tiennent renfermés dans les ténèbres, n'en sortant que pour faire des courses avantageuses dans le pays des Histrions et des Libraires. Et pourquoi répandre son fiel sur le nom de Mademoiselle Desjardins qui n'a point de part à nos démêlés, et que son sexe devait mettre à couvert de l'envie que son ouvrage lui a suscitée, vu même qu'il lui fait un reproche dont elle se peut défendre aisément, et le faire retomber sur la tête de M. Corneille; car la faute qu'il lui veut imputer sur le changement de l'Histoire de Manlius est prétextée d'une maxime fort douteuse, et que je tiens fausse, et dont M. Corneille lui-même a souvent pratiqué le contraire, ayant toujours changé les Histoires qu'il a mises sur son Théâtre quand il les a

---

99 'Le poète ne doit point changer les caractères que l'histoire attribue aux personnes dont elle parle, et Monsieur l'Abbé d'Aubignac dans sa *Pratique du théâtre*, expliquant doctement ce précepte [...] dit qu'Horace nous apprend qu'il ne faut pas donner aux Acteurs principaux des moeurs dissemblables à eux-mêmes, ni entièrement éloignées de celles qu'ils ont dans l'opinion générale de l'histoire [...]. Ces raisons font voir clairement que ce Savant, qui s'est mêlé de conduire la pièce de Mademoiselle Desjardins, ne devait point donner à Torquatus un caractère tout contraire à celui qu'il a dans Tite-Live, et qu'il devait consulter Horace et Monsieur l'Abbé d'Aubignac' (*Lettre sur les remarques*, Granet, *Recueil*, I, p. 208). Le 'Savant', c'est évidemment d'Aubignac lui-même, que Corneille taxe de ne pas avoir suivi ses propres conseils. Le voilà pris au piège!

100 C'est-à-dire dans les trois *Discours*.

voulu rendre agréables, au lieu que les défauts de la Sophonisbe et de son Sertorius sont directement contre des principes indubitables, et dont il demeure d'accord lui-même, bien qu'il les ait voulu un peu corrompre pour s'excuser.[101] Et quand même elle aurait failli en sauvant Manlius, dont le nom et les aventures n'étaient pas si connus que de César et d'Alexandre, il lui serait facile de tout réparer avec quinze ou vingt vers qui contiendraient le récit de sa mort; au lieu que M. Corneille pour rétablir les manquements de ses Pièces, aurait peine d'en conserver la moitié des vers, mais à eux le débat. Je me contente d'expliquer ici ce que j'ai remarqué dans la Défense de M. Corneille avec autant de modération qu'il en peut exiger de moi. Toutes les choses qu'il a pu réformer dans sa Sophonisbe ont été rajustées,[102] mais assez mal, comme on l'a remarqué à la nouvelle couleur qu'il a depuis peu donnée au mauvais Mariage de cette Reine fait un peu trop à la hâte, l'ayant prétexté de quelques vieilles lois des Africains, et maintenant il dit que je me suis trompé dans mes observations. Cela vraiment est bien fin, de corriger ses fautes et soutenir hardiment que l'on n'en a point fait, et d'avancer que je dormais ou que je rêvais ailleurs durant la représentation;[103] ses Amis qui lors étaient auprès de moi, savent bien que j'étais assez attentif, et que je me plaignais souvent de leur interruption, quand ils exigeaient de moi des louanges que ma conscience ne pouvait donner. C'est M. Corneille qui dormait quand il fit sa Pièce, et mes observations l'ont assez heureusement réveillé: C'est peut-être le premier conseil qu'il ait pratiqué, je ne suis point jaloux de la gloire qu'il en recevra de ceux qui liront la Sophonisbe et ne l'auront point vue sur le Théâtre. Mais il ne sauvera pas si facilement les choses qu'il ne pouvait changer sans que les moins éclairés du Parterre l'eussent découvert, comme sont la précipitation qui se voit entre le premier et le second Acte, les faibles entretiens de ses Suivantes qu'il aime tant, et le peu de soin qu'il a eu de Massinisse en le laissant vivre. Il s'efforce de les défendre, mais il y emploie de si mauvaises et de si faibles raisons, qu'elles ne méritent pas une longue discussion; car pour cette précipitation, il la condamne lui-même dans les premiers Actes, et ne l'excuse dans le cinquième que par privilège, ainsi que je l'ai déjà remarqué; et comme il avait introduit ce

---

101 Voir la note 99 ci-dessus.

102 Voir l'Introduction II.12.

103 'Il y a grande apparence qu'il n'a pas prêté l'attention nécessaire à cette pièce, et que lorsqu'il était dans l'Hôtel de Bourgogne, il avait ses pensées ailleurs' (*Lettre sur les remarques*, Granet, *Recueil*, I, p. 197).

privilège pour mettre à couvert ses trois Comédies qu'il allègue,[104] il est
maintenant obligé selon sa méthode d'ajouter pour maxime que la
précipitation des Aventures contre l'ordre du temps est permise dans tous
les Actes.

[95]   Quant à ces Femmes qu'il met à la suite de ses Reines, et qu'il ne
veut pas que l'on nomme Suivantes,[105] lorsqu'il voudra les faire considérer
autrement, il faudra qu'il nous apprenne ce qu'elles seront, et qu'elles
agissent plus nécessairement. Il ne faut pas néanmoins que ce nom
l'effarouche si fort, ni qu'il prétende en faire une machine d'intérêt pour
gagner la bienveillance de toute la Cour. Nous savons bien que les Reines
ont alentour d'elles des Princesses et des Dames de condition, des
Damoiselles[106] de naissance sous le titre de Filles d'honneur, et que dans le
beau langage on ne les appelle pas ordinairement *Suivantes*,[107] ou du moins
ce n'est pas dans le même sens qu'une petite Soubrette qui trotte après une
Dame de nouvelle impression, élevée tout d'un coup du fond d'une
boutique sur le tabouret du Cercle.[108] Ce n'est pas que les premières ne
soient tous les jours nommées la suite de la Reine, et que l'on ne dise
qu'elles la suivent; mais quand on les met sur le Théâtre, il en faut désigner
la qualité, il en faut marquer l'emploi, il en faut expliquer la confidence, et
les intéresser dans les aventures de la Scène, ou bien elles n'y sont que
pour la remplir, l'orner, et faire souvent de mauvais discours, et lorsqu'on
ne les regarde que comme Suivantes, c'est-à-dire, faisant une suite
d'ornement, et non pas de nécessité, sans qu'il soit besoin d'en savoir la
condition ni l'intérêt. C'est pourquoi M. Amyot les nomme en sa traduction
de Plutarque une suite de Damoiselles magnifiquement accoutrées, et bien

---

104 'J'estime toutefois que le cinquième [acte] par un privilège particulier a quelque droit de presser un
   peu le temps en sorte que la part de l'action qu'il représente en tienne davantage qu'il n'en faut pour
   sa représentation' (Corneille, *Discours des trois unités*, OCIII, p. 185). Les pièces devant bénéficier
   de ce privilège sont *Héraclius*, *Nicomède*, et *Le Cid*.
105 'Si cet homme [d'Aubignac] était de la Cour, il saurait que les Reines n'ont point de Suivantes, et
   qu'elles ont des Dames ou des Filles d'honneur' (*Lettre sur les remarques*, Granet, *Recueil*, I, p.
   198).
106 Damoiselle: 'Vieux mot qui signifie *fille noble*. Il ne se dit plus qu'en termes de Pratique [science des
   formalités judiciaires]. On dit maintenant *Demoiselle*.' (Furetière).
107 Suivante: 'Qui suit, qui marche, qui vient après [...]. Une honnête femme ne doit point sortir sans être
   accompagnée d'une *Suivante*.' (Furetière).
108 Cercle: 'Se dit [...] d'une assemblée qui se fait chez la Reine, où les Dames se tiennent en rond autour
   d'elle, où les Duchesses ont le privilège d'être assises sur un tabouret. Cette chambre est le lieu où la
   Reine tient son *Cercle*.' (Furetière).

plus durement selon notre usage, *Chambrières*.[109] Aussi ai-je connu une Damoiselle fort âgée qui avait vu les vieilles Cours, et qui donnait souvent le même nom à la suite de la Reine, comme la marque du privilège qu'elles avaient d'entrer et de la servir dans sa chambre, et si nos Histrions étaient assez riches, on en mettrait un bien plus grand nombre sur la Scène, qui ne représenteraient pas toutes des Princesses, des Dames de haute qualité. Et M. Corneille ne faisant point connaître la condition de Thamire, non plus que des autres Femmes de sa Sophonisbe, on ne saurait les considérer autrement que comme une suite inutile introduite seulement pour la pompe, et qui pour cela ne peuvent agir que très faiblement au Théâtre; et si nous les voulons prendre pour de grandes Dames, ce sera pour faire grâce à M. Corneille, car puisqu'il n'en dit rien, nous n'y sommes pas obligés.

[96] Après tout il est malaisé de comprendre pourquoi M. Corneille me fait une chicane sur les qualités de ces Femmes inutiles qu'il met sur son Théâtre, car c'est venir contre son propre fait, et je n'ai point employé ces noms de Suivantes qu'après lui, selon son esprit, à son exemple, et dans la même signification qu'il leur attribue. Médée était fille d'Aeétès Roi de la Colchide, elle épousa Jason Roi de Thessalie, et depuis encore Egée Roi d'Athènes, et comment M. Corneille nomme-t-il Nérine qu'il met auprès d'elle? *La Suivante de Médée*.[110] Jocaste était Reine de Thèbes, et comment M. Corneille nomme-t-il encore Nérine qui l'accompagne sur la Scène? *La Suivante de Jocaste*,[111] où l'on voit Nérine Suivante des Princesses de M. Corneille en titre d'office. Dircé selon l'invention de M. Corneille que nous examinerons sur l'Œdipe,[112] était fille de Laïus Roi de Thèbes, et la véritable héritière de cette Couronne; et comment nomme-t-il Mégare qu'il lui donne pour compagnie? *La Suivante de Dircé*.[113] Ce n'est pas que je considère en aucune façon ces listes qui contiennent les noms des Acteurs où cela se trouve, et je ne les allègue ici que pour faire voir la pensée de M. Corneille, l'estime qu'il a fait de ces Femmes, quelle fonction il leur donne, et quel nom il leur fait porter. Pour moi qui depuis dix-sept ans me suis

---

109 Chambrière: 'Servante qui nettoie la chambre. Ce mot n'est plus en usage qu'en parlant des servantes de Prêtres ou de ceux qui n'ont qu'un petit ménage, ou qui n'ont pour tous valets qu'une servante' (Furetière).

110 Dans *Médée*, jouée pour la première fois en 1634-35.

111 Dans *Oedipe*, joué pour la première fois en 1659. A partir de l'édition de 1668, Corneille changera la qualification de Nérine, qui deviendra 'dame d'honneur'. Voir OCIII, p. 1374, n. 2.

112 Voir DIII.62.

113 A partir de l'édition de 1668, Mégare deviendra 'fille d'honneur'.

retiré dans les ténèbres de mon cabinet sans voir la Cour, je pourrais bien en avoir oublié le langage aussi bien que les mystères. Mais M. Corneille qui depuis tant d'années en fait un Pérou,[114] ne devait pas tant de fois attribuer et si souvent cette qualité de Suivantes aux Dames et aux Filles qui servent ses Princesses, si cela ne s'accorde pas au Faste et aux Intrigues des belles Cours. En bonne foi c'est dormir profondément à la porte de la chambre des Filles de la Reine, et je ne doute point que ce petit avis ne le réveille et ne l'oblige à qualifier les Femmes de sa Sophonisbe dans la liste des Acteurs qu'il fera mettre à l'impression, du titre de dames d'honneur ou de Confidentes, comme il a fait en quelques pièces, et qu'il ne réforme celles où par négligence ces qualités se trouvent imprimées. Ce n'est pas que cette liste du nom des Acteurs puisse justifier et suppléer l'omission des choses nécessaires dans une Tragédie, non plus que ces notes marginales dont j'ai parlé;[115] car les Gens d'esprit n'ignorent plus la différence du Poème Epique et du Dramatique: Ils savent bien que dans le premier le Poète s'explique lui-même comme il lui plaît, étant s'il le faut ainsi dire, le seul Acteur de ses aventures; et que dans l'autre il ne peut rien faire entendre que par la bouche des Personnages qu'il introduit, n'étant non plus considéré dans l'action que s'il ne l'avait pas fait. Mais cette ingénieuse et nouvelle adresse abusera pour le moins les Idiots qui se persuadent que tout ce qu'ils trouvent imprimé dans une Pièce de Théâtre en fait partie jusqu'au privilège du Roi, sans lequel il ne serait pas libre de l'imprimer; et si ces Gens-là continuent de s'infatuer de ces erreurs grossières, ils croiront que les Affiches des Histrions et leurs Annonces sont encore des parties nécessaires à la composition d'un Poème Dramatique, parce qu'elles servent à sa représentation. Mais c'est trop de discours pour si peu de chose.

[97]   Il fait encore beaucoup d'effort dans cette Réponse pour sauver la vie à Massinisse par l'histoire.[116] Et pourquoi cela, puisqu'il ne s'agit ici que de la fabrique d'un Poème? Car malaisément arrivera-t-il que le Poète fasse l'Historien sans gâter son ouvrage; c'est ce qui rendit son Horace misérable et digne de pitié depuis la fin du quatrième Acte, et jamais il n'a

---

114 Pérou: 'C'est le nom d'une Province de l'Amérique riche en or et en argent. Il est passé en usage dans la langue en cette phrase: C'est un *Pérou*, en parlant d'une affaire fort lucrative, où il y a à faire des gains inconnus' (Furetière).
115 Voir DII.57 ci-dessus.
116 Voir de Visé, *Défense de Sophonisbe*, pp. 54-57.

rien fait de meilleur que par le changement des Histoires. Mais j'en ai traité si au long dans la Pratique du Théâtre,[117] que j'ai de la peine à le rebattre, surtout après ce que vous en avez vu dans l'un des discours qui doivent être à l'entrée de mon Roman de la Philosophie.[118]

[98] J'apprends aussi que par la Cabale de M. Corneille toute la Canaille du Parnasse, ou pour mieux dire, la Vermine qui rampe aux pieds de cette pénible Montagne, est fort émue, et que tous les Faiseurs de nouvelles et les Poétastres naissants prennent les Armes pour sa défense. Voilà bien du bruit pour peu de chose, et une grande Guerre qui menace le repos des Muses. J'avoue qu'ils ont raison de prendre part à ses intérêts, puisqu'il est leur Maître, et que c'est en fripant ses Ouvrages qu'ils trouvent de quoi faire tant de Bagatelles qui ne leur sont pas moins utiles qu'à ceux qui les jouent sur le Théâtre, ou qui les vendent au palais. Et sitôt qu'ils paraîtront, vous verrez, Madame, qu'ils ressemblent à ces petits poissons qui s'attachent aux grands et merveilleux monstres de la mer pour vivre de leurs excréments. C'est une machine que M. Corneille ne fait jouer que pour me détourner de ma route, et m'empêcher de satisfaire à votre curiosité; mais comme je n'ai pas écrit pour le fâcher et seulement pour vous plaire, et que la passion n'a point de part en tous ses effets de mon obéissance, je ne suis pas résolu d'interrompre mon voyage, si vous ne me l'ordonnez: M. Corneille ne m'a jamais fait ni bien, ni mal, et les grâces de ses Ouvrages ni leurs défauts ne me regardent point, mais vos commandements me sont des loix indispensables. Trouvez bon néanmoins, Madame, qu'en travaillant ici pour vous divertir dans votre retraite, j'aie fait des vœux pour votre retour, comme vous le verrez en ces vers.

---

117 D'Aubignac s'exprime sur le besoin de changer de temps en temps l'histoire pour qu'elle convienne mieux à la représentation théâtrale: voir la *Pratique*, II.1. C'est également ici qu'il critique la catastrophe d'*Horace* (p. 68).

118 Voir le discours intitulé 'Observations nécessaires pour l'intelligence de cette allégorie' dans *Macarise* I, pages préliminaires 121-74. Les pages préliminaires manquent dans l'exemplaire de la British Library. Nous avons consulté celui de la Bibliothèque Nationale (Y^2.9373-9374). D'Aubignac y considère la répartition entre réalité et invention dans les ouvrages romanesques, et il y exprime sa préférence pour la vraisemblance.

SONNET.

NE *reverrez-vous point cet illustre séjour*
Où mille cœurs soumis qui vous rendent hommage,
Ne souhaitent rien tant que le noble avantage
De languir à vos pieds de respect et d'amour.

Vous devez vos beautés aux soupirs de la Cour,
Vous les devez encore à l'honneur de votre âge,
C'est trop les retenir dans un désert sauvage
Où rien ne se plaindra de cet heureux retour.

Mais si vous ne sortez de cette nuit profonde
Avec tous les plaisirs pour les rendre au beau monde,
Vous ne reviendrez plus que visiter des morts.

Et je sais que jamais, inhumaine Sylvie,
Vous n'auriez la bonté par quelque doux transports
D'en regarder un seul pour lui rendre la vie.

EXTRAIT DU PRIVILEGE DU ROI.

Par grâce et Privilège du Roi il est permis à M. L. D. de faire imprimer un petit Traité qu'il a composé, intitulé *Le Poème Dramatique*, etc. par tel Imprimeur et en tel volume, marge, et caractère qu'il désirera, ainsi qu'il est plus amplement porté par les Lettres qu'il en a obtenues le quinzième jour de Janvier 1656. Signé par le Roi, SEBRET.

TROISIEME

DISSERTATION

CONCERNANT

LE POEME

DRAMATIQUE:

en forme

DE REMARQUES:

Sur la Tragédie de M. Corneille

intitulée

L'ŒDIPE

Envoyée à Madame la Duchesse
de R*.

A PARIS,

Chez JACQUES DU BRUEIL, en
la Place de Sorbonne.

M. DC. LXIII.

AVEC PRIVILEGE DU ROI

Gravure accompagnant le texte d'*Œdipe* dans le *Théâtre de Corneille*, Genève, 1774 (cliché Taylor Institution Library, Oxford).

TROISIEME

DISSERTATION

CONCERNANT

LE POEME

DRAMATIQUE:

A Madame la Duchesse
de R*.

[1]   MADAME,
Je ne puis assez me flatter pour croire que ma Dissertation sur le Sertorius de M. Corneille vous ait donné de l'admiration; il me semble qu'un si petit ouvrage ne pouvait imprimer à votre esprit un mouvement si fort et si glorieux pour moi: Je sais bien que la nature ne fait point de miracles plus ingénieux que ceux qui dans peu de matière font paraître son adresse et son économie, et que l'art ne surprend jamais nos sens plus agréablement que par des choses dont la fabrique et la délicatesse nous deviennent presque insensibles. Mais l'esprit ne saurait montrer sa force et son étendue que par de grands ouvrages qui lui donnent la liberté de s'expliquer, et bien qu'en se resserrant il puisse faire éclater quelques brillants et quelques étincelles de feu, il ne saurait néanmoins se produire tout entier avec une érudition curieuse des raisonnements convaincants, et des inventions excellentes, s'il n'entre dans un champ vaste, et capable d'en souffrir tous les effets, et d'en montrer tous les avantages. Aussi n'ai-je pas écrit pour ravir votre jugement, mais seulement pour vous

plaire, et quoique par respect je doive beaucoup de déférence à vos paroles, la connaissance de ma propre faiblesse m'empêche de goûter cette douce vanité que vos civilités peuvent insinuer dans le cœur même d'un Philosophe.

[2]   Mais je dois admirer moi-même votre extrême bonté qui vous fait souffrir quelque peine de celle que M. Corneille pourra recevoir à la lecture de ce petit discours, et qui vous fait plaindre que la découverte de tant de fautes qu'il a faites par négligence, l'agite et le travaille de quelque fâcheuse inquiétude, et de quelques chagrins mal-plaisants. Pardonnez-moi, Madame, si je dis que vous faites tort à ce grand homme, et que vous ne connaissez pas par quel emportement de générosité il s'est mis au-dessus du jugement que l'on peut faire de ses ouvrages. Il fit voir autrefois une de ses pièces de Théâtre à feu M. Colletet qui se connaissait bien en vers comme il en faisait de beaux, et sur ce que ce sincère ami en condamnait plusieurs qu'il trouvait rudes, obscurs et mal construits, il en demeura d'accord, sans néanmoins vouloir prendre la peine de les corriger, parce que, disait-il, qu'ils étaient payés avec les autres de la pièce, chèrement vendue, fidèle imitateur de Dorsenne ancien Poète Dramatique, dont le principal dessein et la plus grande joie était de se faire bien payer, et mettre argent en poche, comme en parle Horace, sans être en peine après cela quel en pouvait être le succès.[1]

[3]   Si M. Corneille à son exemple a eu si peu d'appréhension de la censure que l'on pouvait faire de ses méchants vers, parce qu'il avait vendu toute la pièce, assurez-vous, Madame, qu'il n'est pas capable de se fâcher du jugement qu'on peut faire de ses œuvres après les avoir mis au jour: il les a vendus aux Histrions, il les a vendus aux Libraires, il les a vendus à ceux auxquels ils les a séparément dédiés. Il faudrait qu'il fût d'une humeur bien insatiable, s'il n'était pas content de son bon ménage, après avoir vendu trois fois une même marchandise, un si grand profit ne le laisse pas sensible aux pointes émoussées d'une légère critique. Encore est-il élevé si haut qu'il est impossible de l'atteindre; et il est tellement environné des rayons de la gloire, qu'il éblouit les yeux de ceux qui le regardent, sans que personne ait le pouvoir de tirer aucun trait qui lui

---

1   Il s'agit de Dossennus, auquel fait allusion Horace dans ses *Epîtres*, II.1.173: "Quantus sit Dossennus edacibus in parasitis". Horace parle selon toute probabilité de Plaute.

puisse faire du mal. Quittez donc, s'il vous plaît, Madame, le souci que vous prenez en sa faveur, et ne regardez mes Dissertations qu'autant qu'elles vous pourront divertir, comme je ne prétends les faire que pour des jeux qui m'occupent doucement dans mes heures perdues.

[4]   Mais je ne doute point, Madame, que vous n'ayez dans la Province des Gens aussi déraisonnables qu'il s'en est trouvé dans Paris, et qui vous demanderont pourquoi je me suis avisé de faire paraître au jour les sentiments que m'ont donné les Œuvres de M. Corneille, et les réflexions que j'ai faites des bonnes et des mauvaises choses qui s'y voient; et pour cela je vous supplie, Madame, de leur faire entendre de quelle autorité vous avez exigé de mon respect cet acte d'obéissance, et cette occasion de flatter un peu les rêveries inquiètes de votre solitude; et s'ils ne sont pas satisfaits de cette raison, quoique très puissante à mon égard et tout à fait indispensable, vous leur pouvez dire aussi que je le fais encore pour mon plaisir; Je suis né libre, et nous vivons sous la domination d'un Prince qui nous laisse paisiblement jouïr d'une honnête licence de faire ce qui nous plaît, et de suivre nos inclinations pour adoucir les peines communes de cette vie, et de celles qui s'attachent à la condition particulière de chacun de nous.[2] Je ne suis pas propre à faire de grands voyages, et l'on ne peut conter de la Chine ou de l'Amérique d'assez grandes merveilles pour me donner envie de les aller voir; Ma mauvaise santé ne me permet pas de prendre aucun emploi laborieux, et ceux que j'avais pris autrefois volontairement dans la Chaire et dans le Barreau avec un assez favorable succès me sont maintenant interdits et sans retour. La promenade est un divertissement trop proche de la lassitude, et pour moi trop pénible: l'application de la pensée aux ouvrages qui demandent une forte méditation ne manquent jamais à me faire malade; je n'aime point le jeu, et quoique je les sache tous, je n'y trouve aucun charme capable de m'y faire perdre le temps; ils ont trop de violence pour la faiblesse de mon corps, ou trop d'oisiveté inutile pour l'activité de mon esprit. De sorte que pour consumer agréablement les heures que la conversation de mes amis me laissent vacantes, il ne me reste qu'une occupation douce et facile dans mon cabinet; Et l'obligation de vous obéir, ayant commencé l'engagement où je me trouve, mon plaisir me le fait continuer.

---

2   Le règne personnel de Louis XIV avait commencé en 1661.

[5]   Encore est-il vrai que M. Corneille ayant donné ses Poèmes au
public, n'a plus de droit d'en empêcher l'usage à tous ceux qui les
achètent; donner et retenir ne vaut, disent nos coutumes, et ce que nous
faisons imprimer, n'est plus à nous. Quand on me fait présent d'un livre,
j'y regarde l'affection ou du moins les civilités de l'Auteur, et cette
considération de bienséance et même de devoir, m'oblige toujours par
droit de reconnaissance de relever les bonnes choses qui s'y lisent, et de
me taire de celles qui ne m'y plaisent pas, si je ne puis les excuser. Mais
quand il est exposé publiquement en vente, et que nous ne l'avons qu'à
prix d'argent, c'est notre bien, et chacun de nous en peut user à sa
volonté; il n'est pas moins abandonné au jugement du public qu'à la
liberté de l'acheter, et nous n'avons point de loi qui nous ait empêché de
dire qu'un livre imprimé soit bon ou mauvais selon notre suffisance.
Nous en pouvons faire comme des lieux publics de ces bâtiments, et de
ces places, dont la propriété n'est à personne, et l'usage à tous les
particuliers; Il nous est permis d'en mesurer l'architecture, d'en
condamner la figure ou l'étendue, d'en railler ou d'en médire et d'en
parler comme de notre bien propre. J'en puis dire autant des Poèmes
Dramatiques qui paraissent sur nos Théâtres, si l'Auteur a la civilité de
les faire voir à ses Amis, ils auraient grand tort d'en faire après des
censures; Et nos Poètes savent fort bien quel est l'effet de ce petit tour de
souplesse, qui engage quelques personnes d'esprit et quelques Dames de
qualité, à bien parler de ces ouvrages; c'est par cette adresse que l'on
forme une petite cabale qui met un mauvais Poème en crédit, qui donne
le branle à ces grands éclats de nos Théâtres, et qui fait ces entretiens de
ruelles, où l'on ne manque jamais d'admirateurs des choses ridicules.
Mais quand chacun y paie sa place, c'est un commerce public qui se fait
entre le Poète et les Spectateurs. Celui-là vend son ouvrage, et ceux-ci le
paient: et le Poète ne doit pas trouver étrange que chacun en parle selon
la satisfaction ou la peine que l'on en remporte; ce que je trouve d'autant
plus véritable, que nos Auteurs entrent presque toujours en société avec
les Histrions, et prennent certaine part à l'argent qui se donne à la porte:
de sorte que si les Histrions vendent leur voix et le reste de la
représentation, les Poètes vendent leur travail et leurs pensées: et comme
on ne fait le procès à personne pour désapprouver le Récit des Acteurs
ou la décoration de leur Théâtre, aussi ne doit-on pas nous ôter la liberté
de juger selon notre sens de la structure d'une Pièce, et des vers que nous
avons ouïs. Ce serait en vérité une chose bien injuste, qu'un Poète vînt ici

du fond de la Gascogne ou de la Normandie escroquer le demi-louis d'or et la pièce de trente sols, de ceux qui cherchent à se divertir, et qu'il ne leur fût pas libre de dire franchement ce qu'ils en pensent.[3] Ce galant Homme met argent en bourse, et remporte chez lui la dépouille de toutes les nôtres; c'est un bien réel, dont il jouit après à loisir, et nous n'avons que le droit d'en prendre un plaisir passager, souvent accompagné de mille petites difficultés que je puisse mettre en ligne de compte; et quand nous ne l'y rencontrons pas, il ne nous reste plus que le chagrin de la Censure pour la peine et l'argent qu'il nous a coûté, et M. Corneille n'a pas sujet de se plaindre de moi, si j'use de cette liberté publique, je n'ai point de commerce avec lui, et j'aurais peine à reconnaître son visage ne l'ayant jamais vu que deux fois.

[6]   La première, quand après son Horace, il me vint prier d'assister à la lecture qu'il en devait faire chez feu M. de Boisrobert en la présence de MM. Chapelain, Barreau, Charpy, Faret et l'Estoile, dont il ne voulut pas suivre l'avis que j'avais ouvert[4]: et l'autre, quand après son Œdipe il me vint remercier d'une visite que je lui avais rendue, et du bien que j'avais dit de lui dans ma Pratique, où il ne trouvait rien à condamner que l'excès de ses louanges.

[7]   Mais pour en parler plus sérieusement, a-t-il pas toujours été permis dans ce Royaume de prendre tels sentiments que l'on veut en fait de doctrine, de contredire tout ce que nous en trouvons d'imprimé, et de s'en expliquer comme on peut. Je sais bien que pour les vérités de la Religion qui sont de foi, et les maximes de la Politique qui regardent la Souveraineté de nos Rois, il n'est pas en la liberté des particuliers d'y former des contestations, ni même des doutes, il en faut demeurer dans une croyance humiliée, et dans un respect inviolable, le silence même ne suffit pas, il y faut toujours apporter la soumission du cœur; Mais tout le reste est une carrière ouverte à la force de nos esprits, on peut écrire tout ce que l'on pense jusqu'à des visions extravagantes. Nous pouvons contredire tout ce qui choque notre sens, et le cercle de toutes les sciences n'a rien qui ne soit de la Jurisdiction de nos imaginations les plus

---

3   D'Aubignac fait référence au fait que Corneille n'est pas né à Paris. Voir aussi DIII.107 et DIV.29 ci-dessous.

4   D'Aubignac, Corneille, Chapelain, Barreau, Charpy, Faret et l'Estoile sont tous du même cercle qui a gravité dans l'entourage de Richelieu. Voir l'Index.

grotesques. Il ne faut point remonter pour cela dans les Histoires des Siècles passés, nous avons vu de notre temps le P. Goulu censurer toutes les Lettres de Balzac,[5] Javersac censurer le P. Goulu,[6] et moi-même à l'âge de vingt ans, juger de la censure de Javersac. Le P. Garasse écrivit il n'y a pas longtemps contre les Recherches de Pasquier,[7] et M. Ogier contre la Doctrine curieuse du P. Garasse.[8] Le P. Redent n'a-t-il pas fait un cours de Philosophie contre toutes les opinions d'Aristote, et Gassendi n'en a-t-il pas fait de la même sorte aussi bien que Descartes? N'avons-nous pas les Exercitations de Casaubon contre Baronius,[9] et la Chronologie du P. Pétau n'est-elle pas remplie d'opinions toutes contraires à celles de Scaliger?[10] Duval et Richer n'ont-ils pas incessamment fait paraître au jour des sentiments opposés en des matières même fort délicates? M. Sorel a-t-il pas condamné plusieurs endroits d'Homère et d'Ovide?[11] et Virgile a-t-il pas trouvé ses Critiques en notre temps aussi bien qu'eux? La Ménardière a-t-il pas traité dans sa Poétique plusieurs questions contre Castelvetro,[12] et les autres qui l'ont devancé; et jamais a-t-on pressé ces excellents Auteurs de rendre raison de leur dessein? Ils ont bien été nécessités de prouver ce qu'ils ont mis en avant contre ceux qu'ils ont voulu combattre, mais on ne les a pas obligés de justifier autrement leur procédé? Encore est-il vrai qu'en tous les Siècles et dans tous les Pays des Savants, on a laissé ce champ libre à tous ceux qui se veulent exercer à la recherche des beaux arts; chacun a droit d'y faire le Maître, et de n'en point avoir. Platon n'a-t-il pas été contredit presqu'en toute sa doctrine par Aristote son Disciple, Homère a eu son fléau, Dion Chrysostome a ruiné tout son ouvrage en soutenant que jamais Troie ne fut prise par les Grecs? et de simples Grammairiens ont bien osé le censurer: l'éloquence de Cicéron n'a pas été si généralement approuvé qu'il n'ait eu ses Critiques, comme nous le voyons dans le Dialogue dont l'Auteur est douteux; il se rendit lui-même juge très sévère des Orateurs qui l'avaient précédé, comme Scaliger des Poètes, et

---

5   Goulu avait pris la défense des Feuillants en 1627 contre Balzac sous le nom de Phyllarque.

6   J.B. Javersac, *Discours d'Aristarque à Nicandre sur le jugement des esprits en ce temps et sur les fautes de Phyllarque* (1628).

7   F. Garasse, *La Recherche des recherches* (1623).

8   F. Ogier, *Jugement et Censure de la Doctrine curieuse* (1623).

9   I. Casaubon, *Exercitationes in Baronium* (1614).

10   D. Pétau dans *De Doctrina Temporum* (1627) avait corrigé les erreurs commises par Scaliger dans son *De Emendatione Temporum* (1583).

11   C. Sorel, *De la Connaissance des bons livres* (1647).

12   H-P. La Ménardière, *Poétique* (1640).

Quintilien des uns et des autres. La Jérusalem de Tasse a servi de sujet à plusieurs Dissertations qui le condamnent, ou qui le justifient.[13] Qui ne sait que S. Jérôme et S. Augustin furent si peu d'accord en plusieurs choses, qu'ils écrivirent l'un contre l'autre sans scrupule de conscience: Et dans les derniers Siècles Scot a pris des sentiments si peu conformes à ceux de S. Thomas, en toutes les questions disputables de notre Théologie, que leurs livres ont formé dans l'Eglise deux Partis qui ne sont jamais d'accord.[14]

[8]   Je ne parle point des contestations de Drusus et de Serrarius, d'Erasme, de Scaliger et de Scioppius,[15] ni de mille autres Savants, entre lesquels même il importe au public d'entretenir cette guerre innocente dont les Sciences et les Arts reçoivent toujours quelque nouvelle lumière.

[9]   Les disputes d'érudition sont comme les cailloux qui se choquent et qui font naître du feu où jamais on n'eût pensé d'en rencontrer; c'est de là que sont venus tous ces grands éclairs de doctrine qui ont dissipé les ténèbres des Siècles précédents, et donné l'assurance aux derniers. Combien d'erreurs ont longtemps séduit, non seulement la simplicité des peuples, mais la facilité des doctes, et dont jamais on ne s'est détrompé que par ces heureuses contradictions, l'un trouve ce que l'autre n'a pas su, et l'un découvre ce que l'autre n'avait pas seulement cherché: l'un fait voir par une sensible expérience le contraire de ce que l'on avait cru sur la foi des premiers Ecrivains; et souvent un inconnu nous a montré l'ignorance d'un autre qui du bruit de sa réputation nous avait infatués. Il est bien dangereux de donner au nom la croyance qu'on ne doit qu'à la vérité, et le titre d'un livre est un mauvais garant de notre estime: Il faut examiner si l'ouvrage répond à cette opinion commune, et l'on peut être indulgent aux illusions des faibles, sans être trompé comme eux, et sans participer à leurs faiblesses, c'est l'avantage que nous tirons de la bonne Critique. Nous aurions pris pour des certitudes dans Baronius et dans Scaliger mille choses importantes, si Casaubon et le P. Pétau ne nous avaient mieux éclairés; on n'aurait jamais démêlé ce que Balzac a de bon

---

13 *Jérusalem délivrée* de Tasse (achevé en 1575): épopée chrétienne sur la conquête de Jérusalem par les chrétiens sous le commandement de Godefroi de Bouillon.

14 Duns-Scot s'oppose à l'enseignement de St Thomas et à celui des dominicains, surtout en ce qui concerne l'importance primordiale qu'ils attachent à la raison.

15 Dans son *Scaliger hyperbolimaeus* (1607), Scioppius conteste à Scaliger sa naissance, et le qualifie d'athée et de débauché. Voir l'Index.

et de mauvais sans le P. Goulu; et le P. Garasse nous aurait souvent séduits, si M. Ogier n'avait fait la Critique de ses négligences, et je m'assure que beaucoup de Gens qui ne prennent point de part aux intérêts de M. Corneille ni aux miens, et qui demeurent neutres en leurs sentiments, seront bien aise de découvrir des fautes qui les ont si longtemps abusés, et de faire un juste discernement du bien et du mal que le bruit de son nom avait confondus.

[10]   Encore ai-je une obligation singulière de faire voir en quoi M. Corneille s'est mépris, j'ai fait imprimer depuis quelques années la Pratique du Théâtre qui n'a jamais été blâmée que des Sots, ou de ceux qui ne l'ont pas lu; car tous les honnêtes Gens qui se sont donné la peine de la voir, ont reçu le plaisir d'y trouver des instructions nouvelles, et des vérités incontestables. M. Corneille les a bien reconnues, et les a transportées dans la dernière impression de ses Œuvres,[16] mais parce qu'à les prendre dans le sens naturel, elles persuadent et convainquent les moins éclairés, et qu'en les appliquant à ses Poèmes, elles en rendent les fautes sensibles, manifestes et sans excuse: Il les a toutes corrompues, et en détournant leur vraie intelligence; Il a cherché des prétextes pour déguiser ce qu'il a mal fait. Il m'est donc très important de censurer ses Ouvrages pour justifier le mien, et d'avertir le public, des erreurs où il l'engage pour sauver une réputation dont il jouit aux dépens du sens commun. Voilà, Madame, trop de raisons pour une chose qui ne dépend que de ma volonté, ou pour mieux dire, encore de la vôtre; J'ai commencé cette Critique quand vous me l'avez ordonné, je la finirai quand il vous plaira.

[11]   Nous en sommes maintenant à l'Œdipe, selon l'ordre que j'ai pris par occasion de remonter dans le temps passé pour examiner les œuvres de M. Corneille avec quelque méthode; et ce Poème est celui que l'on peut nommer en vérité son Poème d'or, non pas pour le mérite des vers comme ceux qu'on attribue à Pythagore, sont nommés DORÉS, mais pour le bon paiement qu'il en a reçu auparavant même d'y travailler.

[12]   Le mauvais succès de la dernière Pièce qu'il avait mise sur le

---

16   Dans l'édition de 1660 des *Oeuvres* de Corneille, chacun des trois tomes est préfacé d'un discours.

Théâtre,[17] l'avait un peu détrompé de la haute opinion qu'il avait conçue de lui-même, et voyant bien qu'il n'était pas impeccable, comme il se l'était imaginé, et que l'on ouvrait les yeux aux erreurs du Siècle, il s'en était retiré; Il avait condamné sa Muse Dramatique au silence, et s'était résolu de ne la plus occuper qu'à des sujets de piété; Il sentait bien que l'esprit des Spectateurs commençait à prendre des lumières qui ne lui seraient pas favorables, que le goût des honnêtes Gens s'épurait, et pour ne point hasarder la réputation qu'il avait acquise, il avait renoncé volontairement à celle qu'il affectait d'acquérir. Mais à l'exemple de cette statue de Memnon qui rendait ses Oracles si tôt que le Soleil la touchait de ses rayons, M. Corneille a repris ses esprits et sa voix à l'éclat de l'or qu'un grand Ministre du temps a fait briller dans l'obscurité de sa retraite, la couleur et le son de ce beau métal l'ont réveillé et remis sur le Théâtre.[18] Il se connaissait mieux néanmoins que personne, il sentait bien que ses forces étaient diminuées, ou pour parler plus véritablement, que le Monde n'était plus en état d'être généralement abusé par les illusions de sa Poésie, que les honnêtes Gens commençaient à s'instruire en l'Art du Théâtre, et que l'on n'était plus dans cette vieille ignorance qu'il avait trouvée jusque-là trop indulgente à ses premières fautes, et sans l'autorité de son Mécénas et la facilité de son humeur à profiter de ses études, il eût été malaisé de lui délier la langue, et de l'exposer encore au grand jour qu'il jugeait bien ne lui pouvoir être si avantageux que par le passé. Aussi est-il certain que l'Œdipe qu'un charme si grand et invincible fit naître dans sa solitude, a fort mal répondu au bruit de son nom et à l'attente du public, et si les Muses étaient de la jurisdiction de la Chambre de Justice, on aurait droit de lui faire rapporter les grandes sommes de deniers qu'il a reçues du fonds de sa Majesté, comme chose non dûe, ou du moins en modérer l'excès. Car pour venir à cette Pièce et la joindre de plus près, il ne fut jamais un sujet plus horrible, une conduite plus déréglée, et une versification plus mauvaise; et si la petite cabale de M. Corneille n'eût prévenu le jugement des simples, et que la faveur n'eût point exigé de nos Courtisans des applaudissements intéressés, cette Pièce fût tombée dès la première représentation.

---

17 *Pertharite*, jouée pour la première fois au début de 1651.

18 En 1658, Fouquet, Procureur général et surintendant des Finances, demanda à Corneille de poursuivre sa production dramatique. La première édition d'*Oedipe* est précédée de deux pièces liminaires: un poème dédié à Fouquet et un avis "Au Lecteur". Dans celui-ci, Corneille écrit, "Ce fut par eux [ces vers] que je tâchai de témoigner à M. le Procureur Général quelque sentiment de reconnaissance pour une faveur signalée que j'en venais de recevoir".

[13]   La fable d'Œdipe a presque toujours été considérée par les Anciens comme la plus convenable au Théâtre, parce que c'est un Prince qui commet deux crimes horribles, sans être coupable, et qui par ce moyen est digne d'une grande et véritable compassion, qui forme les principaux sentiments de la Tragédie: Mais elle a été si mal inventée, que le fondement n'en est pas vraisemblable; Aristote en demeure d'accord, mais il excuse les Poètes qui l'avaient traitée, en disant que les choses où manque la vraisemblance sont hors de la Scène, c'est-à-dire, arrivées auparavant l'ouverture du Théâtre.[19] Je ne veux pas examiner cette excuse que ce Philosophe en apporte, mais il me semble assez difficile de faire une tragédie raisonnable, sur une histoire qui ne l'est pas, et d'élever de grandes Aventures et de violentes passions sur un fondement qui ne saurait subsister. M. Corneille est de cet avis, et n'étant pas d'accord avec les Anciens, il dit dans sa Préface, qu'il a voulu rectifier ce qu'Aristote y trouve *sans raison*.[20]

[14]   De sorte que sans m'arrêter à tout ce que les Auteurs en ont écrit pour contredire l'invention de cette fable, ou pour en prétexter les défauts, sans condamner ce Philosophe ni flatter son opinion, il nous suffira de considérer cette Pièce en l'état que M. Corneille l'a mise, et de voir s'il l'a bien rectifiée.

[15]   Voici donc quel en est le Roman selon les suppositions sur lesquelles est fondée l'économie de son Poème; car je ne veux ici considérer ni Sophocle ni Sénèque qui l'ont traitée auparavant lui.[21]

[16]   Œdipe fils de Laïus Roi de Thèbes et de Jocaste sa femme, est exposé par leur ordre dans un bois aux bêtes féroces, pour empêcher l'événement des Oracles qui le menaçaient d'être quelque jour un Parricide et un Incestueux; mais étant délivré de ce péril et donné par un domestique nommé Phorbas, à un inconnu, il est emporté à Corinthe et nourri comme enfant de Polybe Roi de cette Ville qui n'en avait point. Après quelques années il apprend quels étaient les mauvais présages de sa fortune, et pour en éviter les malheurs, il se résolut de s'éloigner de

---

19   Voir Aristote, *Poétique*, 1454b.
20   Corneille, *Examen d'Oedipe*: "j'ai rectifié ce qu'Aristote y trouve sans raison, et qu'il n'excuse que parce qu'il arrive avant le commencement de la pièce".
21   Voir Sophocle, *Oedipe Roi* et *Oedipe à Colone*; et Sénèque, *Oedipe*.

Polybe et de la Reine sa femme dont il se croyait fils. On ne dit point comment il avait appris ces Oracles; aussi n'est-il pas vraisemblable qu'il les ait sus, et M. Corneille ne l'explique point, mais seulement que pour en éviter les effets il quitta la Ville de Corinthe. Et ce qui est ici fort considérable, il la quitte seul, et marche à pied par toute la Grèce sans avoir à sa suite un simple Valet pour le servir. Je ne sais pas si on approuvera cet équipage d'un fils de Roi pour un voyage de telle importance, et c'est néanmoins ce qu'il faut supposer contre la vraisemblance, si l'on veut en conserver quelque ombre dans le reste de ses Aventures.

[17]   En arrivant dans la Phocide, il rencontre dans un chemin fort étroit trois hommes qu'il combat l'un après l'autre, et dont il en tue deux, et laisse le troisième bien blessé; j'ai peine à comprendre comment un grand chemin peut être si serré, que deux hommes ne se puissent présenter ensemble pour combattre un inconnu, surtout s'agissant de la défense d'un Roi. Ou l'on doit encore présupposer que ce Roi faisait son voyage à pied avec deux hommes seulement sans Pages, sans Laquais, ni sans aucun autre misérable Valet. Voilà certainement un Prince et un Roi en bel équipage. La mort de ce Roi ne pouvait pas être cachée, et Phorbas qui était le blessé ne manqua pas sans doute d'en faire le récit. Œdipe l'apprend sur le chemin, mais il se persuade que ce meurtre avait été fait par trois voleurs, sur lesquels il avait incontinent vengé ce crime. En quoi j'estime qu'il est mal-aisé de comprendre comment Œdipe ne découvrait point dès ce temps la vérité, comment il ne s'enquit point en tant de lieux où il passa lui-même après ce Roi, quelle avait été sa suite, de quelle sorte Phorbas contait sa mort, et par quelle personne il disait que ce malheur fut arrivé. Enfin la moindre circonstance, la moindre curiosité d'Œdipe, et la moindre parole de Phorbas, pouvait donner aisément la connaissance de cette aventure. Quoi qu'il en soit, il faut supposer encore ici qu'Œdipe fut assez aveugle pour ne pas reconnaître que c'était lui qui avait tué Laïus, et si Phorbas craignait de confesser qu'un homme seul en eût battu trois comme une chose honteuse, quoique dans un chemin aussi serré qu'il est décrit dans cette fable, le combat n'ait été que d'homme à homme, il n'est pas vraisemblable qu'Œdipe par manière d'histoire, et même sans aucune pensée de vanité, n'ait pas conté ce qu'il avait fait, et qu'en le contant, il n'ait pas expliqué la taille, le port, le poil, les habits, et les autres singularités qui pouvaient découvrir

la vérité de cette action, comme il arrive seize ans après. Et peut-on bien
s'imaginer que durant un si long cours d'années Œdipe n'ait jamais fait le
récit du combat qu'il avait eu contre ces prétendus Meurtriers de Laïus?
On sait combien chacun est aise de faire valoir une belle action, et qu'il
n'avait pas sujet de cacher celle-ci, par laquelle il croyait avoir vengé la
mort du Roi dont il possédait la femme et le trône: et s'il en eût fait le
récit seulement une fois, il eût été bien difficile de ne pas découvrir que
c'était Laïus même avec un des siens qu'il avait tué, et non pas des
Voleurs.

[18]   Enfin après cette belle action, il explique l'Enigme de la Sphinx,
délivre les Thébains de la persécution de ce Monstre, et se fait Roi de
Thèbes par le Mariage de Jocaste sa mère. J'en laisse la vraisemblance à
qui voudra l'examiner. Que ce Monstre ait fait tant de mal, qu'un
Royaume entier n'ait pas eu la force de le vaincre, que pour l'explication
de son Enigme, il se soit précipité du haut d'un rocher, et que pour
reconnaissance une Reine se soit donnée avec sa Couronne à un Inconnu,
courant les grands chemins à pied, seul et en misérable, cela certainement
est bien chimérique et peu raisonnable. Mais enfin seize ans après, c'était
un peu tard, les Dieux s'étant avisés de venger la mort de Laïus par une
grande peste, ils firent entendre par leurs Oracles, que pour arrêter les
effets de leur courroux, il fallait apaiser les Mânes de Laïus par le sang
de celui qui l'avait fait mourir, dont Œdipe se trouvant coupable
innocemment, s'arracha les yeux et Jocaste se poignarda, sans raison
néanmoins, ce me semble, parce que les Dieux ne se plaignaient point de
son inceste avec son fils, comme si cette action n'eût devant eux que
comme une galanterie que M. Corneille n'a pas cru devoir autrement
rectifier.

[19]   Cette fable a eu cours parmi les Grecs, et les Romains l'ont aussi
débitée, mais je doute que cela puisse être bien reçu parmi nous pour le
fondement d'une Tragédie dont nous désirons que le Roman soit
vraisemblable en toutes ses circonstances, et plus conforme à la vie de
nos Princes. Voilà néanmoins de quelle sorte M. Corneille se persuade
avoir rectifié ce sujet, qu'il n'a pas approuvé comme il était chez les
anciens, et qu'Aristote avait condamné devant lui:[22] ce n'est pas qu'il en

---

22 Voir Aristote, *Poétique*, 1454b et 1460a.

ait changé beaucoup de particularités, mais il se flatte de la croyance qu'il est bien rectifié, et que la vraisemblance en est fort bien rétablie. Pour moi je n'en suis pas satisfait, et ce qui me persuade que je n'en juge pas trop mal, c'est que j'ai vu beaucoup de bons esprits qui tiennent cette histoire impossible, ridicule et mal conçue, et tout à fait incapable de soutenir une Tragédie qui ne peut subsister que par la vraisemblance. Accordons néanmoins à M. Corneille qu'il a pu faillir en la constitution de cette fable, ainsi que les Anciens qui l'ont mise les premiers sur la Scène, et considérons les sentiments qu'elle imprime en l'âme des Spectateurs.

[20]   Premièrement, il est bien difficile d'être persuadé que les intrigues du Théâtre soient vraisemblablement arrivées comme elles paraissent, quand on fait réflexion que toutes les choses qui devaient les avoir précédées sont impossibles, et qu'elles n'ont point été faites. Comment l'imagination pourra-t-elle soutenir un édifice, si la raison est convaincue qu'il n'a point de fondement, si tout est en l'air? Ce qui n'est appuyé que sur le néant ne peut subsister, et je doute que l'on puisse jamais construire un sujet de Tragédie, pour lequel il soit besoin de croire tant de choses absolument éloignées du vraisemblable?

[21]   Qu'un père et une mère sur le trône, où l'on sait que la passion d'avoir un légitime héritier règne autant que l'ambition, aient eux-mêmes fait exposer un fils aux bêtes féroces, cela contredit tous les sentiments de la nature et de la raison: quand il se fait par la malice ou par l'inhumanité de quelque autre que l'intérêt ou de grandes considérations empêche d'être sensible aux malheurs d'un petit innocent, cela n'est pas entièrement insupportable; mais qu'un père et une mère se rendent eux-mêmes coupables d'un si grand crime, et que pour le faire ils étouffent ce beau feu de l'affection naturelle, qui leur fait souvent préférer la conservation de leurs Enfants à leur propre vie, qu'ils se dépouillent de toutes les tendresses que le sang garde au milieu des tourments, qu'il entretient dans une fortune toute couverte de ténèbres, et qu'il manifeste quand on croit les avoir perdus, ou même n'en avoir point, cela certainement est trop barbare et trop inhumain pour être vraisemblable.

[22]   Il ne faut pas dire que nous avons plusieurs fables qui n'ont point d'autre fondement, car ce sont des fables qui ne sont inventées que pour

donner quelque sujet à des aventures extraordinaires et surprenantes, qui néanmoins ne surprennent point quand on vient à penser qu'elles ne devaient point arriver ainsi; On les lit, on les conte, on y prend plaisir, mais on n'en est pas persuadé; ce qui ne vaut rien au Théâtre, car dès lors que l'on n'est pas convaincu de la vraisemblance des événements, tout y languit et tout y déplaît. Et quand même l'histoire nous fournirait des exemples certains de ces actes de cruauté, ils ne seraient pas plus vraisemblables ni meilleurs à mettre sur la Scène. Toutes les choses vraies ne sont pas vraisemblables, je crois que M. Corneille en sera d'accord avec Aristote qui le dit, et avec la raison qui ne se peut contredire.[23] Et c'était pour cela que Solon n'avait point imposé de peine aux Parricides, ne jugeait pas qu'il fût vraisemblable qu'un enfant fût si dénaturé que d'attenter à la vie de son père.

[23] Et c'est dans ce même sens qu'Arioste parle agréablement d'Angélique que l'on disait avoir couru tous les Royaumes de la Terre, et vécu longtemps dans les armées, sans que sa virginité eût reçu jamais aucune tache.

Fors'era ver, mà non però credibile.[24]

que cela pouvait être vrai, mais qu'il n'était pas croyable, c'est-à-dire vraisemblable.

[24] Et ce qui rend encore cette action moins croyable en cette Tragédie, est qu'elle n'est fondée que sur l'appréhension de quelque pronostic qui ne doit ébranler que des âmes simples, au lieu que Laïus est ici représenté brave et vaillant, et Jocaste fort généreuse. De là vient que quand on commence à démêler les secrets de la vie d'Œdipe, on perd la joie de tout ce qui s'est déjà fait, et on se dégoûte de l'avenir: on ne peut s'imaginer que le principe de ces aventures soit possible, ni que tout le reste soit comme il paraît. Nous avons passé, comme dit Sénèque, le temps de la crédulité, et les fables ne sont plus de saison; il faut repaître les esprits d'aliments plus solides; et si l'antiquité souffrait ces inventions

---

23   Voir Aristote, *Poétique*, 1454b.
24   Arioste, *Roland furieux*, I, 56.

chimériques, notre siècle veut être trompé plus agréablement et par des événements qui méritent plus de croyance.

[25]   Encore eût-il été bon que M. Corneille nous eût dit, comment Œdipe, étant nourri comme fils de Polybe, avait appris les cruelles menaces de ses destinées, car selon l'ordre de cette fable, personne ne lui pouvait apprendre. Laïus n'avait pas dû manifester ce secret à Phorbas qui n'était qu'un Valet, ni Phorbas à ce Corinthien inconnu, auquel il avait donné cet enfant, et cet inconnu ne devait pas l'apprendre à Œdipe, parce qu'il eût contredit lui-même son dessein de le faire passer pour fils de Polybe.

[26]   Mais je veux qu'Œdipe ait pu le savoir, et qu'il eût abandonné Corinthe pour s'éloigner de l'occasion de tant de crimes, cela ne pouvait être caché; la fortune d'un Prince si peu commune et si malheureuse, ne pouvait pas être inconnue, ou du moins en fallait-il faire un mystère bien particulier et bien ténébreux; car pour peu que cela fût divulgué, Jocaste devait trembler en l'épousant, et dans tous les moments de sa vie après l'avoir épousé: Elle devait supposer selon les menaces de ce pronostic, qu'il pouvait être son fils; c'était une marque assez particulière pour le reconnaître, c'était un caractère de distinction qui ne pouvait tomber sur beaucoup de personnes; et pour former un si grand orage de tant de malheurs sur la tête d'un homme, il fallait un concours de tant d'influences qu'elles ne se peuvent pas rencontrer en beaucoup d'horoscopes; Il faut plus de quarante mille ans pour faire l'année de Méton et remettre tous les astres en un même point.[25] Mais quand M. Corneille aurait sauvé par quelques couleurs toutes ces fâcheuses circonstances, cela se dit toujours en si peu de paroles, en des vers si mal placés et avec si peu d'adresse pour le faire sentir, qu'on ne s'en aperçoit point. De sorte que l'esprit des Spectateurs n'étant pas assez bien éclairci, on ne peut se laisser convaincre aux autres aventures, et l'on prend beaucoup de peine inutilement pour y prendre quelque plaisir.

[27]   Mais quand il faut s'imaginer le fils d'un Roi courir le pays à pied comme un Gueux, sans aucun Valet qui porte son bissac, et qui lui puisse

---

25   Méton: astronome grec du 5ième siècle avant J-C, qui inventa le système qualifié depuis de "cycle métonique". La période ou l'année de Méton dure 19 ans et fut utilisée pendant longtemps pour déterminer la date de Pâques. Le terme a le sens plus général de "longue durée".

donner son bonnet de nuit et ses pantoufles aux hostelleries, cela paraît plus propre à faire rire le petit Bourgeois dans une farce, qu'à plaire aux honnêtes Gens dans une Tragédie; et l'on s'en pourrait mieux servir en faisant quelque chose de semblable à la première Comédie de Plaute, où Jupiter et le Roi Amphitryon se battent à coups de poing comme deux Crocheteurs.[26]

[28]   Et je ne pense pas qu'en cet équipage on se puisse représenter Œdipe fort chargé d'argent pour les frais de son voyage, peut-être avait-il pris des lettres de change dont M. Corneille n'a pas voulu parler pour laisser aux Spectateurs le plaisir de le deviner, ou bien il a cru comme Don Quixote, que les Chevaliers avaient droit de courir le pays sans rien payer aux hostelleries.

[29]   Pour le Roi Laïus que la fable met dans une litière, nous le trouvons bien à pied comme Œdipe, mais à tout le moins a-t-il deux misérables Valets qui peuvent porter son petit paquet. On me dira peut-être qu'Hercule, Thésée et quelques autres, ont couru de cette sorte les hautes aventures, et que Stace fait ainsi marcher Polynice et Tydée, et toucher sous le portail du Palais d'Adraste comme deux Gueux;[27] mais l'exemple ne fut jamais une bonne règle pour faillir. Les aventures des fables ne sont pas toutes et toujours recevables dans le temps des histoires, et beaucoup de choses véritables pouvaient même être bonnes dans l'antiquité, qui passeraient maintenant pour ridicules. Il se faut toujours conformer aux mœurs de son siècle, et principalement au Théâtre, où rien ne peut réussir s'il n'entre dans le sens des Spectateurs, et malaisément y peut-on faire entrer des choses qui n'ont point de rapport à la conduite de leur vie, comme je l'ai prouvé par raison et par expérience dans ma Pratique du Théâtre.[28]

[30]   Je ne fais point réflexion sur les autres circonstances du fait, qui forment l'idée du Roman de cette Tragédie qu'Œdipe devait découvrir par une infinité de conjectures et de preuves qu'il était le meurtrier de Laïus; qu'un grand chemin n'est pas si étroit que M. Corneille l'a voulu faire; que la Sphinx et son Enigme n'ont point de vraisemblance bien

---

26 Voir Plaute, *Amphitryon*, IV, 2.
27 Voir Stace, *La Thébaïde*, I, 380-436.
28 Voir la *Pratique*, II.2 (De la vraisemblance).

persuasive pour nous; que c'est une faible aventure pour mériter une Femme et une Couronne; et que Jocaste met bien légèrement dans son Trône et dans son lit un inconnu, ou bien un Prince dont elle devait un peu mieux examiner la fortune. Mais en vérité quand j'entends Œdipe étaler le droit qu'il a de régner à Thèbes sur cette belle Chimère, je ne puis m'empêcher de me remettre en mémoire le conte de Peau d'âne, dont on amuse les petits enfants quand ils veulent crier.[29] Ah qu'une grande Tragédie est mal fondée sur ces Grotesques, et qu'il est malaisé de se laisser ravir aux agitations du Théâtre, quand les motifs de ce qui se dit ont si peu de vraisemblance! Il vaut mieux s'accommoder à son temps quand on veut plaire; et pour mériter ce nom de Grand homme que M. Corneille s'est donné lui-même, en de méchants vers, ou qu'il s'est fait donner par quelques Poétastres du Pont-neuf, il ne faut pas ramper en des bassesses que l'ignorance d'une grossière populace a pu souffrir, ou pour mieux dire, en de petites inventions allégoriques dans leur origine, et que l'on ne saurait maintenant traiter comme histoires sans pécher contre le sens commun.

[31] Mais considérons quelle pensée Œdipe peut faire naître en l'âme des Spectateurs quand il paraît à leurs yeux.

[32] Cette fable est si connue qu'il n'est pas besoin d'attendre le dénouement des affaires du Théâtre, pour savoir qu'Œdipe est le meurtrier de son père, et le mari de sa mère; et si tôt qu'il se fait voir et qu'il ouvre sa bouche pour parler comme Roi de Thèbes, on se représente au même instant les moyens par lesquels il est monté sur le Trône: on oublie qu'il pouvait y venir comme héritier légitime, fils de Laïus et de Jocaste, et on ne voit en lui qu'un détestable Parricide et un Incestueux abominable; autant de fois qu'il entretient Jocaste, il rappelle en la mémoire de tous les Spectateurs des idées d'infamie, de turpitude et d'horreur; de quelque adresse dont on veuille couvrir deux si grands crimes, on le peut faire très malheureux et non pas innocent. Il est presque impossible de se persuader que des choses qui ne doivent arriver jamais, soient une fois arrivées, et quoique l'on y mêle la force des destinées qui aveuglent les hommes, et qui les précipitent dans les

---

29 Le conte, d'origine orientale, était déjà connu en France depuis 1547. Perrault l'incorporera dans ses *Contes* (1697). (Un roi perd sa femme et tombe amoureux de sa propre fille qu'il veut épouser à tout prix.)

événements que l'on suppose être ordonnés par le Ciel, on croit toujours qu'un peu de prudence en pouvait divertir le cours: Enfin jamais on n'attribue tant de pouvoir aux influences des Astres, qu'un peu de circonspection, qu'un peu de précaution raisonnable ne nous en puisse garantir. De sorte que nos malheurs ne sont jamais tellement considérés dans ces causes inconnues que notre mauvaise conduite ne nous en rende complices, et nos fautes y sont toujours plus regardées, comme les effets de notre volonté, que comme les impulsions d'une fatalité chimérique. Ce qui se trouve encore plus véritable pour les actions qui n'ont que des images d'horreur et de honte, car on ne veut point croire qu'elles aient été faites, ou si on le croit, on ne peut pas souffrir la présence d'un objet qui nous les remet devant les yeux. Nous l'avons vu sur le Théâtre en la personne d'Œdipe, que les Gens d'honneur et touchés de quelques sentiments de la vertu, ne pouvaient regarder sans frémir, et de quelque prétexte dont M. Corneille ait voulu déguiser l'abomination de cette aventure, cet homme était toujours Parricide, il était toujours Incestueux, il avait toujours répandu le sang de son père, il avait toujours souillé le lit de sa propre mère: Et dans ces fâcheuses pensées, ce que l'on pouvait faire de mieux était d'envisager les circonstances de cette fable, qui sont si peu vraisemblables; contredire par l'impossibilité des événements tout ce que le Poète fait dire à ses Acteurs, et se rendre insensible à toutes les passions de la Scène par le peu de croyance que l'on eût donné aux choses qui leur servaient de fondement. Voilà certes une belle disposition d'esprit pour goûter les plaisirs d'une Tragédie, et les Spectateurs qui ne pouvaient souffrir tant de funestes et de vilaines idées, ou qui pour soulager la peine de leur imagination, ne voulaient pas croire que ces choses fussent arrivées, n'étaient pas trop bien préparés pour entendre ces beaux galimatias et ces métaphores incompréhensibles, où M. Corneille est toujours guindé pour paraître plus grand.

[33]   En vérité je m'étonne comment des trois sujets qui lui furent donnés par un grand Ministre, il ait voulu choisir le plus horrible et le plus méchant, sinon par une vaine confiance de surpasser les anciens, et de se rendre plus admirable qu'eux par cette fable. Mais il se devait souvenir que dans son Pertharite il avait fait d'un beau sujet un mauvais Poème, et penser qu'il lui serait plus malaisé de faire un bon Poème sur un méchant sujet.

[34] Il me semble aussi que M. Corneille devait considérer qu'il mettait son Œdipe sur le Théâtre français, et que ce n'est pas là qu'il faut manifester les grands malheurs des familles Royales, quand ils sont mêlés d'actions détestables et honteuses, et que les sujets se trouvent enveloppés dans le châtiment que le Ciel en impose à la Terre. A quoi bon de faire voir au peuple, que ces têtes couronnées ne sont pas à l'abri de la mauvaise fortune, que les désordres de leur vie, quoiqu'innocente, sont exposés à la rigueur des puissances supérieures, qu'ils enveloppent dans la vengeance de leurs fautes tous ceux qui dépendent de leur souveraineté, qu'une légère imprudence, ou pour mieux dire encore, le malheur imprévu d'un Prince, attire sur les siens une peste générale et la désolation de tout un Royaume? C'est leur donner sujet, quand il arrive quelque infortune publique, d'examiner toutes les actions de leurs Princes, de vouloir pénétrer dans les secrets de leur cabinet, de se rendre juges de tous leurs sentiments, et de leur imputer tous les maux qu'ils souffrent, et qui ne doivent être que la punition de leurs propres iniquités; il faut les entretenir dans cette pieuse croyance, que les Rois sont toujours accompagnés d'une faveur particulière du Ciel, qu'ils sont partout innocents, et que personne n'a droit de les estimer coupables: Il leur faut donner lieu de se plaindre par un sentiment véritable, quand ils voient une famille Royale affligée, d'exposer leur vie et leurs biens pour en détourner les funestes événements, et de se persuader que ce sont des foudres du Ciel qui veut punir leurs crimes et le peu de respect qu'ils ont pour ceux qui les gouvernent de la part de Dieu. Ce n'est pas assez qu'un Poète cherche les moyens de plaire, il faut encore qu'il enseigne les grandes vérités et principalement dans le Poème Dramatique: M. Corneille en demeurera d'accord, s'il a vu l'art Poétique d'Horace, et il s'en souvient;[30] mais il faut enseigner des choses qui maintiennent la société publique, qui servent à retenir les peuples dans leur devoir, et qui montrent toujours les Souverains comme des objets de vénération, environnés des vertus comme de la gloire, et soutenus de la main de Dieu qui ne les défend pas moins des grands crimes que des grands malheurs. Et quand on met sur notre Théâtre des exemples de leur mauvaise fortune, il faut examiner quels en sont les accidents, il n'y faut rien mêler qui sente le dérèglement des mœurs, il en faut retrancher toutes les circonstances qui peuvent faire mal penser de leur conduite, il faut

---

30 Voir Horace, *Art Poétique*, 343-4.

empêcher que les peuples s'imaginent d'être châtiés pour les crimes d'autrui sans être les premiers coupables, et ménager si bien les sentiments des Spectateurs en cela, que les précautions nécessaires au Théâtre paraissent naturelles, et tirées du fond du sujet sans l'artifice du Poète. Ce que je trouve néanmoins de plus étrange, est que M. Corneille ait voulu plaire aux Français par la peinture de ces cruelles infortunes d'une famille Royale; c'est, à mon avis, ce qui ne peut réussir que très malaisément sur notre Théâtre. Quoi! nous donner quelque contentement de voir un Prince parricide, et une Reine qui traite son fils comme son mari! nous rendre agréable l'aveuglement volontaire de l'un et la funeste mort de l'autre c'est bien mal juger des tendresses et du respect que nous avons pour nos Rois; nous les aimons trop pour ne pas être épouvantés en ces rencontres; nos cœurs ne se laissent pas chatouiller par de si fâcheux accidents, ils se fendent de douleur, et nous condamnons toutes les personnes, toutes les aventures, les temps, les lieux, les instruments qui contribuent à ces détestables catastrophes. Il ne faut pour cela que se remettre en la mémoire, qu'en ces derniers jours la Reine Mère ayant été malade de fièvre, et le Roi d'une incommodité qui dans une personne commune n'eût pas donné beaucoup de crainte, toute la Cour a soupiré, toute la ville de Paris a gémi; tout le Royaume a tremblé, et bien loin de nous imaginer qu'ils pouvaient être les motifs de nos souffrances, nous avons appréhendé leur perte comme le plus rigoureux châtiment dont le Ciel pouvait punir nos iniquités dans l'état des affaires présentes.

[35]   Je sais bien que la compassion est le plus parfait sentiment qui règne au Théâtre, mais en France il n'y faut jamais joindre l'horreur des incidents, ni le crime des Princes malheureux: Il y faut tant d'innocence quand on veut que nous y compatissions, que je conseillerai toujours à nos Poètes d'éviter ces sujets comme trop difficiles et presque toujours dangereux, parce que le plus grand soin du Poète qui veut plaire, est, de se conformer toujours aux mœurs de ceux qui l'écoutent. Je l'ai bien justifié dans la Pratique du Théâtre que tous les Gens bien sensés doivent demeurer d'accord.[31]

[36]   Si donc M. Corneille ne sait point rectifier d'autre sorte les impertinences des vieilles fables de la Grèce, pour les mettre sur le

---

31   Voir la *Pratique*, II.1 ("Du Sujet").

Théâtre, il vaut mieux qu'il invente entièrement le sujet de ses Poèmes; car il ne saurait faire pis, quand il ne prendrait rien de l'antiquité; et qu'il porterait ses imaginations toutes crues sur la Scène.

[37] Après l'histoire d'Œdipe il faut examiner celle de Thésée, qui n'est pas inventée plus raisonnablement, elle est toute entière de M. Corneille, de sorte qu'il n'en peut excuser les fautes sur d'autres Poètes qui l'aient précédé.

[38] Il suppose donc que Thésée Roi d'Athènes, ou fils du Roi d'Athènes, était si passionnément amoureux de Dircé fille de Laïus, qu'il demeurait dans la ville de Thèbes au milieu d'une peste qui désolait toute la Cour et tout le Royaume, et si cruelle que partout on ne voyait que des morts ou des mourants, et que voyant Œdipe sur le point de la marier à Hémon, il se déclare et en fait la demande pour lui. Ensuite M. Corneille fait que les Oracles et Tirésie consultés sur les moyens de satisfaire les Mânes de Laïus, et d'arrêter cette grande peste, parlent en sorte que le sort tombe sur Dircé; ce qui donne sujet à Thésée de vouloir s'exposer à la mort pour elle, et de renouveler cette contestation tant rebattue dans les fables et sur le Théâtre entre deux personnes qui s'aiment et qui veulent mourir l'un pour l'autre. Et peu de temps après, les conjectures changeant d'apparence, on soupçonne que Thésée est fils de Laïus, et que c'est lui qui doit par son sang en apaiser les Mânes; ce qui donne lieu à de beaux petits jeux d'esprit entre l'Amant et l'Amante sur une affaire un peu trop sérieuse, pour laisser les esprits en liberté de dire tant de jolies pointes. Mais enfin, les aventures venant à s'éclaircir, Œdipe est reconnu pour fils et meurtrier de Laïus et le mari de sa propre mère, et avant que s'arracher les yeux, il consent que Thésée épouse Dircé, ce que Jocaste confirme aussi avant que de se poignarder. Incontinent la peste cesse et le mariage de Thésée et de Dircé est résolu, comme une heureuse catastrophe pour adoucir tant de malheurs.

[39] Monsieur Corneille devait inventer une histoire plus vraisemblable, puisqu'il voulait ajouter à celle d'Œdipe et la rectifier.

[40] Premièrement, est-il croyable qu'un Prince demeure dans un Etat étranger au milieu d'une peste si générale et si dangereuse, les Athéniens le pouvaient-ils souffrir? Egée son père, s'il était vivant, pouvait-il

l'approuver? N'eût-on pas ouï plainte sur plainte contre lui pour un séjour si déraisonnable? N'eût-on pas vu Courriers sur Courriers pour le rappeler? Abandonner son Royaume et s'abandonner soi-même à cette impitoyable et publique maladie, laisser un père dans la douleur des justes appréhensions qu'une si funeste bizarrerie lui pouvaient causer, ou quitter sa Couronne, s'il était Roi, sans aucun motif raisonnable qui pût l'excuser, et exposer son Etat aux révoltes qui s'y pouvaient former en son absence, sans que personne en paraisse ému, sans que son père et son peuple en soient en peine, je doute fort que cela soit possible; et tout ce que M. Corneille a bâti sur ce fondement, ne me semble pas judicieux ni convenable à la vraisemblance du Théâtre. Il fallait donner une forte et vive couleur à cette aventure pour la rendre supportable; il fallait retenir Thésée dans cette Cour empestée, par des prétextes si nécessaires en apparence, qu'il n'eût pas pu faire autrement. Je sais bien que M. Corneille dira qu'il le fait passionnément amoureux, qu'il n'est point d'extravagance dont cette passion ne rende capable le plus sage de tous les hommes, mais on ne le saurait pas; cet amour étant secret, on l'ignorait dans Athènes, il n'était pas même connu dans la Cour de Thèbes, de sorte qu'il fallait établir la nécessité d'un si long séjour dans un si mauvais lieu sur d'autres considérations pour lui donner quelque apparence.

[41]   Il me semble aussi que l'on expose bien légèrement à la mort la jeune Dircé qui ne pouvait pas être suspecte d'avoir tué son père, puisqu'elle n'avait encore que cinq ans au temps de cet accident; et de lui faire dire qu'elle en était la cause, parce que c'était en sa considération qu'il fit le voyage de la Phocide où il fut tué, cela n'est pas assez fort pour appuyer le sacrifice sanglant d'une jeune innocente, d'une Princesse, d'une fille qui devait être encore chère à son père.

[42]   Et quand on soupçonne Thésée d'être fils de Laïus et de lui avoir ôté la vie, cela n'est pas encore mieux inventé, car il y avait déjà seize ans que Laïus était mort, et celui qui l'avait tué était un homme tout à fait d'avoir battu trois braves l'un après l'autre, et à ce compte, il fallait que ce coupable eût près de quarante ans, de sorte que si Thésée est supposé assez jeune pour être si passionnément amoureux de Dircé, qu'il renonce à son Royaume, il ne peut pas être soupçonné d'avoir tué Laïus; ou s'il est assez âgé pour cela, il n'est guère vraisemblable qu'il fasse une si grande folie par amourette. Ce n'est pas que les années dispensent

toujours les hommes de ces agréables extravagances, mais parce qu'elles ne sont pas dans la règle, il leur faut donner des couleurs apparentes quand on les met sur le Théâtre, autrement elles paraîtraient ridicules; On ne croit pas qu'elles soient arrivées, parce qu'elles ne devaient pas arriver.

[43]   Mais entrons plus avant dans l'examen de cette seconde histoire que M. Corneille prétend avoir jointe à celle d'Œdipe comme un Episode.

[44]   Selon les premières intentions de l'art Dramatique aux termes même d'Aristote qui nous en a donné les plus belles instructions, les Episodes ne sont pas ce que l'on a pensé dans le temps de notre ignorance. La Tragédie dans son origine ne fut qu'un Hymne de religion chantée et dansée à l'honneur de Bacchus dans les Temples et sur les Théâtres durant plusieurs centaines d'années, jusqu'au siècle de Thespis qui y introduit un Acteur ou Récitateur pour donner quelque repos au Chœur des Musiciens et des Danseurs; Eschyle en mit deux et Sophocle trois, et les entretiens de ces Acteurs étant une chose étrangère à l'Hymne de Bacchus, furent nommés Episodes selon le sens de la langue grecque, dont même les Prêtres de ce faux Dieu firent plusieurs plaintes, comme d'un mélange qui corrompait la religion. Mais cela n'empêcha pas le progrès de la Tragédie: et quand Aristote nous donne les préceptes d'y bien mettre les Episodes, c'est nous instruire aux moyens de bien faire les discours qui doivent orner la fable ou sujet de ces entretiens qui doivent être entre deux chants du chœur, c'est-à-dire, selon nous entre deux concerts de musique. Et quand les interprètes d'Aristote et les Modernes ont parlé des Episodes autrement, ils ont péché grossièrement contre les principes et contre la connaissance de l'antiquité, et se sont embarrassés en des difficultés presque inexplicables: je l'ai traité si au long dans la Pratique du Théâtre par des autorités si claires et des raisons si convaincantes, qu'il ne peut rester aucun scrupule à qui s'est donné la peine de la lire.[32] En ce sens donc les Episodes de la fable d'Œdipe sont la description de la peste, les discours qui se font sur la réponse des Oracles, et de la puissance que les astres ont sur nous, les plaintes d'Œdipe et de Jocaste, quand leurs malheurs sont connus, et les autres

---

32 Voir la *Pratique*, III.2-3.

incidents qui donnent ouverture aux grandes passions, aux entretiens et aux divers ornements du sujet.

[45]   Je veux néanmoins donner quelque chose à l'erreur publique, et nommer Episode une seconde fable insérée dans une autre, comme j'en ai même parlé dans ma Pratique selon le sens des Modernes.[33] Mais je ne sais pas ce que M. Corneille avait fait de son jugement, quand il veut que la fable de Thésée soit un Episode à celle d'Œdipe; car celle de Thésée est son véritable sujet, et les aventures d'Œdipe n'y sont jetés que comme une chose étrangère, ou Episode. On distingue l'Episode du principal sujet selon cette nouvelle doctrine par plusieurs circonstances.

[46]   La première est que l'Episode ne doit pas régner dans toute la pièce comme le sujet principal.

[47]   La seconde, qu'il doit être comme un trouble imprévu qui s'y mêle.

[48]   La troisième, qu'il en doit recevoir son dénouement et non pas le donner si ce n'est par quelque incident extraordinaire.

[49]   Et la quatrième qu'il ne doit pas en être la fin et en former la Catastrophe.

[50]   Or dans l'Œdipe de M. Corneille ces quatre fautes sont manifestes.

[51]   Le Théâtre s'ouvre par les amours de Thésée et de Dircé, et dans tous les Actes; voire même dans toutes les Scènes, l'intérêt de ces deux Amants agit ou fait agir.

[52]   Les affaires de ces deux Amants reçoivent leur grand trouble par celles d'Œdipe; car en consultant les Oracles sur la peste de Thèbes, ils font tomber sur Dircé et sur Thésée des soupçons qui les mettent en danger de leur vie.

---

33   Voir la *Pratique*, III.3.

[53] Davantage le nœud de l'histoire de Thésée, c'est-à-dire, la difficulté qui s'oppose à son mariage, c'est l'opposition de Jocaste et d'Œdipe qui voulaient marier Dircé avec un Prince de leur famille, et lorsqu'Œdipe est sur le point de venger la mort de Laïus, et que Jocaste est près de se tuer, ils consentent l'un et l'autre au mariage de Thésée, et le misérable état de leurs affaires dénoue toutes les intrigues de cet amour Episodique.

[54] Et enfin la Catastrophe de cette Pièce, le terme où toute chose aboutit, c'est le mariage de Thésée avec Dircé; cet heureux événement ferme le Théâtre et répare tous les malheurs de cette Cour. Je ne sais pas si l'on trouvera fort raisonnable de conclure ce mariage dans l'état déplorable où sont toutes les affaires de cette Cour, ni si l'on doit terminer ces grands et funestes malheurs par le succès favorable de ces petites amourettes; mais je me contente maintenant d'observer que l'action véritable de cette Tragédie est le mariage de Thésée comme le principal sujet, et que l'histoire d'Œdipe n'en est qu'un Episode, c'est-à-dire un mélange d'aventures qui le soutiennent, qui le remplissent, qui servent à le troubler et à le dénouer.

[55] Il sera donc bien à propos qu'à la première impression de cette Tragédie M. Corneille en change le titre selon qu'elle est formée, pour nous donner à entendre ce qu'il a fait, et non pas ce qu'il a voulu faire.

[56] Encore est-il vrai que la confusion de ces deux fables est si mal ordonnée, que l'unité de l'action ne s'y peut rencontrer, quoique M. Corneille demeure d'accord de cette règle qu'il faut observer.

[57] Tous les savants écrivent que l'on ne pourrait pas faire une Tragédie de la vie de Thésée, mais qu'il en faudrait prendre seulement une aventure, sans y mêler les autres, et que qui voudrait joindre ensemble la défaite du Minotaure, le ravissement d'Hélène, sa descente aux enfers ou quelque autre événement, serait une grande faute, car il lui serait bien difficile d'y garder l'unité de l'action.

[58] Que diraient donc ces sages Auteurs, s'ils voyaient non pas deux actions de Thésée jointes ensemble par quelque adresse qui rapprocherait les temps; mais ces amours confondues avec l'épouvantable histoire

d'Œdipe, tant d'aventures étrangères brouillées avec les amours de ce prince, son Mariage parmi le sang répandu d'Œdipe et de Jocaste qui pouvaient souffrir ces malheurs sans marier Dircé, comme les Poètes grecs et latins avaient fait? Je m'assure qu'ils auraient peine d'approuver un désordre si contraire à leurs maximes, à la raison et à la bienséance.

[59]   Quant aux personnages les caractères n'en sont pas meilleurs que dans les autres pièces de M. Corneille, c'est le jugement que vous en fîtes, Madame, quand vous les vîtes sur le Théâtre et que la lecture ne vous a pas fait changer. Dans le temps qu'Œdipe est dépeint comme vaillant et savant, vainqueur de trois braves, et heureux Interprète des Enigmes, il est sévère à la jeune Dircé et s'oppose violemment à ses affections fort raisonnables; il fait le Tyran dans une affaire peu considérable, qu'il eût été bon de traiter autrement, et même de ne point introduire sur le Théâtre; et quand il se reconnaît Parricide et Incestueux, il devient honnête homme, débonnaire et indulgent aux douces passions de cette Princesse.

[60]   Dircé se fait héritière du Royaume de Thèbes, et prétend qu'Œdipe l'avait usurpé contre ses droits, et sur cette imagination, elle s'emporte extravagamment en injures contre son Beau-père et même contre Jocaste sa Mère; Elle débite incessamment ses belles prétentions, et parle comme ferait une fille d'Espagne injustement dépossédée. Je ne crois pas néanmoins que dans ces vieux temps qui sont nommés Héroïques, les Royaumes tombassent si facilement en quenouille, et M. Corneille aurait peut-être bien de la peine à nous en donner des exemples. Aussi fait-il lui-même dire à Œdipe ce méchant vers:

Le sang a peu de droits dans ce sexe imbécile;[34]

ce qui serait faux en parlant d'un Etat qui ne serait point affecté aux mâles et où les filles n'auraient pas peu de droit à la Couronne, puisqu'elles l'auraient tout entier. En ce cas ce serait une faute contre l'histoire générale du temps, qui ne pourrait pas être excusée sur la liberté d'inventer, dont les Poètes croient se prévaloir; mais toujours est-il vrai qu'une jeune Princesse devait être plus modérée, surtout en la

---

34 *Oedipe* v. 225.

faisant assez généreuse pour mourir en faveur du peuple. Il ne fallait pas qu'elle sortît des termes de la piété, au moins à l'égard de sa mère, puisqu'elle est si respectueuse aux ordres du Ciel; Elle abandonne la vie et son Amant pour obéir aux Dieux, et ne veut pas se relâcher d'un petit point d'honneur imaginaire, qui n'était pas moins de la dépendance des destinées.

[61] Il ne faut pas au Théâtre former des personnages d'un esprit si mobile, et qui tourne si promptement des vices aux vertus. Le Poète se doit souvenir que l'action du Théâtre ne dure que dix ou douze heures, et qu'en si peu de temps l'âme de l'homme ne change pas de disposition naturelle sans de grands motifs qui nous impriment d'autres sentiments. Et c'est par cette raison que les Maîtres de l'art enseignent que le Poète doit bien conserver le caractère qu'il donne à chacun de ses personnages. Enfin Dircé ne devait point être si respectueuse aux obscurités des Oracles, ou bien elle ne devait pas dire tant d'injures à sa mère ni au mari de sa mère; Elle est trop emportée ou bien elle est trop religieuse, au moins devait-elle expier sa faute en assistant sa mère dans les derniers moments de sa vie, et non pas s'amuser à coqueter avec Thésée; c'était mal prendre son temps pour écouter des pointes et en dire; la connaissance de tant d'épouvantables infortunes ne demandait que des larmes, des gémissements et des sanglots.

[62] Je sais bien que M. Corneille l'excuse en sa préface disant qu'il fallait avoir quelque personne à qui on pût faire les Narrations,[35] mais il les fallait plutôt faire aux Cieux, aux murs du Palais, au moindre de tous les Courtisans, que d'oublier cette Princesse à faire une faute contre son devoir et contre les bonnes mœurs. En vérité c'est être bien stérile en inventions que de ne pas trouver à qui conter une aventure, et je m'en étonne de M. Corneille qui tant de fois l'a fait par les entretiens des Suivants et des Suivantes.

[63] Je ne vous répète point ici, Madame, que Thésée est un jeune fou de quarante ans, qui s'imagine qu'en s'éloignant de Dircé, il serait dans un mal plus dangereux que la peste, et que ses Sujets laissent dans le péril

---

35 Dans l'*Examen* (1660), Corneille écrit: "Je reconnus que ce qui avait passé pour merveilleux en leurs siècles pourrait sembler horrible au nôtre;[...]. Ces considérations m'ont fait cacher aux yeux un si dangereux spectacle, et introduire l'heureux épisode de Thésée et de Dircé."

comme il les laisse sans conduite. Peut-être que M. Corneille se voudra tirer de ce méchant endroit par ce vers.

L'Amant et le Héros s'accordent mal ensemble.[36]

[64]   Mais l'excuse est pire que la faute, car cela n'est pas véritable; c'est une fausse pointe qui ne peut avoir dupé que les Idiots, autrement il faudrait qu'un Amant ne fût jamais qu'un Coquin, et qu'un Héros ne pût jamais aimer, et chacun sait que les Poèmes Epiques et les Romans ne sont ordinairement fondés que sur l'amour des Héros, parce que cette passion est plus généreuse et plus illustre en leurs personnes que dans des Ames communes, et cela est si vrai qu'il se contredit deux vers après, en disant:

Le Héros ne peut vivre où l'Amant doit mourir.[37]

Car on ne peut être mieux d'accord qu'en ne pouvant vivre l'un sans l'autre.

[65]   Et pour Jocaste, elle est presque en toute la Pièce comme patiente et sans agir, et il me semble qu'elle avait trop fait quand elle donna son Royaume et sa personne à un Interprète d'Enigme, pour faire si peu de chose dans le fort de cette histoire. Il est vrai qu'elle va en carosse trouver Phorbas et qu'elle se tue, mais le premier n'était pas nécessaire à savoir, et le second est une copie de Sénèque dont on se pouvait passer aussi bien que Sophocle.

[66]   Mais ce que je trouve d'impertinent, et qui néanmoins est ordinaire à M. Corneille, est, que ces personnages qui sont d'assez grande qualité, s'interrompent à tout propos, se ferment la bouche l'un à l'autre en plusieurs occasions qui mériteraient bien que l'on sût tous leurs sentiments; ils commencent à dire plusieurs choses qu'ils n'achèvent pas, tant celui qui les écoute précipite sa réponse; ce n'est pas ainsi que les grands Seigneurs ont de coutume d'agir, comme je l'ai déjà dit en passant sur Sertorius.[38] La Comédie peut bien souffrir ces interruptions secrètes

---

36 *Oedipe* v. 712.
37 *Oedipe* v. 714.
38 Voir DII.55.

plus fréquemment que la Tragédie, parce que ses Personnages sont du plus bas étage de la société civile, qui font ordinairement toutes choses précipitamment et sans respect. Je sais bien encore que dans la Tragédie ce sont quelquefois des jeux agréables, pourvu qu'on les y emploie rarement et toujours pour un bon effet, mais de faire jusqu'à vingt-quatre interruptions, si je les ai bien comptées, dans une même Pièce, comme en celle-ci, il n'est point d'homme raisonnable qui ne les condamne et qui ne les juge insupportables en lisant.

[67] A l'ouverture de la Pièce Thésée et Dircé continuent un discours qu'ils avaient commencé ailleurs, il eût donc été bien à propos de nous faire entendre pourquoi ils ne l'avaient pas continué où ils étaient, et quel est le lieu de la Scène où ils le viennent continuer, autrement tout cela se fait sans raison.

[68] Et M. Corneille se plaît tant à tenir les Spectateurs dans l'obscurité, que Thésée et Dircé récitent plus de cinquante vers à l'entrée de la première Scène, sans que l'on connaisse leurs noms, ni que l'on puisse deviner à qui ils parlent. Quel moyen de comprendre les pointes qu'ils se disent quand on ne sait pas à qui les appliquer?

[69] M. Corneille fait encore ici l'un des personnages de sa Pièce, puisqu'il met à la marge, que Mégare parle à l'oreille de Dircé,[39] comme dans le cinquième Acte, qu'Œdipe fait un signe de tête[40]. Le Poète ne parle point dans le Drame, les Acteurs doivent tout dire ou ils doivent tout faire, et M. Corneille ne continue ses fautes que pour les autoriser, car il est assez bien instruit que cela ne vaut rien.

[70] En la seconde Scène du second Acte, comme partout ailleurs, Dircé parle si clairement de sa passion, que la pudeur de son sexe en est offensée: ce qui n'est qu'un peu libre dans la Comédie passe pour effronté dans la Tragédie, où les personnages sont plus sérieux et plus honnêtes; outre que cet entretien de Dircé avec Mégare sa Suivante, c'est ainsi que M. Corneille la nomme, fait une Scène peu nécessaire, Mégare

---

39 *Oedipe* v. 117.
40 *Oedipe* v. 1674.

n'agissant point dans la Pièce; ce sont des vers inutiles et du temps mal employé durant lequel le Théâtre languit.

[71]   La narration qui se fait en la Scène troisième par Nérine Suivante de Jocaste, sur l'apparition de Laïus, devait être mise en la bouche de quelque personne plus considérable, afin de la mieux appuyer, et que Dircé y pût déférer avec raison: C'est trop légèrement résoudre sa propre mort sur la parole d'une fille que Monsieur Corneille nomme Suivante.[41]

[72]   Dircé ferme le second Acte et ouvre le troisième; ce n'est pas conduire adroitement ses Personnages, surtout en la Tragédie, où ce retour du même Acteur sans aucun autre qui en fasse perdre l'idée, est toujours précipité. Il fallait jeter adroitement quelque Scène à la fin du second, ou au commencement du troisième Acte, afin d'amuser un peu l'imagination des Spectateurs, auxquels il faut rendre les choses vraisemblables par de douces et ingénieuses illusions; ce qui devait être observé principalement en cette occasion, où Dircé vient réciter des Stances de vers lyriques, c'est-à-dire, une chanson, et il fallait donner quelque apparence à croire qu'elle avait eu le temps suffisant pour les composer. Autrefois M. Corneille faisait faire ses Stances, c'est-à-dire des vers lyriques ou chansons à ses Héros au milieu d'une rue, sur le champ et sans aucune couleur qui nous pût persuader un si prompt événement, mais il a mieux ajusté celles de Dircé, en lui laissant un intervalle d'Acte avant que de chanter ses vers. Et c'est une des fautes dont il s'est corrigé depuis qu'il a vu la Pratique du Théâtre, comme j'espère le montrer plus au long dans l'examen des changements qu'il a faits en la dernière impression de ses Œuvres. Ce qu'il y a donc de raisonnable en ces Stances, c'est qu'elles ne sont pas faites sur le champ; mais ce qui choque l'imagination des Spectateurs, c'est que Dircé revient trop vite pour les dire sans que l'art ait soulagé cette précipitation.

[73]   Quand Jocaste veut aller sur le mont Cithéron pour parler à Phorbas, elle s'écrie, *qu'on me prépare un char*;[42] En vérité cela n'était pas fort nécessaire à nous dire, et M. Corneille a eu grande peur que les

---

41 Voir DII.96. A partir de l'édition de 1668 Corneille changera Nérine de "suivante" en "dame d'honneur".
42 *Oedipe* v. 1008.

Spectateurs ne crussent que cette Reine irait à pied de la ville de Thèbes sur cette montagne.

[74] A quoi bon se charger de ces superfluités inutiles, sans grâce, et vicieuses, et qui pour cela font rire tout le Théâtre, comme il est arrivé en cet endroit autant de fois que l'on a joué la Pièce?

[75] A la fin du troisième Acte, Thésée va chercher Dircé, et au quatrième il revient avec elle sur la Scène, c'est-à-dire, seulement pour réciter leurs vers: Il fallait donner quelque couleur à la nécessité de paraître en ce même lieu d'où il était parti, autrement, il n'est pas vraisemblable qu'ils aient quitté celui où ils s'étaient rencontrés, et où apparemment ils devaient s'entretenir de ce que Thésée avait à lui dire, surtout étant une chose importante et fort pressée.

[76] En parlant de l'amour de Dircé il dit,

Elle se défend mieux de ce trouble intestin.[43]

[77] Cela fait une mauvaise idée en mettant un trouble amoureux dans les intestins d'une fille, et M. Corneille est trop nonchalant aux expressions dangereuses et malhonnêtes. Je ne veux pas remarquer les autres qui sont dans cette Pièce, de crainte de me rendre son Complice.

[78] En cet Acte, Œdipe est reconnu le meurtrier de Laïus et pour son fils, d'où certainement il s'ensuivait, qu'il était tombé dans l'inceste qu'il avait appréhendé, ayant épousé Jocaste femme de Laïus; de sorte que la reconnaissance était faite dès ce moment, et tout ce qui pouvait rester, était la punition qu'il devait exiger de lui-même pour satisfaire aux ordres des Dieux, et ainsi la Pièce était presque finie; et tout le reste est languissant et ne donne aucun plaisir, parce qu'on n'attend plus rien avec inquiétude, avec impatience et avec quelque désir d'apprendre un événement douteux, vu même qu'il consent au mariage de Thésée et de Dircé, qui achève toute chose.

---

43 *Oedipe* v. 1251.

[79]   Ce que je trouve encore d'assez peu judicieux, est qu'Œdipe se reconnaissant chargé de toute la malédiction de ses destinées, Dircé se vient excuser de ses emportements, et il raisonne fort paisiblement avec elle; il n'était pas lors en état d'ouïr des compliments ni d'en faire, il ne devait sentir que les traits d'un désespoir furieux, ou demeurer dans l'insensibilité d'une extrême consternation; Il écoute néanmoins des pointes et il en fait d'autres, et tout leur entretien se passe en discours figurés et fort ajustés. Vraiment ce n'est pas là suivre les préceptes des Savants ni la raison; ceux qui sont bien affligés ne s'amusent pas à ces bagatelles, et quand ils ont l'esprit assez libre pour s'y appliquer, il n'est guère pressé de la douleur: Il ne faut pas nous donner des images si peu conformes à la vérité des choses, et les copies ne sont pas fort bonnes, qui ressemblent si mal aux Originaux. Cela pourtant n'est que trop ordinaire à M. Corneille, et je doute fort que le nom de grand homme puisse changer la nature des fautes, et les faire passer pour des perfections de la Poésie.

[80]   Pourquoi faut-il que Phorbas se tue pour avoir sauvé la vie à Œdipe en son enfance? Ce n'est point un Héros qui doive être regardé comme un malheureux innocent, et qui puisse exciter la compassion des Spectateurs; aussi n'en a-t-on pas le moindre sentiment, et l'on compte le récit de sa mort pour rien, et il n'y a ni beauté ni nécessité de la savoir.

[81]   Dans les premières représentations M. Corneille s'était chargé de deux narrations longues, ennuyeuses et mal placées, et je les avais condamnées, mais je ne suis pas si mal content de celles qu'il a mises dans l'impression. Je souhaiterais qu'il eût corrigé tout le reste, il m'épargnerait bien du temps et de la peine.

[82]   Je ne veux pas dénier que cette Pièce n'ait quelques traits assez beaux et dignes de M. Corneille, surtout quand il touche des matières de politiques; mais permettez-moi, Madame, de les réserver au traité particulier que j'ai commencé sur les beaux endroits que l'on estime en chacun de ses Poèmes, où je distinguerai ce qu'ils ont de bon et ce qu'ils ont de mauvais; et n'y retranchant rien de ce que tout le monde y trouve de louable, vous verrez que l'Auteur n'a pas laissé d'y pécher partout contre le sens commun.

[83]   Mais il m'a donné tant de besogne à l'examen des obscurités et des mauvaises métaphores de cette Pièce, qu'il me serait impossible de les remarquer toutes sans lasser mes Lecteurs, et sans me lasser moi-même.

ACT. I. SC. I.

[84]   Thésée parlant de la peste de Thèbes à Dircé, lui dit:

> *Mon bras sur moi du moins enfoncera les coups*
> *Qu'aura son insolence élevés jusqu'à vous.*[44]

[85]   Je ne remarque point la rudesse des M.M. qui sont aux monosyllabes du premier Hémistiche, ni la mauvaise construction de ces paroles; je ne remarque point encore que ces termes *enfoncera sur moi*, disent le contraire de ce que l'Auteur entend, car vraisemblablement il entend que le bras enfoncera les coups dans le corps, et non pas sur le corps: on n'enfonce point sur une superficie, on ne fait que la toucher et on enfonce dans la profondeur. Mais qui peut comprendre le sens de ces deux vers par les paroles? Que l'insolence de la peste élève des coups jusqu'à une personne que le bras d'un autre enfonce sur soi-même? On s'imagine attraper le sens quand les paroles frappent l'oreille, mais à la première réflexion on n'en trouve plus, ou bien il faut avoir tant d'esprit que l'on puisse entendre, non pas ce que les paroles signifient, mais ce que le Poète a voulu dire; Il faut deviner ce qu'il devait penser; ceux-là sont bienheureux qui peuvent aller si loin. Pour moi je confesse ma faiblesse, et je ne puis entendre un homme quand ses paroles ne disent pas ce qu'il a pensé.

[86]   *Contre une Ombre chérie avec tant de fureur.*[45]

Voilà bien aimer à la mode des Précieuses, *furieusement*. Est-il possible que M. Corneille renonce maintenant aux expressions nobles, et qu'il s'abandonne par négligence ou par dérèglement à celles que les honnêtes Gens et la Scène du Palais Royal ont traitées de ridicules.

---

44 *Oedipe* vv. 43-4.
45 *Oedipe* v. 56.

[87]   *S'il est vertu pour nous que le Ciel n'a formée*
Que pour le doux emploi d'aimer et d'être aimée.[46]

C'est véritablement donner un bel emploi aux femmes, et M. Corneille a raison de le nommer doux, mais sans y faire d'autre réflexion, je ne regarde que le premier Hémistiche qui n'est pas Français, *s'il est vertu pour nous*. Cela n'a point de sens ni propre ni figuré. Il faut dire, s'il y a des vertus ou s'il est des vertus, c'est trop se gêner l'esprit et contraindre son style pour mal exprimer ce que l'on pense.

[88]   *Le sang a peu de droits dans le sexe imbécile.*[47]

Ces paroles nous font concevoir que les filles ne peuvent prétendre une Couronne par les droits du sang, mais elles ne le signifient pas, et pour le connaître il ne faut que former la proposition contraire, *Le sang a beaucoup de droits dans le sexe fort*; cela serait-il supportable en un autre Poète dont le grand nom n'aurait pas encore formé l'estime? Et pourquoi dire peu de droits, quand il s'agit d'une Couronne? si elle tombe en quenouille, une fille y peut avoir tout le droit, et si elle n'y tombe pas, une fille n'y peut rien avoir; de sorte que ce n'est point peu de droits, mais tout ou rien. Enfin le galimatias est court, mais il est joli, *que le sang a peu de droits dans un sexe.*

ACT. II.

[89]   *La fermeté de l'un par l'autre est épuisée.*[48]

Je ne cherche point quel est cet un ou cet autre, parce que cela se trouverait ridicule en la personne d'un Héros qui aime; il n'y a point deux fermetés, c'est une imagination bien nouvelle que de mettre une fermeté d'Amant et une fermeté de Héros, il faudrait un autre galimatias pour expliquer celui-ci. Je remarque seulement que l'on n'a jamais dit une fermeté épuisée, sans mal parler, car ce qui s'épuise doit être liquide afin de s'écouler et de sortir du Vaisseau qui le retient, et ce qui est fermé n'a pas de besoin d'être retenu dans aucun Vaisseau demeurant de

---

46 *Oedipe* vv. 65-6.
47 *Oedipe* v. 225.
48 *Oedipe* v. 715.

lui-même en sa consistance naturelle. M. Corneille se devait souvenir de cette Philosophie la plus commune, que les choses liquides ne se peuvent contenir dans leurs propres termes, et que les sèches qui sont les fermes, s'y contiennent d'elles-mêmes naturellement, et que partant elles ne peuvent être épuisées; c'est assembler dans le discours deux termes qui font deux idées incompatibles.

[90]   *Qui peut-être à vos yeux viendra trancher mes jours,*
       Si mon sang répandu ne lui tranche le cours.[49]

Il parle de la peste en cet endroit, et par une vicieuse répétition du mot de trancher, qui ne porte aucune grâce, il dit que du sang tranchera le cours de la peste. Combien faut-il former d'idées métaphoriques dans l'esprit pour avoir l'idée de ces paroles? Il faut que la peste coure, il faut que quelque chose vienne trancher ce cours, et il faut que du sang soit cette chose qui tranche. Je m'assure que Messieurs de l'Académie ne seront pas les admirateurs de cette beauté.

[91]   *D'avoir prêté mon crime à faire votre mort.*[50]

En vérité c'est une étrange façon de parler, qu'une personne prête un crime pour faire la mort d'un autre: C'est un prêt bien nouveau, et c'est une mort faite d'une nouvelle façon; mais c'est un de ces vers dont il faut deviner le sens, pour entendre les paroles.

ACT. III.

[92]   *Impitoyable soif de gloire*
       Dont l'aveugle et noble transport,
       Me fait précipiter ma mort
       Pour faire vivre ma mémoire.[51]

Voilà certes de beaux mots, et je ne trouve pas étrange que ceux qui les écoutent sans y faire réflexion en soient ravis: Mais a-t-on jamais ouï dire que le transport aveugle d'une soif impitoyable, fasse précipiter une

49 *Oedipe* vv. 741-2.
50 *Oedipe* v. 750.
51 *Oedipe* vv. 779-82.

mort et fasse vivre une mémoire? Les Métaphores de Nervèze qui passent pour les dernières extravagances d'une mauvaise imagination, n'ont jamais été plus vicieuses et plus ridicules.[52] Est-il possible que M. Corneille ait été maître de son esprit en composant ces vers? Quelle convenance a-t-il pu s'imaginer entre l'aveuglement et la soif? Comment la fait-il transporter, comment la concevra-t-il sans pitié? Comment pourra-t-elle précipiter une mort? Comment donnera-t-elle la vie à une mémoire? Voilà de grandes qualités et de nouveaux effets attribués à la soif; Je ne crois pas que l'on puisse faire un mélange moins compréhensible.

[93]   *Ne crains pas qu'une ardeur si belle*
        Ose te disputer un cœur
        Qui de ton illustre rigueur
        Est l'esclave le plus fidèle.[53]

Mais nous avons en ces vers bien d'autres merveilles que celles que je viens d'expliquer; car voici cette même soif, qu'il nomme une illustre rigueur, qui a un cœur esclave à qui la belle ardeur ne l'ose disputer. Tout cela n'est pas fort raisonnable à qui veut entendre ce qu'un Poète dit, et qui veut se former des idées justes et claires sur ses paroles: Il n'était point nécessaire de suivre cette première métaphore, et d'y joindre toutes les autres qui n'y portent que de la confusion, et continuent un galimatias éclatant, mais incapable de tromper ceux qui ne sauraient voir clair, s'il n'est jour.

[94]   Je passe le reste de ces Stances qui partout sont pitoyables et les productions d'un transport aveugle; et néanmoins parce qu'elles finissent presque toutes par quelque apparence de pointe, elles piquent l'imagination des Spectateurs, qui sans y faire d'autre réflexion, se persuadent que le commencement est fort beau, puisque la fin leur chatouille l'oreille.

---

52 Antoine Nervèze, auteur des *Essais poétiques* (1605) et des *Problèmes spirituels* (1606), était connu
    pour sa poésie médiocre. Voir l'Index.
53 *Oedipe* vv. 789-92.

[95] *Vous qui l'êtes encore, vous savez ce que c'est,*
Et jusqu'où nous emporte un si haut intérêt,
Si je n'en ai le rang j'en garde la teinture.[54]

O la belle teinture! si nous pouvions savoir de quelle couleur elle est, et à quoi elle convient; il s'agit de la qualité de Reine, et Dircé dit à Jocaste qui l'est encore, qu'elle connaît bien jusqu'où ce haut intérêt peut emporter son esprit. Et elle ajoute que si elle n'en a pas le rang elle en garde la teinture. Mais je demande est-ce la teinture de cet intérêt qu'elle a ou de cet être de Reine; et comment les peut-on mettre ni l'un ni l'autre en couleur? Qui peut teindre un Intérêt, qui peut teindre un être de Reine? A-t-on jamais lu dans aucun Poète une métaphore plus éloignée de la raison qui veut y trouver de la convenance avec la chose, ni plus contraire à l'art qui veut que cette figure puisse former quelque idée de la chose et du nouveau terme qu'il lui applique? on donne bien à l'âme la teinture des vices et des vertus, parce qu'on les regarde comme des qualités agréables ou fâcheuses; mais d'attribuer la teinture à l'être de Reine, ou à l'intérêt, j'avoue la faiblesse de mon imagination, je ne le puis faire, parce que je n'y trouve point de rapport, et je ne crois pas qu'il y ait aucun esprit assez bon teinturier pour les mettre ni l'un ni l'autre en couleur.

[96] *La colère des Dieux et l'amas de leurs haines.*[55]

Cette métaphore n'est pas meilleure que celle dont nous venons de parler, mais je commence à m'en rebuter, et je me contente de m'écrier, ô témérité de nos Poètes! ô stupidité de notre Siècle! C'est la même faute quand il dit à Thésée, que les soupirs d'un mourant ont peu de lumière pour lui, et à Œdipe qu'il a fait la conquête d'un bandeau.

[97] *Et notre volonté n'aime, hait, cherche, évite,*
Que suivant que d'en haut leur bras la précipite.[56]

Où vit-on jamais de plus méchants et de plus rudes vers? Et quelle est cette métaphore? On dit bien que les Dieux inclinent, conduisent, et

---

54 *Oedipe* vv. 923-5.
55 *Oedipe* v. 978.
56 *Oedipe* vv. 1165-6.

poussent notre volonté, mais non pas qu'ils la précipitent, car ce serait la contraindre. Et j'ai bien envie de rire quand je me représente la volonté humaine faire un si beau saut.

[98]   *Mais j'oserai vous dire à bien juger des choses,*
      Que pour avoir reçu la vie en votre flanc,
      J'y dois avoir sucé fort peu de votre sang;
      Celui du grand Laïus dont je me suis formée,[57]
      Trouve bien qu'il est doux d'aimer et d'être aimée.[58]

En cet endroit Dircé parle à Jocaste sa mère avec tant d'insolence et même avec tant d'extravagance, qu'il n'est personne de bon sens qui le puisse supporter, vu même que sa mère ne travaillait qu'à lui conserver la vie. Je n'en veux pourtant faire observer que ces vers, qui montrent une grande impertinence d'une fille envers sa mère, et bien contraire à vérité. Je ne puis comprendre comment M. Corneille lui fait dire qu'un enfant suce fort peu du sang de sa mère tandis qu'il est dans son sein, et qu'il est plus redevable à celui du père. Je ne veux point expliquer cette différence pour ne rien dire de fâcheux; mais un enfant qui ne vit durant neuf mois que du sang de sa mère, et qui ne reçoit pas une goutte de celui de son père, ne peut faire ce discours que très mal à propos. Et où jamais a-t-on ouï dire que l'enfant se forme lui-même du sang de son père dans le sein de sa mère, comme ce vers le porte bien clairement?

      Celui du grand Laïus dont je me suis formée.

C'est la Mère ou la nature qui forme l'enfant, et pour cela il était bien aisé de mettre, *dont vous m'avez formée*, ou bien, *dont les Dieux m'ont formée*.

[99]   Encore est-il, à mon avis, contre la pudeur, qu'une fille autorise sa passion amoureuse des inclinations que le sang de son père lui donne, et qu'elle se vante d'y trouver de la douceur, en disant,

      Trouve bien qu'il est doux d'aimer et d'être aimée.

---

57 Citation apparemment erronée de D'Aubignac: "dont je m'y suis formée", selon les éditions de 1659 et de 1660.
58 *Oedipe* vv. 874-8.

[100] Le reste de cette Scène serait trop long à examiner et peut-être ennuyeux.

ACT. IV.

[101] *Et laissait doucement corrompre sa fierté*
A l'espoir renaissant de ma perplexité.[59]

O la belle chose que l'espoir d'une perplexité qui corrompt la fierté d'une douceur! Qui la peut entendre, qui l'a pu dire, qui l'a seulement osé imaginer? Mais comment l'imaginer! quand tous ces mots ensemble ne sauraient former aucune image? C'est à peu près comme il parle ailleurs, quand il veut que l'on détache l'amertume du sort le plus doux. Et ailleurs encore, que la flamme ne voit plus d'apparence dans les périls. Mais j'y renonce, et je vous supplie, Madame, de me pardonner si je ne continue point à marcher dans ces obscurités vicieuses et ces embarras importuns. Il faudrait copier cette Tragédie toute entière pour vous en faire observer tous les défauts, car où les figures ne gâtent pas l'ouvrage, les mauvais vers le défigurent, j'en coterai seulement quelques-uns qui vous feront juger des autres.

[102] Je doute fort que nos Poètes rigoureux approuvent que M. Corneille ait rimé *assiège* à *privilège*,[60] mais il est certain que la prononciation n'a rien de conforme au moins à Paris, je ne sais comment on prononce ces mots en Normandie.[61] Les modernes ont condamné ces rimes d'écriture dans Ronsard et dans ceux de son temps,[62] mais le nom de M. Corneille est en possession de faire passer pour bonnes, les choses qui ne le sont pas.

---

59 *Oedipe* vv. 1207-8.
60 *Oedipe* vv. 17-8. Selon d'Aubignac, il est impossible de faire rimer la diphtongue de la deuxième syllabe d'"assiège" avec la troisième syllabe de "privilège".
61 Voir DIII.6 ci-dessus. D'Aubignac fait allusion aux origines de Corneille. Le premier objet des grammairiens du dix-septième siècle fut d'écarter toute prononciation provinciale. Voir F. Brunot, *Histoire de la Langue Française* (Paris, 1911), t.IV, p. 173.
62 Les Modernes, tels Malherbe, Théophile, Balzac et Nicolas Boileau, furent persuadés qu'il fallait se libérer de Ronsard et de la tradition des Anciens. Boileau reproche à Ronsard d'avoir parlé grec et latin en français.

[103] Appeler une misère *vaste*,[63] est, à mon avis, un terme nouveau et bien hardi, j'aimerais mieux, grande, âpre, rude, dure et vingt autres mots semblables que nous avons. Vaste porte l'idée d'une grande étendue de lieu et même d'un lieu vide, et misère est d'une grandeur, de qualité par la peine, et la douleur qui remplit l'âme et occupe tous les sentiments, de sorte que ces deux termes confondent leurs images et ne font point de beauté.

[104] *J'ai perdu temps*,[64] il faut dire *J'ai perdu mon temps*, ou *le temps*, je m'en rapporte à Messieurs de l'Académie dont il observe mal les régularités, bien qu'il en soit.

[105] *Si je laisse plein calme et pleine joie ici.*[65]

Il fallait dire un plein calme et une pleine joie, et pour faire le vers on pouvait mettre,

Si je laisse un plein calme et le repos ici.

Ou bien,

Si je laisse la joie et le repos ici.

Il ne faut pas si légèrement pécher contre la langue, quand même le vers aurait été plus difficile à faire.

[106] *De l'air donc jusqu'ici ce peuple m'a traitée.*[66]

Ce n'est pas là une phrase propre pour exprimer comment un peuple se gouverne envers une Reine: On ne dit point que les Sujets traitent leur Souverain *d'un air*: cette parole est trop mince pour expliquer un mépris, une rébellion populaire; elle n'est bonne que dans les petits intérêts ou dans les galanteries, on en doit employer de plus nobles et de plus fortes en ces grandes matières.

---

63 *Oedipe* v. 25.
64 *Oedipe* v. 281.
65 *Oedipe* v. 400.
66 *Oedipe* v. 437.

[107] *Il éteindra ma vie avant que mon amour.*[67]

Je pense que cette façon de parler est du Pays de Caux, car elle est ni de Paris ni de la Cour,[68] on dit avant mon amour, et non pas avant que, ou bien, plutôt que mon amour, ou bien ajouter quelque chose comme, avant que mon amour s'éteigne, ou bien pour faire le vers.

Il éteindra ma vie et non pas mon amour.

[108] *Ne me ravalez point jusqu'à cette bassesse.*[69]

M. Corneille aime bien cette façon de parler, que j'ai déjà remarquée dans le Sertorius, où il dit,

Vous ravaleriez-vous jusqu'à cette bassesse.[70]

Il ne faut pas tant aimer les mauvaises choses.

[109] *Leur devoir violé doit-il rompre le mien?*[71]

Cette seconde Métaphore, *rompre un devoir*, n'a point de rapport à la première, *violer un devoir*, cela brouille trop les idées, et n'a point de nouvelle grâce, et cette façon de parler n'est pas trop bien française. On voit bien que M. Corneille veut dire, pour avoir violé leur devoir, ils ne doivent pas m'obliger à manquer au mien, ou à violer le mien; mais les termes ne le portent pas, et ce n'est point parler proprement, que de dire qu'un devoir violé en rompt un autre; on pouvait mettre,

S'ils ne font leur devoir, dois-je manquer au mien?

[110] *On prépare à demain*, il fallait mettre *pour demain*. Nous disons, remettre à demain, parce que l'action est différée jusqu'au jour suivant, mais on dit, préparer pour demain, parce que l'action de préparer est

---

67 *Oedipe* v. 544.
68 Voir DIII.6 et DIII.102 ci-dessus.
69 *Oedipe* v. 676.
70 *Sertorius* v. 281. Voir DII.87 ci-dessus.
71 *Oedipe* v. 686.

présente, et ce que l'on dispose se fait dès le jour présent; et ce que l'on diffère au lendemain c'est l'exécution et non pas la préparation.

[111] *Et le Roi même encore que vous l'ayez bravé.*[72]

Il fallait employer un mot plus noble, et il n'échoit pas en ce lieu de donner de la bravoure à une fille de vingt ans contre un Roi de quarante ans son beau-père, il fallait dire fâché, méprisé, outragé, offensé, et autres semblables.

[112] *Vous offre sur ce point liberté toute entière.*[73]

Notre langue veut qu'on ajoute l'article prépositif et que l'on dise la liberté; mais M. Corneille affecte si souvent ces fautes contre la Grammaire Française, qu'il répète celle-ci dans la même Scène.

[113] Et ailleurs:

   Dites que vos vertus sont crimes déguisés.[74]

Il fallait mettre *sont des crimes*, autrement ce n'est pas parler Français.

[114] *Je sais sur ces grands cœurs ce qu'il se fait d'empire.*[75]

Voilà une étrange façon de parler, pour dire je sais bien quel empire l'amour acquiert, on se donne sur un grand cœur, mais ce qu'il se fait d'empire est une phrase inouïe et dont je ne crois pas que les petits Grimauts du Parnasse se voulussent servir après M. Corneille, bien qu'il soit leur Idole.

[115] Je ne doute point, Madame, que cette critique des vers et des paroles ne vous soit ennuyeuse, et je me repens de l'avoir portée si loin; je n'en ferai pas de même sur le Pertharite, car comme il a été mal reçu

---

72 *Oedipe* v. 836.
73 *Oedipe* v. 838.
74 *Oedipe* v. 1143.
75 *Oedipe* v. 881.

de tout le monde, et qu'il a même été condamné par M. Corneille, je ne l'examinerai pas en détail; je me contenterai d'y traiter des considérations plus curieuses et plus agréables. Jouissez cependant, Madame, de ces dernières occupations de mon loisir, et me faites l'honneur de croire que j'aurai fait tout ce que je désire, si mes Dissertations vous peuvent donner quelque divertissement.

QUATRIEME

DISSERTATION

CONCERNANT

LE POEME

DRAMATIQUE:

Servant de Réponse

AUX CALOMNIES

de M. Corneille.[1]

[1]   J'estimais que la petite guerre qui s'était allumée entre vous et moi, n'aurait que des feux agréables qui luiraient sans brûler, qui plairaient sans faire de mal, et qui pourraient illustrer l'Art Poétique et donner quelque ornement aux belles lettres. L'innocence de ces contestations sur le fait de la doctrine me le faisait espérer, et pour y conserver toute la bienséance qu'elles demandent, j'avais résolu de ne parler que de vous et non pas à vous, parce que l'on dit ainsi les choses plus civilement et de meilleure grâce, et de continuer comme j'avais commencé, en adressant toutes mes Dissertations à une Dame d'aussi grand mérite que de haute naissance; parce qu'en traitant avec des personnes de cette dignité, on garde aisément par respect la modération nécessaire pour rendre toutes

---

1   Pour la première fois, D'Aubignac adresse sa Dissertation directement à Corneille.

les paroles et les pensées plus supportables. Je ne suis pas un Antagoniste indigne de vous, et que vous puissiez battre si franc que votre présomption vous le fait imaginer; je vous avais cru digne de moi, et votre vanité vous emporte si haut, qu'en pensant vous élever vous perdez l'honneur que je vous avais fait. On m'avertit tous les jours que cent petits Grimelins du Parnasse voudraient bien que je prisse la peine de les attaquer pour s'introduire par là dans le rang des personnes illustres, où jamais ils n'arriveront par leur propre force; mais je me garderai bien de venir aux mains avec des Gens dont la défaite me serait honteuse; et j'en userai toujours envers eux comme César en use dans Lucain, quand il dit à Metellus qu'il ne doit pas craindre de mourir jamais de sa main;[2] et ce mépris que je fais des autres est un témoignage, qu'il me restait encore quelque estime pour vous.

[2]   Mais puisque vous venez maintenant avec le trouble dans l'esprit, la rage dans le cœur et le poison sur la langue, il faut que je parle à vous-même, et que j'essaie de guérir la frénésie qui vous brûle de colère et remplit votre discours de tant de fautes et si grossières, que personne ne vous fera jamais tant de mal que vous-même. J'aurai pourtant assez de discrétion pour continuer l'adresse de mes Dissertations, selon l'ordre que j'en ai volontairement accepté, et de vous adresser seulement les avis que je vous donnerai sur vos emportements: Ainsi je me conserverai la liberté toute entière de traiter les matières d'érudition sans y mêler rien de fâcheux et de messéant à mon respect et à la vertu d'une si grande Dame; et je me laisserai pourtant le droit de faire connaître combien votre aveuglement vous égare, et le tort que vous fait la fureur qui domine sur votre esprit. Ce n'est pas que je prétende vous traiter comme vous le méritez, ni me servir d'impostures et d'injures à votre exemple: je vous donnerai des conseils de charité que vous suivrez si vous êtes sage, et qui feront rire tout le monde si vous êtes assez fou pour ne les pas suivre.

[3]   Premièrement, de quoi vous êtes-vous avisé sur vos vieux jours d'accroître votre nom et de vous faire nommer Monsieur de Corneille? l'Auteur de l'Ecole des femmes, je vous demande pardon si je parle de cette Comédie qui vous fait désespérer, et que vous avez essayé de

---

2   Voir Lucain, *Pharsale*, III, 135-7.

détruire par votre cabale dès la première représentation; l'Auteur, dis-je, de cette Pièce, fait conter à un de ses Acteurs, qu'un de ses voisins ayant fait clore de fossés un arpent de pré se fit appeler M. de l'Ile, que l'on dit être le nom de votre petit frère; Ainsi je crois que vous avez donné le nom de Corneille à quelque masure ou à quelque beau château, si vous voulez, car je ne sais ni votre naissance ni vos biens, ne m'enquérant jamais de ces choses qui ne me servent point de règle pour mesurer les hommes, et par cette belle invention vous êtes maintenant M. de Corneille, c'est-à-dire, M. Corneille, seigneur dudit lieu, comme beaucoup de Gens sont qualifiés en ce Royaume.[3] D'où vient donc, M. de Corneille, que vous vous couvrez d'ombres et de nuages pour décharger vos traits empoisonnés contre une personne qui ne vous veut point de mal, et qui reconnaît aisément votre âme et votre main? Vous avez fait paraître tant de colère, vous avez pesté si haut contre moi, vous avez tant de fois dit toutes les choses que vous avez écrites, que cette dissimulation vous est inutile.

[4]   Vous dites que M. de Corneille est de vos amis, aussi n'en avez-vous point de meilleur que vous-même; que vous savez tous les sentiments de M. de Corneille, et je n'en doute point, vous ne pouvez ignorer les vôtres; vous combattez à outrance pour les intérêts de M. de Corneille et vous avez raison, car ce sont les vôtres; vous élevez la gloire de M. de Corneille au-dessus de tous les Modernes, au-dessus d'Aristote et de beaucoup d'autres, c'est ce que vous prétendez, et ce que jamais personne n'a prétendu si ardemment et si aveuglément que vous.[4] Je veux croire que vous le méritez parce que vous le croyez, mais je crains, si vous le croyez trop, que vous ne le méritiez plus. Prenez donc garde à retenir le feu de cette ambition qui pousse un peu trop de fumée.

---

3   D'Aubignac se moque ici de la particule que Corneille et son frère Thomas avaient récemment adoptée. Thomas Corneille, qui fut l'objet de la satire de Molière dans *L'Ecole des femmes*, avait pris le titre d'écuyer, Sieur de l'Isle.

4   Voir Donneau de Visé, *Défense du Sertorius*, pp. 14-15: "Travailler, comme Aristote, sans avoir pratiqué ce que l'on enseigne, c'est parler en l'air, et vouloir donner ses fantaisies pour des règles certaines, sans savoir si l'on peut les suivre. [...] Comme il travaillait pour l'esprit, il devait en composant quelques Poèmes dramatiques, prendre la mesure sur le sien. C'est ce qu'a fait Monsieur de Corneille, qui est de cette façon plus capable que personne, de nous donner des règles de Théâtre. Il a mérité par sa longue et glorieuse expérience, que l'on le regarde comme le plus grand Maître de la Scène qui ait jamais été."

[5]   Davantage cette défense est dédiée à M. le Duc de Guise,[5] et il n'y
avait que vous capable de lui présenter un amas d'ignorances, d'injures et
de mensonges; c'est un grand Prince dont la naissance et l'érudition peu
commune à ceux de sa qualité, méritent bien qu'il soit l'objet des veilles
et des ouvrages des plus savants; mais vous avez été bien peu judicieux de
payer en si mauvaise monnaie le couvert et la table dont il vous honore,
et de le vouloir rendre le protecteur de vos calomnies aussi bien que de
votre personne et de vos intérêts; c'est faire outrage à sa justice et non
pas rendre à sa générosité des marques de votre reconnaissance. Le
respect que l'on doit à ces illustres personnages n'est pas seulement dans
les révérences extérieures que leurs dignités exigent de notre devoir,
mais dans le jugement que nous faisons de leurs vertus, et le soin que
nous prenons de bien ménager les engagements de leur bonté: mais la
faute en est faite, et ce conseil ne vous servira qu'à l'avenir.

[6]   A quoi pensiez-vous, M. de Corneille, d'avoir rebattu tant de fois
que l'envie m'a fait soulever contre vous? avons-nous jamais eu même
emploi? vous êtes Poète et Poète de Théâtre, vous vous êtes abandonné à
une vile dépendance des Histrions, votre commerce ordinaire n'est
qu'avec leurs portiers, et vos personniers[6] ne sont que des Libraires du
Palais. Voilà certainement un joli métier pour me faire envie. Non, non,
M. de Corneille, faites tant de Comédies qu'il vous plaira, je n'en serai
point jaloux et je m'en divertirai toujours, mais je me réserverai le droit
d'en juger selon que vous me plairez ou que vous me déplairez. Il y a
bien de la différence entre un honnête homme qui fait des vers, et un
Poète en titre d'office; le premier s'occupe pour le divertissement de son
esprit, et l'autre travaille pour l'établissement de sa fortune; le premier
ne se met guère en peine si ses vers sont bons ou mauvais, il donne
quelque chose à la complaisance de ses amis, et ne se fâche point qu'un
autre fasse plus ou de meilleurs que lui. Mais le Poète qui fait profession
de fournir le Théâtre et d'entretenir durant toute sa vie la satisfaction des
Bourgeois, ne peut souffrir de compagnon. Il y a longtemps
qu'Aristophane l'a dit,[7] il se ronge de chagrin quand un seul poème
occupe Paris durant plusieurs mois, et l'Ecole des Maris et celles des

---

5   Voir Donneau de Visé, *Epître* au Duc de Guise. De Visé lui demande "la grâce de souffrir que comme
     l'Ombre de Monsieur de Corneille, je puisse m'introduire avec lui dans votre Cabinet".
6   "Qui est associé avec un autre pour tenir un ménage en commun" (Furetière).
7   Voir Aristophane, *Nuées* 518-526 et 545-549; *Cavaliers* 507-12, et 812-8; et *Acharniens* 634-6.

Femmes sont les trophées de Miltiade qui empêchent Thémistocle de dormir.[8] Nous en avons su quelque chose, et les vers que M. Despréaux a fait sur la dernière Pièce de M. Molière, nous en ont assez appris.[9] Corrigez-vous donc, M. de Corneille, de cette envie, et ne l'imputez pas à ceux qui n'ont jamais pensé par raison ni par intérêt de s'opposer ni à votre qualité ni à vos prétentions; la gloire que vous aurez d'être un bon Poète ne m'ôte rien, le mépris qu'on pourrait faire de vos œuvres, ne me donne rien, vos richesses ne m'apauvriront pas, et votre pauvreté ne m'enrichirait pas. Il faudrait avoir perdu le sens aussi bien que vous pour être en mauvaise humeur du gain que vous pouvez tirer de vos veilles et de vos empressements auprès des Histrions et des Libraires.

[7]   Ce n'est pas que vous n'ayez plusieurs fois parlé de biens et d'argent dans votre défense, mais cela est-il de notre dispute? Pour moi je me contente de ce que j'ai, et j'ai si bien familiarisé la fortune avec ma modération, que la première ne me chagrine point par ses refus, et que l'autre me donne tout ce que je désire. Et je ne sais pas où vous avez appris que j'étais plus riche que vous, vous n'avez pas compté avec moi, et je n'ai pas compté avec vous, et quand vous y trouveriez cette disproportion que vous vous êtes imaginée ridiculement, vous servirait-elle pour autoriser vos fautes? La bonté de vos Poèmes ou leurs défauts dépendent-ils de l'accommodement ou du désordre de nos affaires domestiques? Cependant vous faites voir quels ont été vos sentiments, quand vous avez répondu, comme il vous arrive encore assez souvent

---

8   Miltiade (550-489 avant J-C) et Thémistocle (528-462 avant J-C): deux chefs athéniens rivaux. D'Aubignac fait référence à la *Vie de Thémistocle* de Plutarque, III.4. Selon toute probabilité, D'Aubignac avait lu la traduction qu'a faite Jacques Amyot des *Vies parallèles* de Plutarque (voir DII.95 ci-dessus): "lors que la bataille de Marathon fut donnée contre les Barbares, où l'on ne parloit d'autre chose que de la valeur du capitaine Miltiades qui l'avoit gaignée, on le [Thémistocle] trouvoit bien souvent tout seul resvant et pensant à part soy, et ne pouvoit dormir la nuict, ny ne vouloit le jour aller aux lieux, ny se trouver ès compagnies où il avoit paravant accoustumé de frequenter, disant à ceulx qui s'esbahissoyent d'un si grand changement de ses façons de faire, et qui luy en demandoyent l'occasion, que la victoire de Miltiades ne le laissoit point dormir", *Vies de Plutarque*, trad. J. Amyot (Paris, Nelson, 1914), pp. 14-15.

9   La première représentation de *L'Ecole des femmes* eut lieu le 26 décembre 1662. Nicolas Boileau, dit Despréaux, composa ses *Stances à M. Molière* aussitôt après, en janvier 1663:
Envain mille jaloux Esprits,
Molière, osent avec mépris
Censurer ton plus bel Ouvrage:
Sa charmante naïveté
S'en va pour jamais d'âge en âge
Divertir la Postérité. (1-6)

lorsqu'on vous loue, que vous n'êtes plus affamé de gloire mais d'argent; je ne le croyais pas, mais vos discours me le persuadent. Défaites-vous, M. de Corneille, de ces mauvaises façons de parler qui sont pires que celles de vos vers, car celles-ci ne font tort qu'à votre esprit, et celles-là blessent votre honneur, surtout après que vous avez réduit tout le Parnasse en maltôte, tiré profit de toutes ses eaux et de ses lauriers, mis en parti le Théâtre et la Librairie.

[8]   Mais parlez franchement, M. de Corneille, n'êtes-vous point un peu trop vain et trop sensible à l'argent, de faire un si grand bruit dans votre défense de la gratification que vous avez reçue du Roi? Les grâces d'un si grand Prince qui se sont faites dans le silence, doivent être ménagées avec plus de respect. Si vous étiez assez aveugle pour présumer que vous avez mérité ses bienfaits, ce serait en faire un paiement d'obligation; car ce qu'on mérite est dû, et vous rendriez par ce moyen le Roi redevable envers ceux qui véritablement le méritent mieux que vous, comme sont les doctes Mathématiciens qui travaillent aux nécessités de la société publique, les excellents Orateurs qui soutiennent la religion et la sainteté des mœurs, les savants Philosophes qui donnent la connaissance du bien et du mal, les curieux Restaurateurs de l'antiquité dont les lumières nous font voir jusque dans la nuit des Siècles passés; car à raisonner juste, ces Gens-là ne doivent pas être mis en même balance qu'un Poète que Platon chasse de sa République comme inutile, et comme l'objet ordinaire des vaines occupations de la populace;[10] mais si vous ne les avez pas méritées, comme vous le devez croire aussi bien que nous, il ne faut pas vous glorifier d'une faveur de la fortune, dont Sénèque dit que les Grands sont les mains, et qui donne ordinairement sans ouvrir les yeux.

[9]   Et pourquoi vous vanter par deux méchants vers de votre Cid qu'en cette concurrence le Roi a mis quelque différence entre vous et moi?[11] Nous ne sommes point tombés en concurrence, je n'ai pas

---

10 Voir Platon, *République*, X, 606b-d.
11 Voir de Visé, *Défense du Sertorius*, pp. 127-8: "Je croyais [...] que vous seriez du nombre de ceux que le Roi a depuis peu reconnus pour beaux esprits; mais comme vous n'en êtes point, Monsieur de Corneille vous pourrait dire ces deux vers, que Dom Diègue dit dans le Cid au Comte de Gormas.
Vous voyez toutefois qu'en cette concurrence
Un Monarque entre nous met de la différence."
(207-8)

prétendu même chose que vous, sa Majesté n'a point interposé son jugement entre vous et moi, et ce désavantage que vous m'imputez impertinemment, m'est commun avec dix mille personnes de naissance, de condition et de vertu, qui méritent mieux que vous, mais qui ne sont pas connus de sa Majesté, non plus que moi, qui depuis dix-sept ans n'ai pas seulement vu la porte du Louvre; vous faites grand tort à ses Libéralités, car au lieu de les recevoir comme des grâces que personne n'a droit d'exiger, vous les regardez avec orgueil, comme des injures qui seraient faites à tous ceux qui n'y participent point. Le Roi ne peut pas donner à tous, et il ne le doit pas, mais il en a regardé quelques-uns qui peut-être en avaient besoin, ou qui peut-être par importunités ou par cabale, se sont mis à la patenôtre malgré les Saints; et nous ne laisserons pas de vous voir tous les jours descendre du Parnasse dans les crottes de Paris. Pour moi qui n'ai jamais voulu demander de pension à feu M. le Cardinal de Richelieu, et qui n'en ai jamais reçu de feu M. le Maréchal de Brézé, jugez si je serais maintenant capable de faire un pas seulement pour en briguer?[12] Il me suffit d'un grand don que le Roi me fait, et pour lequel je me sens fort obligé à ses bontés; Il me donne la liberté de vivre selon mon plaisir, de philosopher en repos, de jouir de la paix de mon cabinet, comme de celle du Royaume, d'étudier les vertus et d'écrire mes fantaisies pour me divertir: Et comme il n'y a point de plus grand bien au monde que celui-là selon les Stoïques, aussi n'y a-t-il point d'hommage plus respectueux envers un Roi que le sentiment des Philosophes, qui dans la retraite de leur cabinet s'en reconnaissent redevables à sa puissance, qui l'avouent publiquement, et qui sont près de payer ce bienfait par la dernière goutte de leur sang.

[10]   Mais le fiel de votre cœur se répand trop manifestement par votre langue, quand vous m'imposez faussement d'avoir dit, que je ne voudrais pas recevoir aucune grâce de cette nature à moins de deux mille écus.[13] En quel lieu me l'avez-vous ouï dire, quand l'ai-je dit, à qui l'ai-je dit? En vérité, M. de Corneille, ce n'est pas là seulement une extravagance qui mérite que l'on vous berne, mais une calomnie qui vous rend digne de la peine des lois les plus rigoureuses: mais je ne veux pas m'engager

---

12   D'Aubignac fut le précepteur de Jean-Armand de Maillé-Brézé, neveu de Richelieu. En 1636, pendant la campagne de Corbie, il accompagna son jeune maître. Amiral à l'âge de 21 ans, de Maillé-Brézé (1619-1646) fut tué à l'âge de 27 ans. Voir DIV.19.

13   Voir de Visé, *Défense du Sertorius*, p. 128.

avec vous à d'autres procès, vous êtes d'un pays trop fin en matière de chicane, c'est assez de celui que nous avons sur le Parnasse, vous y avez fourni de défenses, cela suffit, il faut maintenant que le public et la postérité le juge. Je ne veux point ici bailler des répliques à l'égard des points d'érudition; vous donneriez des Dupliques et cela irait à l'infini. J'ai dit tout ce que j'ai pensé de plus considérable contre vos trois dernières Pièces; et j'en ferai de même sur les autres tout sincèrement; vous écrirez vos défenses telles que vous les jugerez nécessaires comme vous avez commencé et nous n'aurons plus qu'à attendre l'arrêt. Je ne veux point importuner nos Juges par des sollicitations telles que les vôtres, ni prévenir leur sentiment par aucun artifice. Quand je gagnerai ce procès, vous y gagnerez la certitude des bonnes connaissances, et quand je l'aurais perdu, je ne perdrais pas le plaisir que j'ai d'écrire mes pensées et de dire la vérité.

[11]   Mais quelle était aussi votre rêverie, quand vous avez écrit comme une grande considération, qu'un homme de ma condition ne devait pas entreprendre de corriger vos fautes? C'est notre métier, M. de Corneille, de corriger les autres, et vous n'en auriez pas tant fait si vous aviez été plus docile. Dites-moi, je vous prie, avez-vous appris que le P. Pétau a écrit contre Scaliger, et qu'il l'a contredit en plusieurs choses, non seulement dans l'ordre des temps, mais dans les plus curieuses recherches de l'antiquité.[14] Sa qualité de Religieux et son caractère l'ont-ils jamais fait blâmer de personne, et nous empêcheront-ils de profiter de ses veilles?

[12]   Vous avez sans doute ouï parler de saint Jérôme et de saint Augustin, ils n'ont pas toujours été de même sentiment, ils ont fait de grands traités l'un contre l'autre, et leurs disputes n'ont pas été infructueuses à l'Eglise dans les âges suivants. Sachez donc que l'un était Prêtre et l'autre Evêque, et que jamais on ne leur a reproché d'avoir offensé par ces contestations, leur caractère, leur conscience ni leur dignité.

---

14 Pétau dans *De Doctrina Temporum* (1627) avait corrigé les erreurs commises par Scaliger dans son *De Emendatione Temporum* (1583). Voir DIII.7.

[13]   Je vous pourrais donner cent exemples de cette force, mais ces deux-là suffisent pour vous faire avouer que vous parlez fort mal à propos. Pour moi qui ne suis en rien comparable à vous, à ce que vous dites, je ne suis pas saint Jérôme, mais aussi n'êtes-vous pas S. Augustin; et c'est en quoi je remarque quelque différence de vous à moi, et d'où je puis tirer la liberté de vous contredire en matière d'érudition aux dépens même du gain que vous faites et de la gloire que vous prétendez, qui ne furent jamais considérables au préjudice de la vérité.

[14]   De quelle bizarrerie vous piquez-vous de dire que si j'ai eu de la peine à retenir le Sertorius, c'est un défaut de mémoire, et d'y mêler les années de mon âge à votre fantaisie?[15] Ceux qui me connaissent et qui me voient tous les jours faire des épreuves de mémoire, vous en peuvent raisonnablement donner le démenti; aussi n'ai-je pas dit, que je n'avais pu retenir votre Sertorius, mais que j'y avais eu de la peine, et vous n'en devriez pas faire à ceux-là même qui ont la mémoire bien plus faible? Et pourquoi me donnez-vous dix ou douze ans que je n'ai pas, ou pour mieux parler selon S. Augustin, pourquoi m'en ôtez-vous de ceux qui sont encore à moi? car les années que nous avons vécues sont perdues, nous ne les avons plus, et comme dit Sénèque, la mort les tient;[16] mais nous avons encore celles qui nous restent à vivre et dont nous pouvons jouir; c'est un bien que la providence tient en réserve, et dont elle nous laisse l'usage. Contentez-vous de prendre sur les Histrions et sur les Libraires, et ne me dérobez rien des tristes jours que Dieu me garde, ne les confondez point avec ceux qui sont déjà tombés dans l'abîme du passé, et permettez-moi d'en jouir selon l'ordre du Ciel: De ma part, je vous souhaite longue vie, et d'aussi bon cœur que pour moi-même.

[15]   Il est néanmoins inouï, que sur une question de doctrine on oblige un homme à rapporter son extrait baptistaire pour détruire un mensonge; je le pourrais faire aisément étant né dans Paris. Mais après tout, pensez, M. de Corneille, que vous n'êtes pas plus jeune que moi, ou du moins cela serait bien difficile, car quand je vous ai connu, vous aviez bien huit ou dix ans plus que moi; aussi dites-vous en plusieurs endroits que vos forces sont usées, et vous l'aviez déjà dit devant votre Œdipe, ce ne sont

---

15   Voir de Visé, *Défense du Sertorius*, p. 38.
16   Voir Sénèque, *Consolation à Marcia*, VI.2, et *Sur la brièveté de la vie*, VIII.5.

pas des marques de jeunesse pour un homme bien sain, et que les maladies n'ont point affaibli. Quant à moi je n'entends point tant de finesse que vous sur ce chapitre, j'avoue que je suis infirme, qu'il y a plus de vingt-cinq ans que je vis entre la maladie et la santé, que les années n'aident pas à mon rétablissement, que j'ai trouvé l'âge d'être sage avant que d'avoir trouvé la sagesse, et tout ce que vous voudrez penser sur ce sujet, passons à d'autres.

[16]   Je vous plains en vérité, M. de Corneille, de vous être démenti si malheureusement, et je souhaiterais pour votre honneur que vous eussiez fait une meilleure défense; peut-être n'aviez-vous pas dessein d'y mettre aucune marque d'érudition, mais seulement des injures et des mensonges impudents, en quoi certes vous avez fort bien réussi.

[17]   Pour leur donner quelque couleur, vous trouvez mauvais que j'appelle votre petit frère un apprenti, et n'est-ce pas le nom que tout le monde lui donne, le petit Corneille, pour le distinguer de vous qui êtes le grand Corneille?[17] Et que peut-il être autre chose qu'un apprenti de Théâtre à comparaison de vous qui vous en faites le Maître? Sans lui faire tort on pourrait bien compter entre vous et lui quatre ou cinq degrés de maîtrise, et tout ce qu'il peut prétendre, c'est d'être votre premier garçon et de travailler par vos ordres. Puisse le Dieu des Muses vous inspirer si bien pour les lui donner bons, qu'il les exécute mieux que par le passé, et qu'il n'apporte plus sur la Scène des Camma, des Démétrius et d'autres semblables pièces qui n'ont été que des escroqueries pour nos Bourgeois.[18]

[18]   Mais comme cette considération n'était pas suffisante pour vous déchaîner en injures, vous m'accusez de vous en avoir dit, et vous en avez allégué deux endroits, où je parle en termes généraux de la canaille et de la vermine du Parnasse qui se préparait à vous défendre, et de ceux qui ne sortent de leur cabinet, que pour faire des courses avantageuses dans le pays des Histrions et des Libraires.[19] Mais pourquoi vous

---

17 Voir DII.3 ci-dessus, et de Visé, *Défense du Sertorius*, pp. 7-8: "vous sortez de votre sujet, pour répandre votre fiel sur Monsieur de Corneille le jeune; et comme il a beaucoup de mérite, il n'est pas exempt de vos injures".

18 *Camma* et *Démétrius* de Thomas Corneille parurent en 1661 et 1662.

19 Voir de Visé, *Défense du Sertorius*, pp. 102-5.

appliquez-vous des paroles que je ne vous ai pas appliquées? C'est vous-même qui vous faites l'injure. Il ne faut jamais prendre de sa main l'ordure pour se barbouiller soi-même; et vous avez eu tort de penser à vous quand je n'y pensais pas. Je n'ai garde de vous comprendre parmi la canaille et la vermine du Parnasse, que je foule aux pieds, sans perdre le Ciel de vue: je vous fais un appel qui n'est pas défendu par les lois, et je vous considère comme un homme digne d'être vaincu. Vous n'en avez pas usé de même envers moi, car vous vous prenez à ma personne et vous me dites des injures aussi fausses que ridicules. Pourquoi répéter tant de fois la vie et l'étude des Collèges, et m'imputer en termes injurieux et dignes de votre insolence, toutes les impuretés et les opprobres qu'un esprit malin, comme vous, connaît par sa pratique, et a retenu dans toutes ses mœurs? Il faut, M. de Corneille, que je vous apprenne malgré moi comment j'ai fait mes études. Dès l'âge d'onze ans que je commençai d'entendre un peu la langue Latine, je quittai ces petits Pédagogues triobolaires[20], qui en enseignent les principes aux enfants, et connaissant que les petites notes qui sont dans les livres m'apprenaient de meilleures choses qu'eux; je m'attachai seul à la lecture des Auteurs, et chose étrange, les premiers que je me mis à lire furent Horace et Justin, par les secours desquels, mais avec bien de la peine, et par un travail opiniâtre, j'acquis la connaissance de cette vieille langue, et la facilité de l'écrire et de la parler; et depuis ce temps hormis la Philosophie, pour laquelle j'eus durant deux ans un Précepteur domestique, j'ai étudié de moi-même la langue Grecque et Italienne, la Rhétorique, la Poésie, la Cosmographie, la Géographie, l'Histoire, le Droit et la Théologie; et je défie tout homme vivant au monde, de se vanter de m'avoir jamais rien enseigné, comme Maître, ni de dire que j'ai jamais étudié une heure dans aucun Collège de la Terre. La fréquentation des Savants, dont l'entretien me donnait l'ouverture des grandes questions avec la connaissance des bons livres, et la lecture assidue de ceux que j'avais en assez grand nombre, ont fait tous mes collèges et toute mon instruction. Je vous avoue que j'en ai peu retenu, que je sais fort peu de chose, et que de ce que j'ignore on en ferait encore dix des plus savants hommes de l'Europe. Mais au moins ai-je cet avantage de n'en devoir presque rien qu'à la conversation des Doctes et à mon travail; et si je ne suis pas riche, je n'ai rien emprunté

---

20 Mot venant sans doute de "triobole" (n.m.) qui veut dire monnaie des Grecs valant trois oboles: "rétribution journalière accordée aux citoyens d'Athènes qui siégeaient comme juges" (*Dictionnaire de l'Académie Française*).

des autres que je ne puisse rendre. Quand saint Augustin nous assure qu'il était Autodidacte, c'est-à-dire, instruit par lui-même, il parlait franchement et sans vanité,[21] et si je parle ici de moi presque de même sorte, c'est avec autant de sincérité; et pour vous assurer seulement, M. de Corneille, que je n'ai point rapporté des collèges, où je n'étudiai jamais aucune mauvaise manière de parler, ni d'écrire, aucuns sentiments déraisonnables, aucunes mœurs messéantes aux personnes de bonne naissance, ni aucune conduite désagréable aux honnêtes Gens. En un mot, vous ne verrez en ma vie ni dans mes ouvrages aucune vicieuse teinture des Ecoles publiques.

[19]   Que si dans cet endroit injurieux vous avez eu en vue l'éducation de feu M. le Duc de Brézé, Amiral de France, qui me fut commise dès sa onzième année, vous parlez encore plus ridiculement, et je ne dois recevoir que de l'honneur d'avoir élevé dans les mœurs et dans l'étude, l'un des plus signalés Héros de notre Siècle, d'avoir nourri de mes pensées et de mes sentiments l'esprit et le cœur d'un Personnage, dont la vie a mérité que toute la France pleurât sa mort; et vous devriez faire quelque réflexion, qu'un homme de la qualité dont vous me voulez dépeindre, ne devient point l'Intendant de toutes les affaires d'un grand Amiral.[22]

[20]   De ma part, si je connaissais aussi bien que vous ce que c'est qu'un Balayeur ou un Cuistre de Collège, je pourrais expliquer de quel lieu on a vu passer un homme à faire des Farces, de méchantes Comédies, et ensuite des Tragédies de grand bruit; mais j'aime mieux ne me pas faire entendre que de vous fâcher en la personne d'un Poète qui vous touche de près, et tout cela n'est point de notre dispute.

[21]   Toute notre querelle n'est que sur le fait de la doctrine, et nous ne disputons point l'un contre l'autre pour quelques honneurs ni pour quelques biens; et cependant vous avez abandonné le point d'érudition, et vous vous êtes retranché dans les injures et dans un examen de biens fort ridicule.

---

21   Voir Saint Augustin, *Confessions* I, 14.

22   Voir DIV.9. En 1640, Jean-Armand de Maillé-Brézé prit le commandement d'une escadre avec laquelle il battit une flotte espagnole près de Cadix.

[22]   Où vit-on jamais un discours tel que votre Défense, plus dépourvue de toutes les choses qui sont essentielles à notre contestation? On n'y trouve aucune marque d'érudition; y faites-vous paraître quelque lecture des bons Auteurs, quelque connaissance de l'antiquité, quelques raisonnements solides, quelque trait d'un homme de belles lettres, quelque lumière d'aucune science ordinaire? Non, ce ne sont que des paroles inutiles, un caquet destitué de toute raison et de tout agrément, des répétitions de mauvaises choses, des contradictions impertinentes, des suppositions de ce que je n'ai point dit ni voulu dire, et enfin il me semble que vous êtes cet illustre Abbé du Concile de Trente, lequel ayant ouï plusieurs Evêques et Docteurs parler assez longtemps sur les questions proposées, se résolut un jour d'en faire de même; et s'étant levé commença de parler et continua fort longtemps; mais enfin le Président voyant que toute l'assemblée s'ennuyait, lui demanda ce qu'il voulait dire, à quoi il répondit avec beaucoup de modestie et de gravité, *Rien autre chose*, Messieurs, *je voulais parler*. J'avais cru, comme beaucoup d'autres, que vous étiez le Poète de la Critique de l'Ecole des femmes, et que M. Lysidas était un nom déguisé, comme celui de M. de Corneille, mais tout le monde est trompé, car vous êtes sans doute le Marquis de Mascarille, qui parle toujours, piaille toujours, ricane toujours, et ne dit jamais rien qui vaille; et vous vous êtes fort bien conservé ce caractère, comme vous étant propre dans votre Défense, où néanmoins vous n'avez fait que répéter vos vers et ma prose, jusqu'à deux pages entières d'une seule allégation, comme un excellent moyen de faire un gros livre sans beaucoup de peine.[23] On avait quelque opinion que vous étiez savant, on croyait que vous aviez lu beaucoup de bons Auteurs, parce que les habiles découvrent assez que vous tirez ce que vous dites du fond de cinq ou six anciens et modernes; on vous estimait fort en raisons, parce que vous employez assez bien celles d'autrui dans les beaux endroits de vos pièces. Mais qu'est devenu tout cela, qu'avez-vous fait d'un travail de cinquante ans? pourquoi traitez-vous si mal Aristote? est-ce que vous ne l'aimez pas, parce que c'est un flambeau qui sert à manifester vos fautes? ou bien est-ce que vous ne l'entendez pas, parce qu'il traite d'un art que vous avez pratiqué longtemps sans l'avoir étudié? C'est à vous à répondre là-dessus. Mais il me souvient qu'en la visite, dont il plût à votre bonté

---

23   La première représentation de *La Critique de l'Ecole des femmes* de Molière eut lieu le 1er juin 1663. Lysidas est le poète pédant et Mascarille le marquis ridicule.

m'honorer après avoir fait votre Horace, vous me contâtes que vous aviez lu la Poétique d'Aristote, mais que vous n'en aviez pris que de fausses lumières, et que vous en aviez détourné toutes les maximes, parce que vous ne l'aviez étudiée, que pour contredire les sentiments de MM. de l'Académie Française. Sur quoi je vous conseillai de la relire, afin de rectifier vos connaissances; Je ne sais pas ce que vous en avez fait, mais vous méprisez fort ce qu'il nous enseigne. Vous devriez néanmoins faire réflexion qu'il y a près de deux mille ans que son livre sert de règle aux Savants contemplatifs et aux Poètes, et que son autorité ne cessera pas si tôt, parce que ses préceptes ne sont pas des caprices de sa fantaisie, mais des observations faites par la raison naturelle qui ne vieillit jamais, et qui n'affecte ni les peuples, ni les qualités des hommes, ni les lieux. Et pour dire le vrai, je ne crois pas que vous l'ayez jamais lu, car vous en parlez comme s'il avait écrit de tout l'art du Théâtre, et néanmoins ce qui nous en reste n'est que le tiers de son ouvrage; il n'y traite que de la Tragédie, et même que de ses principes et fondements généraux, n'ayant touché que par occasion la Comédie, l'Epopée et quelques autres matières.

[23]   Mais bien loin d'employer la doctrine dans une dispute de doctrine, vous avez affecté de paraître ignorantissime, car vous avez confondu, et je veux croire que c'est tout exprès, les noms d'Historien et de Histrion, ayant pris le premier pour l'autre,[24] encore qu'ils n'aient rien de commun; le premier est un écrivain d'histoire, et l'autre est un acteur de théâtre qui joue des tragédies, des comédies ou des farces.

[24]   Et vous dites aussi que selon la langue Latine, *classe* ou *classis*, signifie une galère:[25] je ne sais pas où vous l'avez appris, mais les petits grimes des Collèges vous assureront que ce mot signifie une armée navale ou une flotte de vaisseaux ronds, galères, frégates, flûtes, barques et autres machines de mer, et qu'une galère se nomme en Latin, *triremis* ou *quadriremis*, selon le nombre des rames qu'elle porte. Ha! que la passion est une mauvaise guide, et que la colère a de fâcheux effets; qu'elle fait dire de sottises, quand elle veut dire des injures, et qu'elle conduit mal la langue et la main quand le sens commun est abandonné.

---

24   Voir de Visé, *Défense du Sertorius*, p. 92.
25   Voir de Visé, *Défense du Sertorius*, p. 99.

[25] Je n'ai pas envie de vous contredire, mais seulement de vous railler, quand vous dites que les cabinets des Grands sont des antichambres, où tout le monde s'assemble, et où chacun peut parler de ses affaires.[26] Ne savez-vous pas que les antichambres sont devant les chambres et les cabinets derrière ou à côté, et que dans un bâtiment régulier, on passe de l'antichambre à la chambre et de la chambre au cabinet? Avez-vous perdu la mémoire des grands Palais de ceux auxquels vous avez fait vos dédicaces? Revenez à vous, M. de Corneille, et ne laissez pas agir votre dépit jusqu'à vous troubler le sens.

[26] Quand vous parlez aussi de préparer les incidents sans les prévoir, il fallait plutôt dire sans les prévenir; car prévoir un Incident est le fait des Spectateurs, et le prévenir est une faute du Poète en le préparant. La première est une connaissance précipitée de ceux qui écoutent; et l'autre est une vicieuse explication de celui qui compose; ce sont deux choses qui dépendent l'une de l'autre, et néanmoins toutes différentes. Et quand vous alléguez en divers lieux deux ou trois vers pour montrer que vous avez bien préparé les Incidents, vous montrez que vous ne l'entendez pas: préparer un Incident n'est pas seulement en parler, car cela est grossier et affecté, mais c'est de l'avancer comme une couleur de quelque autre aventure qui semble lors n'avoir point de rapport avec ce qui doit arriver. Et cette couleur doit être forte, vive, et souvent même répétée; autrement quand elle passe en un vers ou deux mis avec peu de nécessité, elle échappe au Spectateur, ou bien il n'y prend pas garde, ou bien il la néglige comme une chose inutile, sachant bien que les Poèmes de ce temps en sont tous remplis. Vous voyez que j'ai la charité de vous instruire, encore que vous n'écriviez que pour me faire outrage.

[27] Vous ne paraissez pas moins ignorant en français qu'en latin, en quoi vous êtes d'autant plus blâmable que vous présumez d'être le Prince de nos Poètes. Vous avez fait un grand effort pour trouver dans mon discours quelques façons de parler que vous puissiez faire passer pour vicieuses en notre langue, mais il faut que vous ne la sachiez pas ou que vous ayez l'esprit bien obscurci de passion.

---

26 De Visé, *Défense du Sertorius*, p. 63.

[28]   Vous condamnez, *éclairer la conduite d'un homme*, mais vous êtes le seul Ecrivain qui puisse avoir un si ridicule sentiment.[27] Il est faux, ne vous déplaise, qu'il faille toujours dire, *éclairer un homme dans sa conduite*, On dit éclairer notre chemin, éclairer nos pas, éclairer nos pieds, comme David, et ce mot s'applique à tout ce qui peut recevoir quelque lumière: ce sont de petites figures de paroles qui font une partie des grâces des Orateurs, mais elles ont une mesure dont il faut prendre garde de ne pas sortir. Quant à vous, M. de Corneille, vous rampez presque toujours où vous êtes guindé, vos bassesses dégoûtent vos Lecteurs, ou vos galimatias vous dérobent à leur intelligence, et ce n'est que par hasard lorsque vous demeurez dans la justesse des bonnes expressions. Enfin éclairer la conduite d'un homme, c'est lui donner des lumières pour se conduire, mais la première façon de parler est plus agréable, parce qu'elle est plus figurée, et si la conduite de votre esprit était mieux éclairée, vous ne feriez pas tant de fausses démarches.

[29]   Vous prétendez encore que l'on ne dit point *les grâces des Orateurs*.[28] Et qui ne sait qu'il n'y a point de paroles plus propres pour en expliquer les beautés, les élégances et toutes les délicatesses? Ce mot leur est si propre, qu'il est commun de dire que les meilleures choses exprimées sans grâce, ne peuvent plaire: S'il était nécessaire de vous alléguer des autorités d'une chose si commune, je vous accablerais de grec, de latin et de français, et vous montrez bien à votre langage comme à votre mine, et à votre entretien, que vous n'avez pas sacrifié aux grâces, et ceux qui vous veulent dépeindre en idolâtrant vos œuvres, disent qu'en vers vous êtes assez habile homme, mais qu'en prose vous êtes un gros villageois du pays de Caux. Ils ne parleraient pas ainsi, M. de Corneille, si vous parliez avec les grâces des Orateurs.[29]

[30]   Et pourquoi ne dira-t-on pas, *faire des fautes par une mauvaise complaisance à la multitude?*[30] En pouvez-vous blâmer les termes, en blâmez-vous la construction? Ne dit-on pas ordinairement être complaisant à Monsieur ou à Madame? et qu'une personne agit par complaisance à une autre? Si vous n'aviez jamais été complaisant à la

---

27 De Visé, *Défense du Sertorius*, p. 23.
28 De Visé, *Défense du Sertorius*, p. 24.
29 Voir aussi DIII.5 ci-dessus, et DIII.107 ci-dessous.
30 De Visé, *Défense du Sertorius*, p. 24.

multitude, vous n'eussiez pas travaillé si soigneusement pour lui plaire. Il faut être bien ignorant, ou plutôt bien malicieux pour reprendre des façons de parler si communes et si bien reçues. Nous avons même une épître de Sénèque, en laquelle il nous enseigne que nos plus grands défauts viennent d'une mauvaise complaisance à la multitude, c'est-à-dire, au grand nombre des vicieux.

[31] Il semble que vous ayez juré de vous rendre ridicule quand vous écrivez que l'on ne peut pas dire *un caractère de discernement*; le discernement est bien en celui qui juge, mais le caractère de discernement, c'est-à-dire, la marque, le signe, les qualités qui servent à juger, sont dans les choses; l'esprit discerne, et les caractères qui font discerner, sont dans les objets; Je discerne un arbre d'avec un rocher, mais ils ont en eux-mêmes ce qui me les fait discerner; et ce qu'ils ont de différence est ce que l'on appelle caractère de discernement.

[32] Voilà de notables corrections qui montrent bien l'excellence de votre jugement, et les fautes que j'ai faites contre notre langue; celui qui condamne trois bonnes choses, fait bien voir qu'il n'en a pu trouver de mauvaises.

[33] Il faut que vous ayez l'esprit bien dur, s'il n'est pas sensible aux *pointes du plaisir*.[31] Vous ne pouvez approuver cette métaphore, et je ne m'en étonne pas, parce que vous n'en connaissez pas la justesse, ne pouvant jamais vous abaisser sans tomber à plate terre, ni vous élever sans extravagance. Vous ne dénierez pas que l'on ne dise ordinairement et fort bien, les pointes de la douleur, pour exprimer l'âpreté du mal qui blesse la délicatesse de nos sentiments, et qu'une grande affliction nous perce le cœur pour en expliquer la véhemence; et les Médecins donnent aux fièvres continues et violentes le nom de maladies aiguës, comme si elles avaient une infinité de pointes qui nous piquent en mille endroits. On peut donc aussi bien dire en sens contraire les pointes du plaisir, pour faire entendre la vivacité du sentiment aux approches d'un objet agréable. C'est pourquoi Catulle surnommé le délicat, ayant dépeint la jeune Quincie belle de visage, et de taille avantageuse, se plaint qu'en tout son corps elle n'avait pas un grain de sel, pour faire entendre qu'elle était de

---

31 Voir DII.54 ci-dessus, et De Visé, *Défense du Sertorius*, p. 80.

ces beautés qui n'ont rien de piquant; et quand en lui comparant Lesbie, il dit qu'elle avait enlevé toutes les grâces aux autres, il nous apprend qu'elle avait beaucoup de choses piquantes.[32] Et dites-moi, je vous prie, M. de Corneille, le plaisir que cette beauté donnait aux gens était-il sans pointes, puisqu'il piquait comme du sel? Mais ces paroles ne se peuvent mieux employer, que pour expliquer celui que l'on reçoit d'ouïr un discours fin, subtil et délicat. D'où vient que les Latins appellent les paroles qui nous plaisent, le sel de la prose ou des vers, ce que les Savants nommaient selon Cicéron, l'éloquence d'Athènes, qui ne faisait pas rire impertinemment, mais qui donnait un plaisir raisonnable, qu'il était plus facile de sentir que de discerner.[33] Et Martial pour se railler d'un mauvais Poète qui dans ses vers n'avait pas mis un bon mot, dit qu'il n'y avait pas un grain de sel: Et comparant ensuite la Poésie à un festin, il veut qu'elle ressemble aux viandes assaisonnées de vinaigre, et aux figues de Cio qui piquaient, et que l'on doit garder pour les enfants les fruits qui sont fades et qui n'ont point le goût relevé.[34] A votre avis, M. de Corneille, le plaisir qu'on aurait de lire des vers salés, vinaigrés et piquants de cette sorte, serait-il sans pointes? Et ne disons-nous pas ordinairement quand des vers ou quelque billet doux n'ont point de grâces capables de nous donner du plaisir, que nous n'y trouvons rien qui pique? Et comment souffririez-vous Platon qui parle de la pointe de l'âme, où il enseigne que se forme le plaisir qui procède du sentiment des choses divines? car selon ce Philosophe, il faut que ce plaisir soit bien pointu, n'étant pas plus grand que l'organe qui nous le communique.[35] Et toutes les choses qui contribuent à nous le faire sentir, soit en nous le donnant, soit en le recevant, nous permettent d'attribuer au plaisir les pointes que l'on leur donne par métaphore qui passe aisément, selon les règles de l'art, de la cause à l'effet. Ce qui donne sujet à Erasme de dire que l'assaisonnement qui se fait avec le sel a passé pour expliquer les plaisirs de l'esprit, la joie et les contentements de la vie.[36] Quand

---

32 Voir Catulle, *Poèmes*, 86.
33 Voir Cicéron, *Orator*, 83-90.
34 Voir Martial, *Epigrammes* XIII, 23 et 122.
35 Voir Platon, *Phèdre*, 251d.
36 Voir Erasme, *Adages* II.iii.51. Les références que fait D'Aubignac à Catulle et à Cicéron (voir ci-dessus) se trouvent également chez Erasme.

S. Augustin, Procope et Boèce ont donné des aiguillons aux plaisirs,[37] pensez-vous que ces aiguillons fussent sans pointes? Quand saint Chrysostome compare les plaisirs aux épines,[38] à votre avis, M. de Corneille, en voulait-il retrancher les pointes? Et quand Juvénal nomme le plaisir des débauchés une ortie qui les pique, entend-il que cette ortie pique sans avoir des pointes?[39] Si je m'étais gratté le derrière de la tête, nonobstant cette faiblesse de mémoire dont vous m'accusez, je vous étoufferais sous le nom des Auteurs sacrés et profanes qui justifieraient ce que j'ai dit en cette occasion et en toutes les autres que vous censurez fort ignoramment, et je vous ferais voir que je n'avance jamais rien sans avoir de bons garants. Mais j'ai pris un genre d'écrire plus convenable à la belle curiosité des belles Cours et aux entretiens des Alcôves, qu'aux disputes des doctes; où l'on ne doit rien prouver que par une profonde érudition.

[34] Vous m'en donnez encore un assez ample sujet dans cette impertinente Critique que vous faites de mes vers, où vous contredites les témoignages de tous les excellents Ecrivains aussi bien que le bon sens.

[35] Pour moi je pense que vous ne savez plus ce que vous faites ni ce que vous dites. Pourquoi blâmez-vous mon Sonnet d'avoir 73 monosyllabes?[40] car c'est une imposture et pour vous convaincre, il ne faut que les compter. Mais quand il y en aurait encore davantage, s'est-on jamais avisé de chercher le nombre des monosyllabes dans un discours français? C'est le génie de notre langue, c'est sa fabrique, c'est sa nature; Elle n'est presque composée que de Monosyllabes ou du moins en font-ils plus de la moitié. Tous nos articles prépositifs, nos conjonctions, nos propositions, nos particules négatives et affirmatives, ne sont que des Monosyllabes qui néanmoins se trouvent partout et en foule; Tous nos pronoms sont presque de même, avec plusieurs noms, plusieurs verbes, plusieurs adverbes, et une infinité d'autres mots. C'est pourquoi personne n'a condamné jamais aucun ouvrage en notre langue par le nombre des

---

37 Voir St Augustin, *De la Cité de Dieu* V.20; et Boèce, *La Consolation de la philosophie* III.1. Il nous semble vraisemblable que d'Aubignac fasse allusion ici à l'oeuvre de Procope de Gaza, théologien grec du VIe siècle, plutôt qu'à Procope, l'historien byzantin de la même époque. Cependant, nous n'avons pas pu identifier la source précise.

38 Voir Saint Jean Chrysostome, *Sur la providence de Dieu* IV.2.3, et *Sur le sacerdoce* VI.4.12.

39 Juvénal, *Satires*, XI, 168.

40 De Visé, *Défense du Sertorius*, p. 111.

monosyllabes, mais seulement quand ils apportent de la rudesse ou de la cacophonie, quand ils font sauteler la prononciation et lui donnent quelque mauvaise grâce; et si l'on avait compté ceux des deux premiers vers de votre Sertorius, on en trouverait quinze dont ceux du second vers font un mauvais son dans le premier hémistiche, à cause de la mauvaise construction des paroles, et à ce compte ce serait 105 pour un sonnet; Mais je l'ai souffert par une indulgence en quelque façon nécessaire en notre langue. Aussi est-il vrai que le plus beau vers de Malherbe est tout de monosyllabes, sans que jamais on l'ait blâmé, parce qu'il est fort naturel; c'est dans cet excellent Sonnet qu'il a fait sur les bâtiments de Fontainebleau, où reconnaissant qu'ils sont merveilleux, il ajoute,

Mais quoique vous ayez vous n'avez pas Caliste,
Et moi je ne vois rien quand je ne la vois pas.[41]

[36]   Prenez donc vos bésicles, M. de Corneille, pour mieux compter les monosyllabes, et en mieux juger.

[37]   Comment dites-vous que le mot de *noble* n'ajoute rien à celui d'*avantage*?[42] car quand cela serait, les Poètes ont assez accoutumé de mettre des épithètes qui ne font qu'expliquer la nature d'une chose sans aucune nouvelle pensée, comme la neige blanche, des Astres brillants, des fleuves coulants et mille semblables. Mais il y a des avantages peu considérables et qui ne sont pas nobles: Un Gentilhomme qui dans un bal aurait mieux dansé qu'un paysan, aurait un avantage qui ne serait pas noble, c'est-à-dire, illustre, élevé, glorieux, et au-dessus du commun, parce que la personne ni le sujet ne donnerait qu'une médiocre gloire au vainqueur. Et quand on présenta autrefois à Alexandre un jeune enfant qui avait cet avantage au-dessus de tous les autres de son âge, qu'il recevait de la pointe d'une aiguille tous les grains de mil que l'on lui jetait sans jamais y manquer, ce Prince lui assigna par an une grande mesure de mil, pour exercer, disait-il, ce nouvel art: il reconnut que cet avantage était rare, mais qu'il n'était pas fort noble, et qu'il ne méritait pas une illustre récompense.

---

41 Malherbe, Sonnet XXXIV, *Beaux et grands bâtiments d'éternelle structure*, imprimé en 1609, vv. 13-14.
42 De Visé, *Défense du Sertorius*, p. 111.

[38] Pourquoi ne voulez-vous pas que l'on dise qu'une Dame de naissance et de qualité doit ses beautés aux soupirs de la Cour et à la gloire de notre âge;[43] ne sait-on pas que les femmes de condition pourvues de quelques grâces doivent leur présence à la Cour, ou tous les honnêtes gens les désirent, et soupirent pour leur absence, et que chacun étant obligé de contribuer à la gloire de son siècle, les belles personnes qui n'en font pas l'un des moindres ornements, ne se doivent pas toujours cacher, je ne prouve ni l'un ni l'autre; car je ne crois pas qu'il se trouve un esprit assez ignorant pour n'avoir lu cent fois, ou cent fois ouï dire la même chose.

[39] Est-il pas encore ridicule de prétendre que le mot de *sauvage* n'ajoute rien à celui de désert; et que c'est une épithète inutile?[44] les Poètes en ajoutent souvent qui conviennent au sujet sans former une nouvelle idée, mais en cette occasion le mot de *sauvage* dit beaucoup plus que celui de *désert*, qui dans sa naturelle signification n'exprime autre chose qu'un lieu destitué d'habitants. D'où vient que nous nommons un beau désert quelque endroit de la campagne où personne n'habite, et qui néanmoins n'a rien de fâcheux que la solitude? mais quand on y voit partout des rochers escarpés, et des cavernes affreuses, c'est alors un désert sauvage. Aussi quand les Poètes parlent d'un désert simplement, ils le nomment vide, solitaire, paisible, et lui donnent d'autres qualités qui ne signifient rien qu'un abandonnement d'habitants; mais quand ils veulent expliquer les autres, ils les appellent, comme Virgile, la retraite horrible des bêtes féroces, un lieu rempli d'objets de frayeur, mal agréable aux yeux, et qui jette même l'épouvante dans le cœur.

[40] Je ne m'arrête pas à cette impertinente pensée, que la fin de ce Sonnet enferme une impiété:[45] la poésie ne souffre point ce reproche, parce que ses paroles et ses expressions sont toutes figurées, et personne ne pensera que vivre, mourir, et ressusciter, soient des termes qu'il faut prendre à la lettre: la vie des Amants n'est que l'espérance d'être aimé, leur mort est la perte de cette espérance, et leur résurrection son retour. Ce n'est pas à vous, M. de Corneille, à prendre à la rigueur ces façons de

43 Ibid., p. 112.
44 Ibid., p. 112.
45 Voir de Visé, *Défense du Sertorius*, p. 114: "C'est se moquer de nos Mystères et de la Résurrection que de dire que votre Duchesse peut, par un regard, ressusciter les morts".

parler; car si on entendait de cette sorte les paroles de votre paraphrase de l'Imitation, on y compterait plus de cinquante hérésies, ou du moins cent propositions que l'on qualifierait en Sorbonne proches de l'hérésie. Mais je suis plus juste que vous, je les pardonne à la contrainte du vers, et je les interprète selon la grâce de la figure et non pas selon le sens rigoureux des paroles.

[41]   A quoi bon de vous engager à parler de la Pratique du Théâtre si vous ne l'avez pas lue, ou pourquoi en parlez-vous mal à propos si vous l'avez lue? Vous dites que je n'ai fait que répéter ce que les autres avaient écrit devant moi;[46] c'est vous charger d'une grande ignorance que je ne crois pas de vous, ou d'une grande malignité. Quand j'entrepris cet ouvrage, je résolus de ne rien copier des autres qui nous ont donné l'art poétique depuis Aristote, et de n'enseigner que des choses nouvelles, ou de rectifier par une docte nouveauté, celles qui étaient connues, et vous savez bien que vous n'avez jamais vu autre part ce que vous avez trouvé dans ce livre, que les habiles désintéressés nomment vraiment un livre, et un livre nouveau. Et M. Conrart qui selon l'avis des honnêtes gens, a beaucoup d'esprit et de jugement, m'a dit plusieurs fois que j'y devais comprendre toute la matière du Théâtre, afin d'avoir en même volume ce que j'approuvais des autres et ce que j'avais nouvellement mis au jour. Il est vrai que j'allègue souvent les Anciens dont les paroles sont à la marge, mais ils ne me servent que pour expliquer l'antiquité en la recherche des choses que j'ai déterrées, ou pour autoriser les choses nouvelles que j'ai avancées et je ferai voir par une Dissertation expresse qu'auparavant la lecture de ce livre, vous avez fait une infinité de fautes très grossières, que vous avez corrigées dans l'impression qui depuis a été faite de vos œuvres; Et dans une autre je traiterai des fautes que vous avez faites en très grand nombre contre les maximes d'Horace et d'Aristote, c'est-à-dire, contre la raison naturelle qu'ils ont suivie pour les établir. Je ne m'arrête pas à votre mauvaise censure du mot de pratique de Théâtre,[47] car il est assez justifié dans ce livre où je traite aussi que les Anciens ont mis sur le Théâtre avec succès beaucoup de choses qui déplaisaient maintenant sur le nôtre, parce qu'une des règles fondamentales du Drame est de se conformer aux mœurs et aux

---

46 Donneau de Visé, *Défense du Sertorius*, p. 100: "le Livre que vous avez intitulé, *La Pratique du Théâtre*, fait assez voir que vous vous attribuez bien des choses, dont vous n'êtes pas l'Auteur".

47 De Visé, *Défense du Sertorius*, p. 21: "c'est une théorie et non une pratique".

sentiments des Spectateurs. Il faut donc suivre cette règle à leur exemple, et non pas les sujets particuliers qui nous feraient maintenant sortir de la règle.

[42]   Comment avez-vous dit que je me plains, il y a cinq ans que vous n'avez pas parlé de ma Pratique du Théâtre dans vos discours que vous en avez tous escroqués?[48] car vous ne les avez fait imprimer qu'à la fin de l'année 1660 il n'y a que deux ans et demi. Vous avez une furieuse antipathie avec la vérité, ou la colère vous aveugle d'une manière bien peu commune, puisqu'elle vous fait errer contre votre propre fait: voilà ce que c'est que d'être trop bon Poète; on s'accoutume tellement à mentir que l'on ne veut plus parler autrement.

[43]   Que voulez-vous dire d'un livre que vous me faites composer sous le titre de la manière d'applaudir au Poème Dramatique? car pour faire battre des mains et faire éclater des A. et des E. vos cabalistes semés sur le Théâtre et dans le parterre y sont assez bien instruits. Mais il est vrai que j'ai formé le projet et l'ordre d'une Dissertation en laquelle après avoir discuté tous les défauts de vos Poèmes, je prétends montrer très clairement que tous les endroits que l'on estime excellents en chacun d'eux, sont contre le sens commun, tant par la considération des lieux, des temps, des personnes que par d'autres circonstances indispensables.

[44]   Vous avez une étrange aversion contre Mademoiselle Desjardins; il vous fâche qu'une fille vous dame le pion, et vous lui voulez dérober son Manlius par l'effet d'une jalousie sans exemple.[49] Je confesse bien qu'elle m'en a montré le dessein, et que je lui en ai dit mon avis en quelques endroits, dont elle a fait après ce qu'elle a jugé pour le mieux, et sa seconde Pièce la justifie assez contre votre calomnie.[50] Je ne prétends point ici faire son apologie, mais je suis obligé de vous dire qu'il est faux que j'aie fait son Manlius,[51] et jamais un petit conseil n'a donné droit à personne de s'attribuer l'ouvrage d'autrui, autrement vous pourriez

---

48 De Visé, *Défense du Sertorius*, p. 101.
49 *Manlius* avait été jouée en avril 1662 et achevée d'imprimer le 27 octobre.
50 *Nitetis*, jouée pour la première fois en 1663.
51 Donneau de Visé, dans sa *Défense de la Sophonisbe*, accuse d'Aubignac d'en avoir fait "tout le sujet" (p. 10). Voir aussi Donneau de Visé, *Défense du Sertorius*, p. 16: "si l'on vous en veut croire, [Corneille] n'a jamais rien fait qui approche de votre *Zénobie*, ni du *Manlius* de Mademoiselle Desjardins, parce que vous en avez conduit le sujet."

attribuer cette même Pièce à M. le Chevalier Du Buisson qui l'a vue toute entière aussi bien que moi, et n'a pas refusé de lui donner ses avis.[52]

[45]   Quels sont les cinq ou six Poèmes dramatiques dont j'ai conduit le sujet? Je ne les connais pas; on m'en a montré plusieurs dont j'ai dit mes sentiments qui n'ont pas été suivis; j'ai donné l'ouverture de quelques sujets que l'on a fort mal disposés; j'ai d'autrefois fait en prose jusqu'à deux ou trois Actes, mais l'impatience des Poètes ne pouvant souffrir que j'y misse la dernière main, et se présumant être assez forts pour achever sans mon secours, y a tout gâté. J'en ai même donné trois en prose à feu M. le Cardinal de Richelieu qui les fit mettre en vers, mais les Poètes en changèrent tellement l'économie qu'ils n'étaient plus reconnaissables. Apprenez à votre exemple, M. de Corneille, qu'il n'y a rien de plus difficile à conduire que la tête d'un Poète; l'ardeur de son imagination le fait trop présumer de lui-même, et l'empêche de suivre les bons conseils que l'on lui donne. Enfin Zénobie est la seule Pièce dont j'ai été le maître, au sujet, en la conduite et au discours; c'est la seule que j'avoue, et que je n'aurais pas faite néanmoins sans l'exprès commandement de cet incomparable Ministre, à qui les Rois et toute l'Europe n'ont pu résister, et si c'est une folie de jeunesse, je puis dire qu'il en a bien fait faire d'autres à de plus habiles que moi.

[46]   Vous n'avez pas raison de souhaiter qu'un homme un peu savant au Théâtre y remette quelqu'un des sujets que vous avez traités; car il n'en arriverait pas comme de la Sophonisbe que Mairet avait assez heureusement maniée,[53] et dont votre témérité en avait fait un écueil à votre réputation, si l'impression n'avait un peu réparé le mal que la représentation vous avait fait, et je ne crois pas qu'un autre y fît tant de faibles ouvertures de Théâtre, tant de catastrophes défectueuses, tant de galimatias, tant de vers rudes et tant d'élocutions impropres.

[47]   D'où vous vient cette vision que j'ai brigué depuis trente ans une charge de directeur des Théâtres qui n'est que dans votre fantaisie?[54]

---

52 Voir M. Cuénin, *Roman et société sous Louis XIV: Madame de Villedieu*, t.1, p. 92-3: "il faut croire que le Chevalier [Du Buisson] fut bon joueur puisque nous le retrouvons, lors de la composition de *Manlius*, faisant bénéficier Marie-Catherine de sa compétence en la matière".

53 Voir DI.2 ci-dessus.

54 De Visé, *Défense du Sertorius*, pp. 13, 94-5.

Nous avons bien vu dans la Cour celle d'Intendant des ballets et des comédies du Roi que Messieurs Porchères et Hesselin ont exercée, et que les quatre premiers Gentilshommes de la chambre ont fait réunir à leurs charges, d'où l'on peut induire qu'elle n'est pas indigne d'un honnête homme. J'avais bien d'autrefois dressé pour feu M. le Cardinal de Richelieu un projet de rétablissement de notre Théâtre,[55] où j'ai parlé d'un Intendant d'où vous avez fripé et corrompu cette pensée. Mais qui vous a dit que j'aie jamais rien recherché de semblable? à quel Ministre d'Etat l'ai-je demandée? quel favori en ai-je importuné? quels placets en ai-je présentés au Roi? De quelles gens et de quelles machines ai-je pu me servir en cette brigue depuis dix-sept ans que je n'ai pas seulement approché la porte du Louvre, comme je vous l'ai déjà dit?

[48]   En vérité M. de Corneille, vous êtes un grand homme, mais vous êtes un grand imposteur; si vous inventez c'est avec bien peu d'esprit, puisque vos inventions se détruisent d'elles-mêmes; et si vous devinez, il faut que ce soit avec bien de la diablerie puisqu'il y a si peu de vérité. Ce n'est pas que vous n'ayez dû souhaiter depuis longtemps qu'une pareille charge se fût trouvée entre les mains de quelque habile homme, car vous en auriez bien profité; Il ne vous aurait pas permis de faire marier Chimène avec le meurtrier de son père, ni de faire tuer Camille par un Héros de nouvelle trempe son propre frère; il vous aurait fait retrancher de votre Pompée cette méchante délibération qui en fait l'ouverture, votre Heraclius ne serait pas si rempli de confusion, votre Cléopâtre ne mourrait pas de poison durant le temps que l'on récite dix vers, vous n'auriez jamais fait paraître votre Pertharite, vous n'auriez pas fait tant de méchantes catastrophes, qui font que vos Poèmes ressemblent à ce monstre auquel Horace compare ceux de son temps, dont le visage était d'une belle fille et la queue d'un vilain poisson;[56] enfin vous n'auriez point fait tant de fautes qui vous font maintenant rougir; le public aurait été plus satisfait et vous occuperiez peut-être le sommet de la gloire que vous affectez.

[49]   Ce que vous avez fait de plus étrange et qui vous est de plus honteux, est, que vous avez osé prendre la protection d'un petit Hère du

---

55   Pour ce *Projet pour le rétablissement du théâtre français*, voir la *Pratique du théâtre*, ed. P. Martino, pp. 387-97.
56   Voir Horace, *Art Poétique*, 1-5.

Palais, et que vous avez fait en faveur de Sercy le dernier des fripons, une apologie que vous nommez apostille par la confusion de deux mots tirés d'une langue que vous n'entendez pas.[57] En vérité il faut bien avoir de l'amour pour un méchant petit Libraire; s'il s'agissait des intérêts d'un Cramoisy, d'un Vitré, d'un Petit, et de beaucoup d'autres qui leur ressemblent, on vous le pardonnerait, parce que ce sont des Gens qui vivent avec honneur et qui se sont maintenus dans un commerce louable auprès des personnes de mérite;[58] Mais que vous entrepreniez la défense de Sercy parce qu'il m'a trahi pour vous, cela ne vous sera pas avantageux. On peut quelquefois aimer la trahison parce qu'elle est utile, mais on ne doit jamais aimer le traître parce qu'il est à craindre, et qui m'a trahi aujourd'hui, pourrait bien vous trahir demain. Ces petits infâmes nés dans la boue, nourris dans l'ignorance, élevés dans la tromperie n'ont aucune familiarité avec la vertu; Ils se peuvent déguiser en personnes un peu raisonnables, mais jamais ils ne peuvent l'être; ces âmes basses ont perdu dans le berceau les semences du bien, et n'ayant aucune bonne éducation, elles sont pour jamais sans aucune disposition à bien faire. Ne vous y fiez pas, M. de Corneille, je vous en avertis, et pour avoir juste sujet de prendre garde à vous, examinez seulement combien il vous a fait dire d'impostures.

[50] Premièrement vous supposez que je lui ai fait une grande harangue, qu'il l'a fort bien retenue et qu'il l'a mise par écrit; ceux qui me connaissent jugeront s'il est vraisemblable que je me sois amusé à prôner un homme de cette sorte; Il n'entend pas ce qu'il dit ni ce qu'on lui dit, il ne sait pas parler ni même écouter, il ne peut pas même respirer; quand il approche quelqu'un il est capable de l'empoisonner par la vapeur de son poumon corrompu, et la plus courte conversation que l'on puisse avoir avec lui est très dangereuse; C'est un pauvre idiot qui ne sait qu'à grande peine écrire son nom, un misérable escroc qui n'est propre qu'à vendre des Almanachs. Voilà le portrait de ce personnage à qui j'ai fait une si belle harangue. Pour vous, M. de Corneille, vous trouvez tous les Libraires dignes de votre amitié et de votre entretien;

---

57 Selon d'Aubignac, Sercy avait prié tous les libraires de sa connaissance de ne pas éditer la seconde *Dissertation* de d'Aubignac.
58 D'Aubignac loue ces trois libraires non sans cause. Voir Couton, *La Vieillesse de Corneille*, p. 90: "avec Petit, Corneille a rompu, et la vengeance de Petit a été d'imprimer, pour faire concurrence à l'auteur devenu ennemi, une traduction de l'*Imitation* commandée à Desmarest de St-Sorlin. Ni Vitré, ni Cramoisy n'ont jamais rien édité de Corneille."

mais pour moi j'aurais bien de la peine à souffrir celui d'un Poète comme vous autrement que par la bouche des Histrions.

[51]   Mais encore que lui ai-je dit? que j'avais un ouvrage intitulé le Roman des Stoïques, et que s'il le voulait imprimer, il s'y pouvait enrichir: vous avez bien de l'inclination à croire un fat; Cet Ouvrage est intitulé Macarise Reine des Iles fortunées, et contient la Philosophie des Stoïques; vous pouvez vous en instruire chez mon Imprimeur, et connaître par là que votre Hère du Palais a menti impudemment, ou que vous mentez pour lui.

[52]   Et comment serait-il vrai que je lui eusse ouvert cet Ouvrage pour l'imprimer? Il y a cinq ans qu'au bruit du premier volume que j'avais fait voir à quelqu'un de mes Amis, ce petit Hère me le vint demander, mais je lui refusai sans aucune délibération, par trois raisons.

[53]   La première, que je le voulais faire imprimer à mes dépens, comme je lui dis, et comme je le fais in-octavo et non pas in-quarto; il est sous la presse et les figures en sont commencées au nombre de huit et non pas de dix, cela ne se peut contredire.

[54]   La seconde, qu'il m'avait trompé en l'impression des Panégyriques de M. le Maréchal de Rantzau et de Madame la Princesse, dont j'avancai les frais à la charge de me les vendre, ce que je faisais par charité pour soulager sa gueuserie, mais sans en avoir pu jamais avoir raison depuis ce temps.

[55]   Et la dernière, c'est qu'il est trop gueux ne pouvant pas s'engager dans une pareille dépense sans se mettre au-delà du pain. Or quelle apparence que je lui aie offert cet ouvrage, quand j'ai fait toutes les avances nécessaires pour l'impression, après avoir refusé tout commerce avec lui pour sa mauvaise foi et pour sa mauvaise fortune: et si on eût attendu mon consentement pour l'impression de ma Dissertation contre votre Sophonisbe, il ne l'aurait jamais eue, et je l'aurais bien empêché d'y mettre un titre à sa mode. Pourquoi mentez-vous encore pour lui en disant qu'il n'a pas vendu ces deux Panégyriques? il n'a qu'à me les rendre, il me les doit car ils sont à moi, puisque j'en ai fait les frais, de quoi se plaint-il?

[56]   Vous ajoutez aussi que j'ai fait espérer à ce petit Hère votre cher
Ami, de le faire Libraire de l'Académie des Allégoriques.[59] Je ne sais ce
que c'est, je ne connais point d'Académie sous ce nom: J'ai été autrefois
de celle de Madame la Vicomtesse d'Auchy,[60] j'ai vu les conférences de
M. Bourdelot, de Lesclache,[61] de Rohault, du Champ et de Launoi; On
m'a quelquefois entretenu de celles de M. de Montmort,[62] des
Sabbathines et des Mercuriales,[63] mais celle que vous nommez, n'est que
dans votre imagination, c'est un ouvrage de votre rêverie, ou un jeu de
votre malignité. Ce n'est pas que Paris ne puisse souffrir deux ou trois
Académies, puisque la ville de Florence qui n'égale point sa grandeur en
a plusieurs, mais s'il s'en formait quelqu'une elle serait
vraisemblablement composée d'hommes savants, vertueux et sages,
amateurs des belles lettres et de l'honnêteté; ils prendraient sans doute
pour leur modèle l'Académie française, où l'on sait qu'il y a beaucoup de
personnes de mérite, et à leur exemple ils choisiraient un Libraire qui ne
serait pas fripon, qui ne serait pas traître, et qui ne serait pas gueux. En
un mot assurez-vous, M. de Corneille, que s'il s'était élevé dans Paris une
seconde Académie où j'eusse quelque crédit, comme vous le voulez
insinuer à vos Lecteurs, jamais elle ne prendrait un Libraire fait comme
Sercy.

[57]   Et comment croyez-vous qu'il ait donné pour moi à Monsieur
l'Abbé de Villeserain deux cents exemplaires de ma Dissertation sur
votre Sophonisbe? Croyez-vous si légèrement à sa parole? Il fallait
auparavant vous faire instruire par un homme de naissance et de qualité
qu'il vous a nommé pour témoin; Et ne juge-t-on pas aisément que vous

---

59 Donneau de Visé, dans sa *Défense du Sertorius,* rapporte les paroles que d'Aubignac aurait adressées à
    Sercy: "Si vous imprimez mon Roman [*Macarise*], je vous ferai le Libraire de l'Académie que nous
    allons faire. [...] Elle se nommera l'Académie des Allégoriques, et tous les Ouvrages que nous
    composerons, ne seront que des Allégories", p. 121. En décembre 1664, près d'un an après la
    parution de *Macarise,* le *Discours au roi sur l'établissement d'une seconde Académie en la ville de
    Paris par Messire François Hedelin abbé d'Aubignac* fut achevé d'imprimer. Voir Couton, *La
    Vieillesse de Corneille,* pp. 55-56.
60 Les réunions chez la Vicomtesse d'Auchy se tenaient tous les mercredis. D'Aubignac y fit un
    discours le 26 janvier 1638. Voir Tallemant, *Historiettes,* I, p. 337.
61 Louis de Lesclache, grammairien: "ses conférences philosophiques et religieuses en français lui
    valurent un succès très grand dans Paris" (F. Brunot, *Histoire de la langue française,* t. iv, Paris,
    1911, p. 98). Voir l'Index.
62 Henri-Louis Habert de Montmort. Voir J. de Boer, "Men's literary circles in Paris 1600-1660", p.
    772-5.
63 A partir de 1652, les Mercuriales se réunirent chez Gilles Ménage. Voir J. de Boer, op. cit., p. 768-
    71.

faites ce discours pour couvrir la friponnerie qu'il a faite à votre persuasion? Il commençait de vendre ces remarques, vous les avez retirées de ses mains pour d'autre marchandise, et parce qu'il n'en a plus d'exemplaires vous écrivez qu'il me les a fait donner, pour faire croire qu'il ne les a vendus ni à moi ni à personne. C'est être trop complaisant aux fourbes de ce petit Hère; car je n'en ai pas vu trois douzaines, et je ne pense pas que Monsieur l'Abbé de Villeserain en ait eu une douzaine.[64]

[58]   Vous pouviez bien aussi vous passer de mettre en avant que vous avez tiré de ce petit perfide un extrait de mon privilège et d'ajouter qu'il est faux. A quoi sert un petit méchant manuscrit contre un original en parchemin signé et scellé? il porte expressément le pouvoir de faire imprimer plusieurs Dissertations concernant le Poème Dramatique, vous en pouvez lire la copie dans les dernières imprimées, elle est avec celles-ci; vous le pouvez voir inséré dans le registre de la Communauté des Libraires, au Greffe des Requêtes de l'Hôtel, et mon Imprimeur en a montré l'original à vos Emissaires qui n'auraient pas manqué sans cela de faire les mauvais suivant vos ordres pour un bagatelle.

[59]   Si ce petit Hère vous a dit qu'il m'a donné douze pistoles pour l'histoire du temps, c'est un impudent car il ne m'a jamais donné d'argent. Ce n'est pas que vous eussiez sujet de me blâmer quand j'aurais tiré quelque avantage de mes écrits, on sait bien comment vous en faites, et comment en font d'autres qui sont plus honnêtes Gens que vous ni que moi. Mais il n'y a personne au monde qui puisse dire m'avoir jamais donné un teston pour quelque ouvrage que j'aie fait imprimer, que je ne le couvre de honte s'il osait paraître devant moi. Vous déchirez cette histoire, mais peut-être seriez-vous bien empêché d'en faire autant. C'est une satire contre les désordres et les coquetteries de notre Siècle, et l'Apologie que j'en ai fait imprimer a montré qu'elle contient plus de doctrine qu'il ne paraît, et qu'elle est fondée sur celle des Prophètes, des Pères de l'Eglise, et des meilleurs Auteurs tant anciens que modernes qui vous sont inconnus. Mais vous ne voulez pas que rien se sauve de votre dent envenimée, croyant que par là vous rendrez vos défauts plus supportables.

---

64   Voir Introduction II.9.

[60]   Expliquez-nous aussi, M. de Corneille, où vous avez appris que j'ai reçu deux cents écus de Sommaville pour ma Pratique du Théâtre? Je voudrais bien qu'il fût vrai, cela serait assez juste pour ne le pas dénier; mais M. Boileau qui a ménagé cette affaire, et qui est homme d'honneur et de foi,[65] vous assurera que je n'en ai jamais reçu un sol, et que hors la Gaule Chrétienne, l'Histoire de France, et deux autres petits volumes au plus qu'il tira du Libraire par forme de présent, je n'en ai pas profité.

[61]   En quelle Chronique scandaleuse avez-vous lu que j'ai autrefois écrit contre la Mirame de M. Desmarest?[66] Il peut en parler puisqu'il est vivant, et il dira la vérité, parce qu'il est homme de bien; feu M. le Cardinal de Richelieu avait pris trop d'intérêt en cette Pièce pour y trouver à redire. Je ne m'expliquerai pas davantage en cette occasion, et je remarquerai seulement que ce grand personnage, la voulant mettre à l'épreuve avant que de la faire voir au Roi, la fit représenter en particulier, et manda Messieurs de l'Académie avec tous ceux qu'il croyait avoir quelque intelligence du Théâtre et des belles lettres. Il me fit aussi l'honneur de témoigner à M. le Duc de Brézé qu'il voulait que j'y fusse présent; et sur ce qu'on lui fit entendre que j'étais malade d'un rhume à ne pouvoir parler, il dit qu'il ne m'obligeait pas à parler, mais seulement à bien écouter. Je ne veux pas ici répéter la réponse qu'il fit à M. Boisrobert qui fut mon truchement, pour lui faire connaître le jugement que j'en avais fait: Il me suffit, M. de Corneille, de vous soutenir en face que je n'eus jamais la pensée d'écrire contre Mirame, et que votre humeur frénétique n'a point de bornes en ses impostures.

[62]   Enfin toute votre conduite en cette mauvaise défense est la preuve d'une belle méditation du Philosophe Musonius, qui nous assure qu'il n'y a rien de si fécond que l'iniquité; que les vices se produisent les uns les autres, et qu'un seul en fait quelquefois naître un cent;[67] je n'en rapporte point les exemples qu'il examine fort au long, il me suffit de ce que vous nous en apprenez. Votre présomption a produit en votre esprit une grande impatience d'être corrigé, cette colère a formé votre aveuglement, cet aveuglement a malheureusement engendré mille

---

65 Il s'agit ici de Gilles Boileau, frère aîné de Nicolas.
66 Voir de Visé, *Défense du Sertorius*, p. 129.
67 Musonius Rufus, philosophe stoïcien du premier siècle, dont il ne reste que des fragments. Nous n'avons pas pu identifier la source précise.

impostures, mille ridicules visions et mille imprudences indignes d'un grand homme tel que vous le croyez être, et d'un homme même du commun tel que vous êtes. Faites-y donc quelque réflexion sérieuse, et ne vous abandonnez plus à ces fâcheux emportements, c'est le dernier avis que je vous donne en charité; et de quelque feu dont votre cœur se puisse allumer, et de quelque fumée dont votre bile me veuille noircir, je ne m'en remuerai davantage; le feu de votre colère vous dévorera vous-même, et la fumée de votre malignité vous fera plus de tort qu'à moi. Je suis assez convaincu que je ne suis pas tant connu que vous, mais je sais bien que je suis mieux connu: On vous connaît pour un Poète qui sert depuis longtemps au divertissement des Bourgeois de la rue S. Denis, et des Filous du Marais, et c'est tout. Mais je ne voudrais pas mettre en compromis avec cette qualité, tant avantageuse qu'il vous plaira, la moindre de celles qui m'ont fait connaître aux personnes de mérite et de condition. Ce n'est pas néanmoins que je veuille interrompre la censure de vos pièces, je prétends remonter jusqu'au Cid, car au-delà ce ne sont que des fadaises qui ne sont pas dignes seulement d'être lues.[68] Je corrigerai vos fautes, et vous me direz des injures; je vous donnerai des remèdes, et vous maudirez le Médecin; et afin de mentir aussi hardiment que vous faites, je suis résolu de dire autant de bien de vous, que vous direz de mal de moi.

---

68 La "censure" que d'Aubignac annonce ici ne parut jamais.

EXTRAIT DU PRIVILEGE DU ROI

Par grâce et Privilège du Roi il est permis à M.L.D. de faire imprimer et vendre plusieurs Dissertations concernant le Poème Dramatique par tel Imprimeur et Libraire et en tel volume, marge et caractère qu'il désirera, ainsi qu'il est plus amplement porté par les Lettres qu'il en a obtenues le 15 jour de Janvier 1656, signées Par le Roi, SEBRET.

Registré sur le Livre de la Commission
le 25 Janvier 1656.

Et depuis au Greffe des Requêtes de l'Hôtel suivant l'Arrêt du 24 Juillet 1663.

Les Exemplaires ont été fournis.

Achevé d'imprimer pour la première fois le 27 Juillet 1663.

Index des Noms Propres

AMYOT, Jacques (1513-93): écrivain et humaniste, traducteur des *Vies parallèles* (1559) et des *Œuvres morales* (1572) de Plutarque. DII.95.

ARIOSTE (1474-1533): grand poète italien, auteur de *Roland furieux*. DIII.23.

ARISTOPHANE (457-385 avant J-C): dramaturge comique grec. DIV.6.

ARISTOTE (384-322 avant J-C): philosophe grec dont *La Poétique* était à l'origine de la théorie dramatique en France au dix-septième siècle. DII.3, DII.8, DII.29, DII.42, DIII.7, DIII.13, DIII.19, DIII.22, DIII.44, DIV.4, DIV.22, DIV.41.

AUCHY, Charlotte, vicomtesse d' (1570-1646): célèbre pour son salon par lequel elle voulut faire concurrence à celui de Mme de Rambouillet. Connue pour son pédantisme. DIV.56.

St AUGUSTIN (354-430): évêque d'Hippone, auteur de plusieurs ouvrages, dont les *Confessions*. DIV.12-14, DIV.18.

BALZAC, Jean-Louis Guez de (1595-1654): épistolier et rhéteur, célèbre pour son goût de la clarté. DIII.7, DIII.9.

BARON (BARONIUS), le P. Vincent (1604-1674): théologien éminent. DIII.7, DIII.9.

BARREAU, le P. Jean (1612-1679): consul, prêtre, ami de St Vincent de Paul. DIII.6.

BOECE (480-524): philosophe latin, auteur de *Consolation de la philosophie*. DIV.33.

BOILEAU, Gilles (1631-1669): frère aîné de Nicolas Boileau; en 1659, il remplace Colletet à l'Académie française. DIV.60.

BOILEAU, Nicolas, dit Despréaux (1636-1711): écrivain, auteur des *Satires* et de *L'Art poétique*. DIV.6.

BOISROBERT, François le Métel de (1592-1662): chargé de la constitution de l'Académie française, l'un des premiers académiciens et des plus actifs; il intervint dans la dispute des anciens et des modernes, et fut mêlé à la querelle du *Cid*. DIII.6.

BOURDELOT, abbé, connu aussi sous le nom de Pierre Michon (1610-1685): médecin; vers 1645 il fonde une "académie", composée de savants et de lettrés, qui se réunit dans l'hôtel de Condé. DIV.56.

BREZE, Armand de Maillé (1619-1646): neveu du Cardinal Richelieu, amiral de France. DIV.9, DIV.19.

CASAUBON, Isaac (1559-1614): protestant, critique de Baron. DIII.7, DIII.9.

CASTELVETRO, Lodovico (1505-1571): humaniste italien, auteur de *La Poétique d'Aristote vulgarisée et exposée* (1570). DIII.7.

CATULLE (87-54 avant J-C): poète romain. DIV.33.

CHAPELAIN, Jean (1595-1674): l'un des premiers membres de l'Académie française, chargé par Richelieu de rédiger *Les Sentiments de l'Académie sur la tragi-comédie du Cid*, auteur de *La Pucelle* (1656). DII.54, DIII.6.

CHARPY DE SAINTE-CROIX, Nicolas (1610-1670): écrivain. DIII.6.

CHRYSOSTOME, Dion (30-117): rhéteur grec. DIII.7.

CHRYSOSTOME, Saint Jean (347-407): évêque de Constantinople, célèbre prédicateur. DIV.33.

CICERON, Marcus Tullius (106-43 avant J-C): célèbre orateur romain, auteur de plusieurs ouvrages. DIV.33.

COLLETET, Guillaume (1596-1659): poète, traducteur en vers de *Cyminde* de d'Aubignac, l'un des premiers membres de l'Académie française. DIII.2.

CONRART, Valentin (1603-1675): premier secrétaire de l'Académie française. DIV.41.

CORNEILLE, Thomas (1625-1709): dramaturge, frère de Pierre Corneille. DIV.17.

CRAMOISY, Sébastien (1585-1669): imprimeur, premier directeur de l'Imprimerie royale. DIV.49.

DESCARTES, René (1596-1650): célèbre philosophe et mathématicien. DIII.7.

DESJARDINS, Catherine (v.1623-1683): écrivain, auteur de deux tragédies, *Manlius Torquatus* et *Nitetis*, et de courts romans, amie de D'Aubignac. DI.9, DII.94, DIV.44.

DESMARETS, Jean, sieur de Saint-Sorlin (1595-1676): écrivain et dramaturge, premier chancelier de l'Académie française, auteur de plusieurs pièces commandées par Richelieu. DIV.61.

DONNEAU DE VISE (1638-1710): auteur des *Nouvelles nouvelles*, et des *Défenses* de la *Sophonisbe* et du *Sertorius*, fondateur du journal mensuel *Le Mercure galant* (1672).

DU BUISSON, chevalier, seigneur de Marcouville: ami de Mlle Desjardins, "perpétuel auditeur des pièces de théâtre, grand amateur, et juste juge de ces poèmes" (Donneau de Visé). DIV.44.

DUNS-SCOT, John (v.1265-1308): théologien et philosophe anglais. DIII.7.

DUVAL, Jean (?-1680): poète ayant pris part aux troubles de la Fronde, il fit paraître plusieurs écrits contre Mazarin. DIII.7.

ERASME, Desiderius (1469-1536): célèbre philosophe chrétien. DIII.8, DIV.33.

ESCHYLE (525-456 avant J-C): dramaturge grec. DII.44, DIII.44.

EURIPIDE (480-406 avant J-C): dramaturge grec. DII.44,

FARET, Nicolas (1596-1646): conseiller du roi, Secrétaire des Finances, l'un des premiers membres de l'Académie française, auteur de *L'Honnête-Homme, ou l'art de plaire à la cour* (1630). DIII.6.

FIESQUE, Charles-Léon, comte de (1613-58): ami de Segrais, Rotrou, Mairet, et Chapelain, il resta longtemps en relations épistolaires avec celui-ci. Il conspira en vain contre Richelieu en 1637. DII.9, DII.54.

GARASSE, François (1585-1631): jésuite, orateur, auteur de *La Doctrine curieuse des beaux esprits de ce temps* (1623), où il s'opposa au libertinage de Théophile de Viau, et de *La Recherche des recherches* (1623), où il critiqua les *Recherches* de Pasquier. DIII.7, DIII.9.

GASSENDI, Pierre (1592-1655): philosophe, astronome, mathématicien et physicien, auteur de critiques d'Aristote et de Descartes. DIII.7.

GOULU, Jean (1576-1629): prêtre (chez les Feuillants), traducteur, ami de St François de Sales, prend la défense des Feuillants en 1627 contre Balzac sous le nom de Phyllarque. DIII.7, DIII.9.

GUISE, Henri de (1614-1664): archevêque de Reims et cinquième duc. DIV.5.

HABERT DE MONTMORT, Henri-Louis (v.1600-1679): érudit chez qui se réunissait une "académie" qui s'intéressait plus aux sciences qu'aux belles-lettres. DIV.56.

HESSELIN, Louis (?-?): Sommaville dédia *Scévole* de Du Ryer à Hesselin, "maistre d'Hostel ordinaire de sa Majesté". DIV.47.

HORACE (65-8 avant J-C): poète latin. DIII.34, DIV.18.

JAVERSAC, Jacques Bernard de (?1607-?1669): avocat, auteur de *Discours d'Aristarque àNicandre sur le jugement des esprits en ce temps et sur les fautes de Phyllarque* (1628). DIII.7.

JEROME, saint (347-420): père de l'église latine, traducteur de la Bible en latin. DIV.12-13.

JUSTIN, saint (100-165): apologiste chrétien. DIV.18.

JUVENAL (60-140): auteur romain de 16 *Satires*. DIV.33.

LA MENARDIERE, Hippolyte Pilet de (1610-1663): médecin et écrivain, auteur d'une *Poétique* (1640). DIII.7.

LAUNOI, Jean de (1603-1678): théologien, chez qui se réunissaient des assemblées. DIV.56.

LESCLACHE, Louis de (1620-1671): grammairien, auteur de *Véritables règles de l'orthographe française* (1668). DIV.56.

L'ESTOILE, Claude de (1597-1651): écrivain, l'un des premiers membres de l'Académie française. DIII.6.

LUCAIN (39-65): poète romain, auteur de la *Pharsale*. DIV.1, DIV.33.

MAIRET, Jean (1604-1686): dramaturge, il s'oppose avec tant d'acharnement à Corneille lors de la querelle du *Cid* que Boisrobert lui ordonne de se taire. DI.2, DI.6, DI.9, DIV.46.

MALHERBE, François de (v.1555-1628): poète; avant Richelieu et l'Académie française, il est le législateur des lettres, soucieux de libérer langue et poésie de toute tutelle antique ou étrangère. DIV.35.

MARTIAL (40-104): poète romain, auteur des *Epigrammes*. DIV.33.

METON (5ième siècle avant J-C): astronome grec. DIII.26.

MILTIADE (550-489 avant J-C): chef athénien. DIV.6.

MUSONIUS RUFUS (1er siècle): philosophe romain, stoïcien. DIV.62.

NERVEZE, Antoine (v.1570 - après 1622): secrétaire de la chambre du roi Henri IV; écrivain médiocre, auteur d'une douzaine de romans, des poésies galantes, des *Epîtres morales* et des poèmes spirituels; l'Estoile nous apprend que les vers de Nervèze, qu'il qualifie de "niaiserie", se vendaient deux sols sur les quais de Paris. DIII.92.

OGIER, François (?-1670): écrivain, prêtre, auteur de *Jugement et censure de la Doctrine Curieuse* (1623), où il attaqua les idées et le style du P. Garasse, et d'une *Apologie* (1627) de Balzac. DIII.7.

PASQUIER, Etienne de (1529-1615): juriste, il plaida pour l'Université contre les Jésuites lors de la création du collège de Clermont (1565); auteur des *Recherches de la France*. DIII.7.

PETAU, Denis (1583-1652): jésuite, savant, théologien, ami de Casaubon; il perfectionna la *Chronologie* de Scaliger. DIII.7, DIII.9., DIV.11.

PETIT, Louis (?-1693): poète; il fit imprimer plusieurs comédies de Corneille avant de rompre avec lui, directeur de l'Académie des belles-lettres après d'Aubignac. DIV.49.

PLATON (427-347 avant J-C): célèbre philosophe grec. DIV.8., DIV.33.

PLAUTE (250-184 avant J-C): poète comique romain. DIII.27.

SERCY, Charles de (?-?): libraire; il publia à partir de 1653 plusieurs recueils de poésie. DIV.49.

SOMMAVILLE, Antoine de (1597-1665): libraire-éditeur, marchand libraire au Palais. DIV.60.

SOPHOCLE (496-406 avant J-C): dramaturge grec. DII.41, DIII.15, DIII.44, DIII.65.

SOREL, Charles (1600-1674): écrivain, auteur de plusieurs romans. DIII.7.

STACE, Publius Papinius (45-96): écrivain romain, auteur de *La Thébaïde*.

TASSE, Torquato (1544-1595): poète italien. DIII.7.

THEMISTOCLE (528-462 avant J-C): chef athénien. DIV.6.

VILLESERAIN, abbé de (?-?): directeur de l'Académie de d'Aubignac. DIV.57.

VIRGILE (70-19 avant J-C): poète latin. DII.11.

VITRE, Antoine (1595-1674): imprimeur. DIV.49.

TABLE DES MATIERES

TEXTES LITTERAIRES

Titres déjà parus